梵網經

はしがき

終戦後、二・三年たったころのことであったと思う。わたしは「行基と菩薩精神」という論文を書いた。やっと手にはいった仙花紙の原稿用紙に、万年筆で紙に穴があくのを用心しながら書いた、わたしにとっては想い出の深い論文であった。そのころ、ある出版社から発刊されていた『紋説』という季刊誌の、「日本思想史」だったか、いまはっきりは憶い出せないが、とにかく特集号に載ることになったものであるが、戦後の目まぐるしい変動はこの季刊誌の存続を不可能にし、ついにこの論文も日の目を見ることなく、篋底にうずもれる結果となって、終った。

しかしこの論文は、また別の意味で、わたしには忘れがたいものである。というのは、わたしが戒律について考えるようになったのも、この研究が契機をなしているからである。わたしは、大乗の菩薩戒というものの在り方について、行基の研究以後、考え始めるようになった。そうした研究の成果は、『日本佛教における戒律の研究』としていちおう、実を結んだが、その後も戒律研究は終ったわけではない。研究の方向に曲折はあっても、戒律研究はいまも、わたしの心を捉えて、放さない。折りに触れてここに立ち戻るのが常であった。

だから、『梵網経』はいつもわたしの机上にあったし、注釈書のいくつかは、機会あるごとにこれに目を通してきた。

しかし種々の注釈書を見て、『梵網経』の全文を一々、細かに考えることができたのは、今度が初めてである。この機会はわたしにとって本当に貴重なものであった。わたしはおびただしい注釈書の中から十種ばかりのものを選びとって、いつもこれを机上に置き、一つ一つそれを読んでは、諸師の注釈の勝れたもの、妥当なもの、納得のいくものなどを選びだして、これを整理し、この解説書を書いた。その点、いささか諸師の意見に引きずられた感がなくはない。わたし自身の意見も適宜、述べることはできたが、時間に余裕のなかったことが、さらに全体を通じてもう一度、整理し直し、わたし自身の考えとして言い足りない点や落ちがないか、見直してみる暇がなかったことは、少しく心残りがする。

しかしまた一面では、中国の諸師の意見ばかりでなく、日本のものや、あるいはすでに失われて、一般に見ることができなくなった諸師の考え方を紹介するように努めたことは、注釈の方法としてもよかった、と思っている。とくにその点では、凝然の『日珠鈔』を始めとして、中世の注釈書がたいへん役に立った。その反面、日本人として最初の注釈である善珠のものがまったく無内容であることを知った驚きは大きい。

ところで、『梵網経』が日本佛教ではかなり重要な位置を占めてきた経典であることは、枚挙に暇のないほど、その注釈書の数多いことからも知られるが、しかし現在の時点に立ってこれを眺めるとき、この経典ほどないがしろにされてしまったものも、少ないのではないか。戒定慧三学というが、定や慧はまがりなりにも、いまに生きているけれども、戒はまったく忘れられたといって、過言ではない。それはたんにある幾つかの宗で形式的なものとして用いられているだけにとどまり、それがもつ基本的なもの、いわば菩薩戒としての精神は捨てて省みられなくなっているからである。

戒はただの学問や知識ではない。それは実践を要求する。自ら戒めるとともに、積極的に正しい道を求め、それを行なうことにその意味がある。とくに梵網戒はそうしたものとしてその存在の意義を担ってきた。「自行他化」といい、「上求菩提、下化衆生」という大乗の精神がそのまま、この戒に認められていたはずである。しかしそれもいまはただ形骸をさらしているだけにすぎない。

もちろん、梵網戒がそっくりそのまま、いまの時代に蘇ることができるものとは、わたしも思わない。しかしその精神はけっして見失われてはならないし、またその戒の一分でも二分でも、汲みとって生かしうるものがあるにちがいない。ただ戒条のことだけが問題なのではない。大乗の菩薩精神の在り方を三思することが、今日の佛教徒にもっとも必要なのではないか。

最後に、この書執筆の機会を与えてくださった方々、また校正・索引などの労をとってくださった編集部の方々に厚くお礼申しあげて、この筆を擱きたい。

昭和四十六年十月

石田瑞麿

凡　例

一、底本には『大正新脩大蔵経』巻二四所収の『梵網経』によった。

一、扱った部分は『梵網経』巻下である。

一、術語または言葉の説明には（　）を用い、言葉を補って理解の弁をはかるときは、〔　〕を用いた。

一、原文の割注を示すときは〈　〉を用いた。

目次

はしがき

序論

本論

題字　谷村憙齋

序論

第一章　『梵網経』の偽撰と成立年代について

『梵網経』の名で知られる経典には二つある。一つは『梵網六十二見経』で、竺法護の訳である。それが『梵網経』と呼ばれたことは、現存のもっとも古い経録である僧祐の『出三蔵記集』巻四に、すでに『梵網経』一巻として『梵網六十二見経』と大同小異である旨を記していることに明らかである。しかしこれは阿含経典であって、ここに扱う経典とはまったく別のものである。いまいう『梵網経』はもう一つの、詳しくは『梵網経盧舎那佛説菩薩心地戒品』と呼ばれる鳩《く》摩《ま》羅《ら》什《じゅう》訳『梵網経』である。これは大乗菩薩戒を説いた経典としてよく知られている。

しかしこの経典については今日ではすでに、中国成立の偽経であるというのが定説である。望月信亨、大野法道などの先学諸氏の研究によって、それが証明されたものである。その成果をここで詳説する暇はないが、概略を記しておくこともいちおう必要な手続きと思われるから、ごく簡単に私見を加えつつ、見ておくことにする。

まず史料の面から言うと、この経典の名を初めて記したのは、『出三蔵記集』巻一一に収める、作者未詳の「菩薩波羅提木叉後記」である。そこには、「天竺の鳩摩羅什法師」がこの戒本を誦出したこと、さらにこれが「梵網経の中」に収まっていることを羅什自身が語ったこと、またこれは羅什が訳出した「大小乗経五十余部」の一つで、「最後の誦出」であることなどを伝えている。ところが、この『出三蔵記集』巻二に載せる羅什訳出経典「三十五部」「二百九十四巻」や、同書巻一四に載せる羅什伝に示す訳出経典「三十二（四の誤り）部三百余巻」には、羅什訳の戒本があることも、『梵網経』のことも記さない。これを記したのは、『出三蔵記集』よりおそらく三、四十年後に書かれたと考えられる慧皎の『高僧伝』巻二で、訳出経典の中に「菩薩戒本」が新たに加えられたものである。これは『出三蔵記集』の羅什伝を踏襲しつつ、さらに「菩薩波羅提木叉後記」の言を汲んで、『出三蔵記集』があえて無視した不備を訂正しようとしたものであろう。

そしてこの訂正から転じて、『法経録』巻五では、曇無讖訳の『菩薩戒本』と同本異訳に、羅什訳の『菩薩戒本』一巻のほかに、失訳の『菩薩波羅提木叉経』一巻、および「疑惑」経典として『梵網経』二巻があることを伝えるに至っている。しかしこのうち、『菩薩戒本』は曇無讖訳と同本異訳という以上、これは『梵網経』とはまったく無関係で、曇無讖訳の『菩薩戒本』について「別録に云く、敦煌の出、と」と伝え、また『菩薩地持経』八巻を訳したとも言う『出三蔵記集』巻二の言に従えば、これはおそらく『菩薩地持経』による「戒本」と考えられるから、たとえ羅什にこの訳があったとしても問題にならない。また次は失訳であるから、これが先の「菩薩波羅提木叉」と一致するとしても、この時点では羅什訳とは考えられていなかったことがわかる。

そこで、問題は『梵網経』二巻にしぼられてくるが、『法経録』はこれを疑い、「諸家の旧録に多く疑品に入る」と割注し、「右の一戒経は旧に依りて疑を附す」と記していることは注目される。すでに諸家によって、この経に偽撰の疑いを持たれていたことが明らかである。従って『梵網経』が羅什訳とされるに至ったのは、『彦悰録』以後である。こうして『開元録』に至って、『菩薩戒本』とは『梵網経』の下巻をいうのであろう、と推察するようになる。そしてこの過程において、先の「波羅提木叉後記」は改竄《かいざん》されて、高麗本『梵網経』の前序となり、さらに宋元明三本の『梵網経』では「僧肇作」の序と変貌したのである。すなわち今日、行なわれている『梵網経』がそれである。

しかし『高僧伝』の著者、慧皎が「梵網戒等の疏」を書いたと伝える『歴代三宝紀』巻一一や、陳垣の『敦煌劫余録』に伝える、建元年（四七九—四八二）の後記のある『梵網経』古写本などによって、五世紀後半にはこの経が行なわれていたことになるが、その場合、少なくとも流布に対して与《あずか》って力があったのは、先の「後記」である。ところが、この「後記」には『出三蔵記集』の羅什伝と一致しない箇所が多く、たとえば「鳩摩羅什法師、心首もて持誦す」「三千の学士と〔羅〕什と参《あずか》りて大小乗五十余部を定め、ただ菩薩十戒四十八軽を最後に誦出す。時に融影三百人等、一時に受行して、菩薩道を修す」とあるものがそれである。伝にはこれをまったく説かない。ここには「後記」の創作が顕著である。そしてこれが高麗本の「前序」を経て、「僧肇作」の序になると、羅什は「義学沙門三千余僧」とともに、「手に梵文を執り、口に翻じて解《げ》釈《しゃく》すること、五十余部。ただ梵網経一百二十巻六十一品、その中、菩薩心地品第十、専ら菩薩行地を明す。この時、道融、道影三百人等、即ち菩薩戒を受け、人おのおのこの品を誦して以て心首となす」というように変わってしまう。もはや一片の信憑性もなくなるのである。

次は内容の面であるが、いましばらく焦点を上巻にかぎっていうと、ここには十発趣・十長養・十金剛・十地の四十位を説くが、これはおそらくは『仁王般若経』の五忍四十一位の説に基づいたものと考えられる。その対応の仕方については細説を避けるが、たとえば『仁王般若経』の伏忍下品（習種性十心）の信心以下、廻向心までの十心は『梵網経』の十発趣として捨心以下、頂心までの十心に変わったものにすぎない。しかも『仁王般若経』自体が中国撰述の経典であってみれば、『梵網経』の負い目はおのずから明らかである。

そしてこれが下巻になると、さらにさまざまな疑問を露呈する。上巻と下巻との形態や表現の一致にはじまって、十重四十八軽戒の個々の内容と他の経典との相似、とくに偽撰経典との類似はこの経典の偽撰を決定的なものにする。たとえば、第二十七・第二十八・第四十三の三軽戒が『比丘応供経』を受けていることはその一例である。『比丘応供経』は『出三蔵記集』巻五「疑経偽撰雑録」に収められている経典で、羅什に擬せられたことが知られるが、いま第四十三軽戒と相応する文章を引いてみると、次のとおりである。

この人、国王の地の上を行くことを得ざれ。国王の水を飲むことを得ざれ。五百の大鬼ありて、常にその前を遮らん。この比丘、七劫に佛を見ず、佛、手を授けず。檀越の物を受くることを得ざれ。五千の大鬼、常にその後に随ひ、佛法中の大賊なりと言はん。もろもろの比丘、作すべからず。

この経は現存しないから、いま法蔵の注によったが、法蔵はこれが『居士請福田経』の意とも同じだという。この経も『出三蔵記集』には「疑経偽撰雑録」に収める。この経文を第四十三軽戒と比較してみるとよい（圏点は相似の部分である）。

以上は『梵網経』の偽撰を裏づけるごく僅かな例証である。これだけでもうじゅうぶんだと思われるが、それではこれがいつごろ成立したか、その問題について触れておきたい。それにはまず『梵網経』が模倣した、その史料となった経典で、その成立年代の明瞭なものを求める必要がある。それによって『梵網経』成立の上限が確定するからである。そこで注目されてくるのは、『梵網経』が参考にした宋の元嘉八年（四三一）成立の『善戒経』一巻である。従ってこれを上限として、下限には先に示した燉煌古写本の『梵網経』の奥書に見える建元という年号が想起される。これによって、宋の元嘉八年より南斉の建元年間にわたる約五〇年間が推定されるが、これについて大野氏はとくに『梵網経』巻上の四十心の第四地「体性尓焔地」「尓焔《にえん》」（梵語 jñeya の音写、所知・境界・智母などと訳する。よく知を生ずるものの意）の語に着目された。それによると、この「尓焔」はとくに目立って、宋の求那跋摩《ぐなばつま》の遺偈と、求那跋陀羅の訳経に見えるもののようであって、これを根拠に『梵網経』の体性尓焔地が求那跋陀羅訳の『勝鬘経』「一乗章」の「一切尓焔地」に関係を持つとすれば、この経の訳出された元嘉十三年（四三六）まで、上限は下ることになる、と推定された。しかし実際にこの経が参考されるには、さらに何年かを見ておかなくてはならないだろうから、さらに数年は下る結果になるわけである。ごく大雑把にいって、五世紀中ごろの成立ということになろう。

以上は、両氏の説を適当に参考にしたものである。細部に渉った論証にはほとんど触れていないから、詳しくは、両氏の研究を見ていただきたい。

第二章　『梵網経』と他経典との関係

すでに『梵網経』は先行経典を参照して創作された経典である以上、さまざまな経典と関係があるのは当然である。その一端は前述のとおりであるが、ここではもう少し立ち入って、見ておこうと思う。とくにこの書で扱う下巻については、それが必要であろう。

まず、この経が十重四十八軽戒を説くに当って、そのプロローグとして説いた蓮華蔵世界の盧舎那佛や、千葉の釈迦、および千百億釈迦の金剛千光王座を始めとして摩醯首羅天王宮に至る説法会座の組織は『華厳経』に負うたもので、このことはつとに知られているが、これを除いた、「我いま盧舎那」の偈文で始まる、とくに『菩薩戒経』などと称して別行されるものは、曇無讖訳の『菩薩戒本』(地持戒本ともいう) などの形式を襲ったものである。また十重四十八軽戒が説かれる以前の、この戒を「佛性戒」とか「佛戒」など呼ぶ思想は『涅槃経』の影響であろうし、十発趣以下の四十心が『仁王般若経』によることは前述したとおりであり、戒を「孝」と名づけた点は、まぎれもなく儒教思想を導入したものである。しかもこの「孝順心」が佛教の「慈悲心」と并用されて、種々の戒条で強調されていることは、その根強さとともに、「梵網戒」の基調をなしたものとして、注目されねばならない。
また戒条としては、十重戒は『菩薩地持経』や『菩薩善戒経』(一巻本)と連絡があり、さらに『優婆塞戒経』『涅槃経』などとも繫がりをもっている。すなわち『地持経』の四重は梵網の十重の第七以下の四と合致し、『善戒経』の八重戒は梵網の第五・第六の二戒を除いたもの、『優婆塞戒経』の六重戒は梵網の初めの六重、『涅槃経』の性重戒は梵網の初め四重である。また当然、小乗律の四波羅夷罪も梵網の初め四重に相応する。ただ相違点はたんにこれらを参照した禁止事項に止まっていないことである。そこには積極的な作善や救済が打ち出されていて、いわゆる菩薩戒としての三聚(摂律儀戒・摂善法戒・摂衆生戒の三)の性格が窺われる。この点はさらに四十八軽戒においてもかわらない。

次に四十八軽戒も、戒条においては先行の経典に負うところが多い。たとえば、『涅槃経』の息世嫌譏戒、『菩薩地持経』の四十二衆多犯、『優婆塞戒経』の二十八失意罪、『菩薩内戒経』の四十七戒などが、それである。しかし実際には、こうした戒条の整ったものばかりでなく、個々の経典とも関係をもったものがある。これまでの研究によれば、『金光明経』「流水長者品」、『宝梁経』「比丘品」、『仁王般若経』、『比丘応供経』など、その他のものによったことが知られる。また小乗の律文との関係もないがしろにすることはできないが、これらのうちでもっとも関係が深いのは、なんといっても『地持経』と『優婆塞戒経』である。それというのもこの経が在家・出家共通の戒であることを標榜するからであろう。いまこれらのうち、重《かさ》なるものを幾つか対応して、参考に供する。ただしここでは対照の必要上、漢文で掲げる。

『地持經』・『優婆塞戒經』

若菩薩見二上坐有德應レ敬同法一者。憍慢瞋恨不二起恭敬一。不レ讓二其座一。問訊請法悉不二酬答一。是名爲レ犯二衆多犯一。（地持經、第三輕戒）

若優婆塞受二持戒一已。若見二比丘比丘尼長老先宿諸優婆塞優婆夷等一。不二起承迎禮拜問訊一。是優婆塞得二失意罪一。（優婆塞戒經、第五失意罪）

若菩薩聞二說法處。若決定論處一。以二憍慢心嗔恨心一。不二往聽一者。是名爲犯二衆多犯一。（同、第三十）

若優婆塞受二持戒一已。四十里中有二講法處一不レ能二往聽一。是優婆塞得二失意罪一。（同、第八）

若菩薩見二羸病人一。以二瞋恨心一。不レ往二瞻視一。是名爲レ犯二衆多犯一（同、第三十三）

若優婆塞受二持戒一已。汚惡不レ能レ瞻二視病

『梵網經』

……見二上座和上阿闍梨大同學同見同行一者。應二起承禮拜問訊一。而菩薩反生二憍心慢心痴心一。不二起承迎禮拜一。一一不二如レ法供養一。……（第一輕戒）

若佛子。一切處有レ講二毘尼經律一。大宅舍中講法處。是新學菩薩應下持二經律卷一至二法師所一聽受諮問上。若山林樹下僧房中。一切說法處悉至聽受。……（同、第七）

……若父母師僧弟子疾病。諸根不具百種病苦惱。皆養令レ差。而菩薩以二惡心瞋恨一不下至二僧房中城邑曠野山林道路一見上病不レ救

苦㆒。是優婆塞得㆓失意罪㆒。（同、第三）
若優婆塞受㆓持戒㆒已。行㆑路之時遇㆓見病者㆒。不㆑住（往カ）㆓瞻視㆒爲作㆓方便㆒付㆓囑所在㆒而捨去者。是優婆塞得㆓失意罪㆒。（同、第二十八）

者。犯㆓輕垢罪㆒。（同、第九）

若菩薩罵者報㆑罵。瞋者報㆑瞋。打者報㆑瞋。毀者報㆑毀。是名爲犯㆓衆多犯㆒。（同、第十三）
若優婆塞受㆓持戒㆒已。爲㆓於財命㆒打㆓罵奴婢僮僕外人㆒。是優婆塞得㆓失意罪㆒。（同、第十三）

佛子。不㆑得㆓以㆑瞋報㆑瞋。以㆑打報㆑打。若殺㆓父母兄弟六親㆒不㆑得㆑加㆑報。若國主爲㆓他人㆒殺者。亦不㆑得㆑加㆑報。殺㆑生報㆑生不㆑順㆓孝道㆒。尚不㆘畜㆓奴婢㆒打拍罵辱㆖。……（同、第二十一）

またそれぞれ単独で参考されたものは、『地持経』では第七が梵網戒の第五に、第二十五・第二十六は第八に、第二十九は第十三に、第三十四は第十六に、第六は第二十三に、第二十六・第二十七は第二十四に、第九は第二十九に関係をもっている。ただし全分ではなく、僅か一分に止まるものも少なくない。『優婆塞戒経』の方は、第二が梵網戒の第二に、第七が第三十に、第十九が第三十に関係をもっているといえよう。

以上はごく大まかなことを記したものにすぎない。細かなことはそれぞれの条で触れることにしたい。

第三章　『梵網経』の流布

『梵網経』に偽撰の烙印がおされていたかぎりでは、この経の流布はおぼつかないものだったに違いない。中国人の思想にかなった孝道が、戒の精神だと説かれていても、これによって梵網戒を他の『菩薩地持経』や『菩薩戒本』に説く菩薩戒以上に評価するには躊躇されるものがあっただろう。しかしこの経が晴れて羅什訳と認められ、これによる別行の『菩薩戒本』が作られるようになった時点では、この戒もようやく日の眼を見るようになったことと推測される。そしてその意味では、智顗（五三八—五九七）による梵網戒の注釈書、『菩薩戒義疏』の出現は大きな意義を担うものであった。慧皎（四九七—五五四）による注釈をはじめ、智顗以前に二・三の注釈がなされたような形跡は窺われるが、現存しない今日、この書は別の意味においても注目されるものである。そしてこの後を受けて、法蔵（六四三—七一二）・義寂・太賢などといった注釈が相継いで著わされるに至った。

しかしそれでは、この梵網戒が実際に受持されたかどうか、ということになると、この点は冥としてはっきりしない。

試みに慧思の撰といわれる『受菩薩戒儀』を見ても、そこに説かれる肝心な点は、『瓔珞本業経』

に見えるものであって、三聚戒を始め、十重戒もこの経によっていることが明白である（ここには「もし犯すことあらば、菩薩の行にあらず、四十二位賢聖の法を失ふ」というが、この「四十二位」は『瓔珞本業経』巻下「釈義品」に説く「十住・十行・十廻向・十地・無垢地・妙覚地」の四十二である）。また「菩薩戒経に云く」として述べる「五事の功徳」も、『菩薩地持経』巻五の「戒品」の終りの言葉である。ここでは『梵網経』は、受戒によって「諸佛の位に入る」と説くことだけが着目されているにすぎない。

しかし智顗の時点では、すでに「受菩薩戒儀」として、梵網本・地持本・高昌本・新撰本・制旨本の六種があって、『梵網経』による戒本が依用された事実を認めることができる。ただそれが『梵網経』下巻の偈文以下の部分を「戒儀」として用いたものか、またはまったく別の形に整理された、授受の必要性に応じた簡単なものになっていたか、その点は明確でない。おそらく経の形態をそのまま止めた、前者の形を取っていただろうと想像されるだけである。

しかし天台宗六祖湛然（七一一—七八二）にまで下ると、かれは『十二門戒儀』と称する「授菩薩戒儀」を新たに創作して、梵網の十重戒をその中心に据えた。かれはこの「戒儀」の作成に当たっては、「古徳、及び梵網・瓔珞・地持、并《ならび》に高昌等の文に依」ったといっているから、『梵網経』だけが重視されていないことはわかるが、十重戒を梵網戒に求めたことは、じゅうぶん注意されてよいところであろう。そしてこのことは、菩薩戒としては種々雑多なものがあっても、梵網戒が中心にあったことを語ると同時に、梵網戒を受けた在家菩薩や出家菩薩、いわば梵網戒による菩薩戒弟子が出現したことをも語るだろう。

しかしこれを日本に移して見ると、はたしてどうだったのだろうか。

まず『大日本古文書』によると、『梵網経』は天平五年には伝わっていたことが知られ、天平六年七月二十七日付の「優婆塞貢進解」では、鴨県主黒人が『梵網経』一部を他の諸経とともに「読経」でき、「浄行八年」に及んでいたといい、天平十四年の秦大蔵連喜達の「貢進解」では『梵網経』一巻（下巻を指す）のほかに『疏』二巻を「読経」でき、「修行十二年」に及んでいたと記している。数の上では他の護国経典などと比較にならない程度ではあるにしても、少しずつ普及し始めた形跡を認めることができる。しかし『梵網経』による受戒が行なわれた証左まではない。天平八年入朝した唐僧道璿は後に『梵網経』下巻を注釈した『註菩薩戒経』三巻を著わし、つねに「梵網の文を誦した」と伝えられているが、かれにしてこれによる菩薩戒を授けたという事実はない。それには天平という時点の特殊性があったことを知らなくてはならないが、ただここで一つだけ注意しておきたいのは、聖武天皇の譲位後、天平勝宝三年、道璿が律師に任じられたことと前後して、この経が重要な国家行事のなかに登場してきたことである。これには東大寺大佛造立の問題と、この経自身が説く、孝の思想とそれに基づく追善功徳の問題が、重要な意味を担っていたと考えられる。また『東大寺要録』巻四によると、天平勝宝六年、梵網会が始まっている。

ところで、もうこの頃になると、『梵網経』の注釈書もほぼ伝えられ、元暁・義寂・勝荘・智周・霊渓釈子・太賢・賓法師・五明法師など、十部の疏が諸寺に備えられ、研究に供されている。ただ智顗の『義疏』は見当らない。この書を伝えたのは天平勝宝六年来朝の唐僧鑑真であるが、東大寺戒壇院に蔵せられ、まだ人の眼に触れる状況におかれてはいない。

しかしここに一つ特記しなければならないのは、善珠による『梵網経略疏』四巻の執筆である。日本人の手になる最初の注釈として注目される。すでに道璿による注釈が日本で書かれ、また鑑真と一緒に来朝した弟子法進も、これと前後して注釈を書いているが、これらが失われてしまった現在、この書が現存する意味は大きい。ただ研究としては草創期の限界を出ていないもので、太賢の『古迹記』などに引きずられている事実は明白である。

以上は普及と研究の跡を概観したに過ぎないが、ここで忘れてならないのは、鑑真の渡来によって、授戒方法が一変した事実である。授戒伝律の一切を託されたかれは、比丘・比丘尼に対しては如法の十師による別受の授戒を行なう一方、通受の菩薩戒としては、それが摂律儀戒・摂善法戒・摂衆生戒の三つを包摂する、いわゆる「三聚戒」として、小乗の『四分律』と梵網戒との結合を試みたのである。従って、三聚通受には、従来行なわれてきたと考えられる瑜伽戒の四重四十三軽戒は捨てられ、かわって、梵網の十重四十八軽戒が組みこまれることになったものである。これは極めて破天荒な試みであった。その根拠は、かれが律宗の巨匠であると同時、天台宗の学問を修めた秀れた学僧でもあったことにあるが、このことがまた一つの契機となって、後に最澄をして日本天台宗を開創させ、また新たな天台円戒を主張するに至らせたものである。その意味ではかれは日本天台宗の生みの親であった。

しかし最澄の円戒は中国以来の一切の伝統を払拭した、まったく独自の変態《メタモルフォーゼ》であった。かれにおいては鑑真も克服され、律宗の埒外に円戒が樹立された。一口で言えば、三師七証による如法の受戒は否定され、梵網戒を受持するだけで菩薩比丘になるという、かつてない僧がここに出現することとなったのである。比丘の身分を決定した二百五十の具足戒《ぐそくかい》は、比叡山に籠って十二年を経た「久修業」の「得業」菩薩が南都との関係において「仮受」するものとされ、その以上、何の意味ももたない位置に落されるに至ったが、しかし最澄没後は、その「仮受」さえ否定された。ここに名実ともに梵網戒だけによる天台僧が生まれる。後に道元が入宋して、かの地の僧と同席したおり、その戒臈について面倒な問題が生じたことを、道元自身伝えているが、それは一にこの梵網菩薩戒によって比丘を称するという、日本天台独特の制度によるものである。

第四章　梵網戒と菩薩精神

菩薩戒の特色を端的に語るものは、三聚戒の思想である。これは『地持経』など、幾つかの経典に説かれているが、いま智顗の言を藉りていえば、『菩薩戒経義疏』巻上に、

この三聚戒の名、方等地持に出づ。三蔵に通ぜず。大士の律儀は通じて三業を止む。いま身口に相《あい》顕はるるより、みな律儀と名くるなり。摂善は律儀の上に於て大菩提心を起し、能く一切の、善事を修せざるを止め、諸善を勤修して菩提の願を満《みた》すなり。摂生は、菩薩の、衆生を利益するに十一事あり。みなこれ物を益《やく》し、衆生を利するなり。

といい、また

次に三聚戒の体とは、律儀は法式儀則にして、行人を規矩して、道に入らしむるなり。また云く、律は埒なり。世の馬埒の、馬をして調直ならしむるが如し。律もまたかくの如し。行人を調直して、悪を作さしめず。大士の誓心は止悪・興善に過ぎず。もし身口を動ぜされば、即ちこれ止悪にして、戒を発して、動を防ぎ、不動なれば、即ちこれ律儀戒なり。もし身口を動ずべくんば、即ちこれ興善なり。いまこの戒を発して、その動ぜざるを防ぐは、摂善なり。摂生は即ちこ

れ動じて事に渉るべきが故に、開いて両となす。衆善を策励し、六度門に依るを取りて、摂善の法と称し、心を起し、物を兼ね、四弘門に依るを、摂衆生と称す。即ちこれ人の為の故に動じ、下は衆生を化し、中《なかごろ》、万善を修し、上、佛果に帰するなり。律儀は多く内徳を主とし、摂生は外を化し、摂善は内外を兼ぬ。故に三聚戒を立つるなり。

といっている。つまりひらたくいえば、摂律儀戒は止悪で、きめられた規律を遵守する、自己を中心とした捉え方に立ち、摂善法戒は進んで善を行なう点において自己と同時に、他との係わりを重んじ、摂衆生戒になると、まったく他を自己の中心に据えて、これを教化救済することが主体になるのである。

しかし『梵網経』にはこの三聚戒そのものが説かれていない。これを説くものは他の経典であって、先には『菩薩地持経』など、後には『瓔珞本業経』などがあり、とくに後者は『梵網経』とその十重の戒相が一致し、受戒の仕方や戒の理解など、相応するものが認められる。従って、梵網戒にこれらの思想を導入して、梵網戒を三聚の菩薩戒と発展させるようになるのは当然である。つまり、梵網戒の戒相における三聚的性格の確認である。

しかしこれは考えてみると、かなり容易なことである。梵網戒は随所に「慈悲心」を謳いあげているし、この心によって世の人を救いに導くことを強調しているから、摂衆生戒の性格は極めて顕著である。そしてそうした慈悲救済の積極的な他者への働きかけを基調にするかぎりにおいて、説かれるさまざまな禁止事項はたんに摂律儀戒的な性格だけに止まることはない。その禁止は同時に善行と背中合わせに連続するからである。いわば摂善法戒への移行が必然的に起こることになる。

これを法蔵は十重戒の説明でこういっている。

三聚戒を摂するとは、二義あり。一は、もし勝に従ひて論をなさば、この十戒、総じてこれ律儀の摂。倶に悪を止むるを以ての故に。二は、もし通じて弁ずれば、みな三聚を具す。謂く、この十の中に於て、一一犯さざるは、律儀戒の摂。かの、十罪を対治するの行を修するは、摂善法の摂。謂く、一に慈悲行、二に少欲行、三に浄梵行、四に諦語行、五に施明慧、六に護法行、七に息悪推善行、八に財法倶施行、九に忍辱行、十に讃三宝行なり。この二戒を以て、他の衆生に教へて、自の所作の如《ごと》からしむるは、即ち摂衆生戒となす。この故に十戒一一みな三聚を具す。

しかしここで留意されるのは、摂律儀戒を中心に、それが同時に他を包摂するという、能所の関係である。そのかぎりでは、どこまでも、十重は摂律儀を主体とし、他の二戒を副次的に同伴するに止まる。この考え方がかなり一般的に用いられたことは確かである。ただし眼を四十八軽戒に転ずると、ここではかなり様子が違ってくる。義寂はこれについて、説かれる内容の比重がどこにあるかという点からいえば、十重は摂律儀に収まり、四十八軽は摂善・摂生の二であるとして、『瓔珞本業経』を援用する。また細かく分けると、四十八の中の前三十戒が主として摂善、後の十八戒は摂生であるとし、『地持経』の四十四軽戒中、前三十三を摂善とし、後の十一戒を摂生とするのと同じだともいっている。ここでは、摂善・摂生が主体となり、摂律儀が包摂される、と考えられているのである。

しかしいずれにせよ、十重四十八軽戒すべては程度に強弱はあっても、同じように三聚に通じていると考えられる。そしてこの考えが固定すると、そこから自動的に三聚戒の性格を媒体として、梵網戒は新たな方向に展開して行くことになる。

それはたとえば、三聚と三身の因果関係である。この考え方は道宣に始まり、元暁や法蔵・太賢などに取り入れられ、摂律儀を法身の因、摂善法を報身の因、摂衆生を化身の因と配当したものである。しかしこの連絡を明曠はさらに四弘誓願に展開させ、天台の立場では空仮中の三観にも配している。すなわちかれにおいては、摂律儀は煩悩を断ずるものとして煩悩無量誓願断であり、摂善法は佛道を完成し、法門を学ぶものとして、佛道無上誓願成・法門無辺誓願学であり、摂衆生は衆生を救うものとして衆生無辺誓願度と解されたのである。そして、この摂律儀は殺生を断ずるなどに明らかなように、悪を止めて遍く染汚を離れさせるから、法身の因であり、摂善法は善を行ない、法門を深く究め、佛道を証するから、報身の因であり、摂衆生は止悪行善に立って慈悲の本に衆生に利益を与えるから、応身の因である、と説いている。これは、後にはさらに三因佛性、三徳などに配当されるようになっているが、これらをたんに単純な形式的思考と解するかぎりでは、十重四十八軽戒の理解に何も新しい意味を与えることはできない。もしこの試みにいか程かの意義を認めるとすれば、梵網戒はそれだけ菩薩戒として、豊かな意味・内容を備えたものに飛躍することになるだろう。

しかしこれらの考察は、やはり梵網戒としてはそれほど高い評価を得るものではない。いって見れば、いささか瑣末に走ったものとも考えられる面は拭いきれないようである。梵網戒そのものとしては、端的に「慈悲」救済の菩薩精神を謳いあげている、そのことだけで、実は尽きているといえる。ただそれと同時に「孝順」が説かれた事実は忘れられないだろう。それは他面、この戒の菩薩精神にベールをかけるマイナスの役目をやりかねないからである。この戒が過去・現在・未来にわたる諸佛の戒としての「佛戒」であることを、ともすれば見失わせる結果になるからである。「慈悲」と「孝順」の結合はこの戒のもつ限界を語るだろう。

本論

第一章　序　説

標題と訳者

梵網經盧舍那佛說菩薩心地戒品第十卷下……後秦龜玆國三藏鳩摩羅什譯

『梵 網 経』「盧舎那佛説菩薩心地戒品」第十巻の下……後秦、亀茲国三蔵鳩摩羅什訳

《盧舎那佛説菩薩心地戒品》この品の第十巻の下、を別に『菩薩戒経』とも「大乘菩薩戒本」ともいう。この下にはとくに僧肇の序がある。品名の……の注は後にゆずる。《後秦……羅什》後秦は姚秦《ようしん》ともいい、姚萇が前秦の苻堅をたおして建てた国（三八四—四一七）で、長安に都をおいた。鳩摩羅什は第二代姚興の弘始三年（四〇一）に迎えられて長安にはいり、以後、経典翻訳に従事したので、「三蔵」の名を冠したもの。三蔵は経・律・論という佛教経典の三つの部類分けの意で、聖典を総称するが、いまはこれに通暁した人の意。鳩摩羅什は Kumārajīva の音写で、羅什とも略称する。生年は三四四年とされるが、没年はさだかでない。一説に四一一年とする。ただ長安に来た弘始三年（四〇一）から弘始九年までの十年間、長安で翻訳に従事し、『般若経』『法華経』『維摩経』『阿弥陀経』『十誦律』『中論』『大智度論』など三十五部三百余巻が漢訳された。かれは中国・トルキスタンを通ずるシルク・ロードの北道に位置する亀茲《きゅうじ》（いまの新彊省、庫車 Kucha）の国王の妹とインドの亡命貴族との間に生まれ、少年時代は小乗を学び、後『中論』を学んで、大乗に転じた。その後、亀茲は前秦王苻堅の将、呂光によって亡ぼされ、呂光に捕えられて涼州姑臧に連れられて、ここで独立した呂光の後涼に前後十八年間、止められた。この間、羅什は飲酒・女犯を強制されたと伝えられる。その後、佛教を深く信じた姚興に迎えられて長安に入り、訳経と講経の活動がはじめられることになる。かれの訳文は流麗な点でとくに傑出し、他の追随を許さない。門弟

三千、三論宗の祖と仰がれている。またこの経の訳出は依用本の序によると、弘始三年、姚興王の命によって、長安の草堂寺において訳出され、「手に梵文を執り、口に翻じ解釈」した五十余部の中の一部であったという。ただしこれが虚構であることは『出三蔵記集』に明らかである。

羅什によってここに訳出されたこの『梵網経』は羅什の弟子僧肇が書いたという、上巻の序文によると全文「一百二十巻、六十一品、その中、菩薩心地品第十は、専ら菩薩行地を明」したものだという。そして訳出後は、弟子の道融・道影など三百人がこの経によって菩薩戒を受け、「人おのおのこの品を誦して、以て心首と」したと述べ、この一品を八十一部、写して世に流布させたと記している。しかし受けたという菩薩戒は明らかにこの「心地戒品」第十巻の下であって、この「下」に付された序に、これが「諸佛の大戒」であり、「佛滅後、像法の中に於て、応当《まさ》に波羅提木叉《はらだいもくしゃ》」として尊敬されねばならないものは「この戒」であり、「この戒に依りて如法に修行し、応当に学すべ」きである、といっていることに明白である。従って大乗菩薩戒本《かいほん》（波羅提木叉は梵語、訳して戒本という）として、この下がとくに重視されたことは論を俟たない。

しかし実は戒本としては、ただちにこの下が依用されたのではないようである。それはこの下の現存する最初の注釈である、智顗の『菩薩戒経義疏』を見ても、また法蔵の『梵網経菩薩戒本疏』を見ても、この下の最初の偈文から注釈を始めていることから、推察することができる。この経による最初の受戒はともかく、後にはおそらく菩薩戒本としては、偈文以下が独立したのであろう。

とにかくこの経の訳出によって新たな菩薩戒の道が始まったことになる。

盧舎那佛の説法

爾時盧舎那佛。爲二此大衆一略開二百千恒河沙不可説法門中心地一。如二毛頭許一。是過去一切佛已説。未來佛當レ説。現在佛今説。三世菩薩已學當レ學今學。我已百劫修二行是心地一。號レ吾爲二盧舎那一。汝諸佛轉二我所説一。與二一切衆生一。開二心地道一。時蓮花臺藏世界赫赫天光師子座上盧舎那佛。放二光光一。告二千花上佛一。持二我心地法門品一而去。復轉爲二千百億釋迦及一切衆生一。次第説二我上心地法門品一。汝等受持讀誦一心而行。

その時、盧《る》舎那《しゃな》佛《ぶつ》、この大衆の為に略して百千恒河沙《ごうがしゃ》の下可説法門中の心地《しんじ》を開きたもうこと、毛頭許《ばかり》の如し。「これ、過去一切佛のすでに説きたまひ、未来佛のまさに説きたまふべく、現在佛のいま説きたまふなり。三世の菩薩のすでに学《がく》し、まさに学すべく、いま学するなり。我《われ》已に百劫《こう》にこの心地を修行せしかば、吾《われ》を号《なつ》けて盧舎那と為す。汝諸佛、わが所説を転《てん》じて、一切衆生の与《ため》に、心地の道を開け」と。時に蓮《れん》花《げ》台蔵《だいぞう》世界の赫赫《かくかく》天光師子座《ししざ》上の盧舎那佛、光光を放ち、千の花上《けじょう》の佛に告げたまはく、「わが心地法門品《しんじほうもんぼん》を持《たも》ちて去れ。また転じて千百億の釈迦、及び一切衆生のために、次第にわが上《かみ》の心地法門品を説け。汝等、受持《じゅじ》・読誦《どくじゅ》し、一心に行ぜよ」と。

《その時》この経の「心地戒品」巻の上によると、釈迦佛が第四禅天の摩醯《まけい》首羅天王宮にあって、盧舎那佛の「心地法門品」を説いたとき、釈迦の身より出た光が出て、一切の世界を照らしたが、その光の因縁についてだれも知るものがなかったため、釈迦が盧舎那佛の蓮華台蔵世界の百万億の紫金剛光明宮に至って、佛に菩薩の成佛の果についてその相をたずね、佛がここに「心地法門品」を説いた。それが巻の上の内容で、ここはそれを説いた時を指す。《盧舎那佛》盧舎那は梵語 Vairocana の音写。詳しくは毘盧舎那佛《びるしゃな》。盧舎那佛は『華厳経』によって知られるところでは、無量劫海にわたって修行した末、さとりを開いて、蓮華蔵荘厳世界海に住し、光明を放って十方を照らし、毛孔より化身の雲を出し、無量の教えによって、一切を救うという。いま『梵網経』では以下に説かれる如く、百阿僧祇劫に心地を修行してさとりを開き、蓮華台蔵世界に住し、千葉百億の大小の釈迦を化現して菩薩の心地法門を説かせるというが、このほか、『普賢観経』『大日経』などにも見え、その説くところに差異がある。また一般に毘盧舎那と盧舎那を同一と見るが、これを三身の上では、智顗は毘盧舎那が法身で、徧一切処と訳し、盧舎那は報身で浄満と訳し、釈迦は応身で度沃焦と訳するとし、いまの『梵網経』の盧舎那は報身、『普賢観経』の毘盧舎那が法身だとする。また法蔵はいまの盧舎那を自受用身とする説のあることを紹介して、これを否定し、佛に関しては五つの説があるが、その三に、この佛は他受用で、「機に応じ境を化す」る「内に自ら実成せる」佛であるとして、十身具足の『華厳経』の盧舎那佛と区別する。ちなみに東大寺の大佛について、これを『華厳経』の盧舎那佛とするか、『梵網経』のそれとするか、異説がある。《恒河沙》恒河は梵語 gaṅgā の訳で、ガンジス河のこと。沙は砂。ガンジス河の砂のように数多いことの喩え。「百千」はその倍数を示したもの。《不可説法門の中の心地》不可説法門は説くことができない深遠幽邃な教えのこと。そのなかにこの「心地」の教えがあるとするが、ここで「心地」とは、心はよく一切万徳を生じてこれを実らせるもとだから地といったもので、この経の巻の上には「十発趣心」「十長養心」「十金剛心」「十地」の四十位を指して「心地法品」といっている。これらを『華厳経』に当てると、十発趣は十住、十長養は十行、十金剛は十廻向になる。《百劫》劫は梵語 kalpa の音写である劫波《こうは》の略語。きわめて永い時間のこと。これを説明するのに盤石《ばんじゃく》劫・芥子《けし》劫などという比喩を用いるが、細かな点では異説がある。また巻の上には「百阿僧祇劫」とある。「阿僧祇」は無量の意。《諸佛》異本に「諸佛子」とある。《転じて》法を説くこと。《蓮花台蔵世界》盧舎那佛のいる浄土の名。智顗はこの「蓮花台蔵」を説明して、「世界の形相、蓮華に似たるが故に、蓮華蔵と云ふ。『華厳』に云ふ、華は下りありて繋《さき》ぐと。蓮華に二義あり、穢《けがれ》に処して汚れず、舎那の穢に居《こ》して染《そま》らざるに譬ふなり。蔵とは十方の法界を包含して悉く中にあるなり。台とは中なり。因《いん》能く果を起すことを表《あらは》すが故に、台に譬ふなり。また本佛の華台に坐するを以てし、また戒はこれ衆徳の本なることを表すなり」という。ほぼその意を汲むことができる。《赫赫天光師子座》この盧舎那佛の坐っている座の名。佛の座を師子座というのは一般。赫赫天光はその師子座の名であるが、慧因は世界の名とする。《千の花上の佛》智顗によれば、「千華とは、人中の花には十余葉あり、天中の花は百葉、佛・菩薩の花は千葉、一葉に一佛の世界あるが故に、千佛の浄土あり。十地・十波羅蜜の円因、応果の本地を起して千の釈迦を現ずることを表す」と述べている。この千の佛は本佛盧舎那佛の化身であるが、「迹中の本」を明らかにしたものだという。《千百億の釈迦》これは「迹中の本」に対する「迹中の迹」で、智顗は「一葉一世界に百億の国土あり。娑婆百億の国はこれ一葉の上のみ」と、わたしたちの住む娑婆世界はこの百億中の一世界に過ぎないことをも、合わせ語っている。

すでに盧舎那佛は、不可説の法門である「心地法門」を説かれた。しかしその「心地法門」は全体から見ると、まさに九牛の一毛であった。ただこの大海の一滴にも等しいこの教えが、菩薩の成佛の大道を示されたものであり、釈迦佛の請いを受けて説き出されたものであることを知っておかなくてはならない。

その内容がどのようなものであったか、それは「菩薩心地戒品」第十巻の上に詳述するところであって、その一端はこの心地の語によって窺知できるはずである。従っていまはそれをここに触れる必要を認めない。

とにかく、この法門は過去・未来・現在にわたって、一切の佛が説くものであり、またそれを受けて一切の菩薩が学ぶものであり、そしてこの法門を盧舎那佛が百劫の修行によって実証されたことによって、盧舎那の名を得た、この佛の心髄なのであった。だから、いまここに生を得ている一切諸佛が、盧舎那佛の心地法門に接した以上、一切の衆生のために説かなければならないのは当然である。しかしあえて、盧舎那佛はこれを諸佛に命じられる。

しかも佛は改めていまその浄土である「蓮花台蔵世界」にあって、その師子座である「赫赫天光師子座」に坐り、千の蓮華上の佛に向かって、この「心地法門」をもって、それらの佛の化身である千百億の釈迦たちや、一切衆生に説くように言われ、これを受持し、読誦し、修行するよう、教えられる。

ところで、いま見てきたことのなかで、盧舎那がはじめに「汝諸佛」といった「諸佛」と、つぎに告げていった「千の花上の佛」とはどんな関係にあるのか、ここではいかにも曖昧である。しかも説くように命じた内容は同じ心地法門である。佛は同じことを違った対象に向って説いたかに見える。

しかしこれは実は同じものである。「諸佛」が「千の花上の佛」と別にあるのではない。多くの注釈がこの部分に触れないから、いま宋代の慧因によって見ると、ここにいう「汝諸佛」は次の千佛及び千百億と同一視されている。おそらくは、これがわかりの早い単純明解な解釈であろう。

ただ、後文の千佛に対して説法するときの叙述がいかにも「時に蓮花台蔵世界の……」といった重々しい、もってまわった表現がなされているのに、前文は巻の上からの続きといった印象を与えて、別々のことを言っているように見えることが、疑問として残るかもしれない。しかしこれについては巻の上も同じように「千の釈迦、千百億の釈迦に告ぐ」として語られていて、問題はない。従って「汝諸佛」という呼びかけは、総括的にこう言ったもので、細分すれば、千の釈迦と千百億の釈迦ということになる。

さて、以上がこの「心地戒品」第十巻の下の書き出しの文である。巻の下を全体で一つと見るとき、これはその序にあたる部分で、いわゆる「序分」であるが、この序分は、偈文から始められる「菩薩戒本」の序分であって、その意味では偈から以後の部分は「正宗分」として、本論にはいると見られる。

千花の佛と千百億の釈迦

爾時千花上佛。千百億釋迦。從二蓮花藏世界赫赫師子座一起。各各辭退擧身放二不可思議光一。光皆化二無量佛一。一時以二無量青黃赤白花一。供二養盧舍那佛一。受二持上說心地法門品一竟。各各從二此蓮花藏世界一而沒。沒已入二體性虛空花光三昧一。還二本源世界閻浮提菩提樹下一。從二體性虛空華光三昧一出。出已方坐二金剛千光王座一。及妙光堂說二十世界海一。復從レ座起。至二帝釋宮一說二十住一。復從レ座起。至二炎天中一說二十行一。復從レ座起。至二第四天中一說二十廻向一。復從レ座起。至二化樂天一說二十禪定一。復從レ座起。至二他化天一說二十地一。復至二一禪中一說二十金剛一。復至二二禪中一說二十忍一。復至二三禪中一說二十願一。復至二四禪中摩醯首羅天王宮一說二我本源蓮花藏世界盧舍那佛所說心地法門品一。其餘千百億釋迦亦復如レ是無二無別。如二賢劫品中說一。

その時、千の花上の佛、千百億の釈迦、蓮花蔵世界の赫赫たる師子座より起ち、おのおの辞し退かんとして挙身《こしん》より不可思議光を放つに、光みな無量の佛と化し、一時に無量の青《しょう》・黄《おう》・赤《しゃく》・白《びゃく》の花を以て、盧舎那佛に供養す。上に説きたまひし心地法門品を受持し竟《おわ》りて、おのおのこの蓮花蔵世界より没す。没し已《おわ》りて体《たい》性虚空花光三昧《しょうこくうけこうさんまい》に入り、本源の世界より閻浮提《えんぶだい》の菩提樹《ぼだいじゅ》の下《もと》に還りて、体性虚空華光三昧より出《い》ず。出で已りて方《まさ》に金剛千光王座に坐し、及び妙光堂にありて、十世界海を説く。また座より起ち、帝釈宮《たいしゃくぐう》に至りて十住を説き、また座より起ち、炎天《えんてん》の中に至りて十行を説き、また座より起ち、第四天の中に至りて十廻向を説き、また座より起ち、化楽《けらく》天に至りて十禅定を説き、また座より起ち、他化《たけ》天に至りて十地を説き、また一禅の中に至りて十金剛を説き、また二禅の中に至りて十忍を説き、また三禅の中に至りて十願を説き、また四禅の中の摩醯首羅《まけいしゅら》天王宮に至りてわが本源なる蓮花蔵世界の、盧舎那佛所説の心地法門品を説く。その余の千百億の釈迦も亦またかくの如く無二無別なり。賢劫《けんごう》品の中に説くが如し。

〈蓮花蔵世界〉さきの「蓮花台蔵世界」に同じ。〈挙身〉全身。〈光みな無量の佛と化し〉異本に「光」の字がない。〈青・黄・赤・白〉普通、これに黒を加えて五色《ごしき》といい、律では五正色という。〈体性虚空花光三昧〉勝荘の注に「謂く、一切法の実《じつ》性《しょう》真如を名けて体性となす。謂く、この法の実体の性《しょう》なるが故に、即ちこの真如を虚空と名け、諸法の中に於て質礙《ぜつげ》（物質のもつ質量によって、たがいに障碍すること）なきが故に、この三昧に縁じて虚空三昧と名く。境によって名を立つ。……この三昧の出す所の光明、なほ華の光の如くなるに依りて、華光三昧と名く」という。ほぼこの三昧の性格を推察することはできよう。三昧は梵語 samādhi の音写。心をある対象に集中して散れない状態をいう。〈本源の世界〉蓮華蔵世界のこと。〈閻浮提の菩提樹〉閻浮提は梵語 Jambu-dvīpa の音写。佛教の世界観では、中心に須弥山《しゅみせん》があって、その周囲を九つの山と八つの海が交互に回り、この九山八海《くせんはちかい》の一番外側の八番目の海が鹹《かん》水で、その外に九番目の鉄囲山《てっちせん》があるとし、この鹹水の海に東西南北にそれぞれ大陸（四大洲、四天下などという）があり、その南の大陸を閻浮提といい、また南贍部《なんせんぶ》洲ともいう。これがわたしたちの住んでいる世界で、いわゆる釈迦はこの世界でさとりを開いた佛とされる。菩提樹は釈迦がその下でさとりを開いたとされる木。菩提は梵語 bodhi の音写。さとりのこと。〈金剛千光王座〉これは菩提樹下の佛の宝座をいう。『華厳経』の七処八会に対応すれば、第一会の寂滅道場にあたる。以下、『梵網経』はその説処に「妙光堂」・「帝釈宮」・「炎天」・「第四天」・「化楽天」・「他化天」「一禅」・「二禅」・「三禅」・「四禅の中の摩醯首羅天王宮」の名を挙げるが、これは『華厳経』では第二会「普光法堂」・第三会「忉利天」・第四会「夜摩天」・第五会「兜率天」・第六会「他化自在天」・第七会「普光法堂」・第八会「逝多林」と説かれているものと、ほぼ対応し、この七処八会の説に基づいたものである。〈妙光堂〉さきの寂滅道場にある「普光法堂」にあたる。〈十世界海〉異本に「十世界法門海」とある。『華厳経』の、十方世界の諸佛の名号その他について、また十種の法義について説いたことにあたる。「海」はその教えの広大なことを意味する。〈帝釈宮〉帝釈天の宮殿。帝釈天は六欲天の第二、忉利天《とうりてん》（三十三天ともいう）の天主で、釈提桓因《しゃくだいかんいん》のこと。〈十住〉菩薩の修行階位で、『華厳経』に説く四十一位の最初の十位。発心住・治地住・修行住・生貴住・方便住・正心住・不退住・童真住・法王子・住灌頂住の十。〈炎天〉第三焔天ともいう夜摩《やま》天のこと。六欲天の第三。〈十行〉菩薩の修行階位で、四十一位のうち、第二番目の十位。歓喜行より真実行に至る十。〈第四天〉六欲天の第四、兜率《とそつ》天のこと。〈十廻向〉四十一位のうち、第三番目の十位。救護一切衆生離相廻向より法界無量廻向に至る十。〈化楽天〉六欲天の第五、楽変化天という。〈十禅定〉勝荘の注に「十禅定とは、謂く、十地に修する所の定なり。〈金光明経を勘《しら》べよ〉」という。『菩薩瓔珞経』巻五に「一地より乃ち十地の禅に至る」とあることもこれにあたるだろう。《他化天》六欲天の第六、他化自在天。《十地》四十一位の第四の十位。歓喜地より法雲地に至る十。《一禅》色界四禅天の第一、初禅天。以下、第二禅天ないし第四禅天という。《十金剛》「華厳経」に説く、菩薩が大乗を荘厳するために発《おこ》す十種の金剛心のこと。たとえば三世一切の法を余すところなく覚《さと》ろうと決意するのは第一の金剛心。《十忍》忍とは真理をさとって、その理に心を安んずることで、菩薩がえた十種の安住心が十忍。『華厳経』に随順音声忍以下、如虚空忍に至る十。《十願》『華厳経』に説く無限善根願以下、如実修行願に至る十。一切の行を支えるもの。《摩醯首羅天》摩醯首羅は梵語 maheśvara の音写。大自在天ともいう。色界の第四禅天のうち、最高の色《しき》究竟《くきょう》天のこと。《賢劫品》『梵網経』六十一品の一。現在はない。賢劫とは、過去の一大で劫ある荘厳劫《しょうごんごう》、未来の一大劫である星宿劫《しょうしゅくごう》に対する、現在の一大劫をいう。この間に千人の佛がでるので、賢劫千佛という。一大劫は成《じょう》・住・壊《え》・空の四劫よりなり、それぞれ二十中劫よりなるという。一説に一中劫は人寿無量から百年に一歳減じて人寿十歳に至る間という。

さて、盧舎那佛の勅命を奉じた、千の釈迦・千百億の釈迦は、いずれも座より立ち、身より光を放って、その光を無量の佛に変え、その佛たちをして、青・黄・赤・白の色とりどりの花を盧舎那佛に供養させた。まさに百花繚乱、想像を絶した筆舌に尽くしがたい花供養である。かれらはこの供養を終えると、佛の説かれた「心地法門」を心に深く止めて、蓮華蔵世界から姿を消した。

それからかれらは「体性虚空花光三昧」に入ったが、再び姿を現わしたとき、かれらはかつて自分たちがさとりを開いた閻浮提の菩提樹の下に還りついていた。かれらはそこで「三昧」から出ると、自らの獅子座に坐し、それから「妙光堂」において、まず最初の「十世界海」の教えを説くのである。そしてこれを始めとして、諸所に処を変えて、いわゆる「十法門」が説かれていく。「十世界海」以下、「心地法門」までの十がそれである。

ところで、これらの法門は千の釈迦が等しく説いたところである。経は、かれらが同じ名の、同じ所で、同じ法門を説いた、という。しかもそれだけではない。これらの千の釈迦とまったく同じことを、千百億の釈迦たちも行なっているのである。

千釈迦と千百億釈迦とはまったく重なりあって寸分の差もない。それらはともに、盧舎那佛を本佛とした化身だからであろうか。化身に本迹を分けても、化身に変わりはないからであろうか。経はこれに触れようとしないが、これらの佛がはいった「体性虚空花光三昧」が予示するように、これはまさに相において無相を読みとることを教えているのであろう。

あるいは「蓮花蔵世界より没」した釈迦は、巻の上に、「第四禅地中の摩醯首羅天王宮」にあって、「盧舎那佛所説の心地法門品」を説いていたとされる、その釈迦にことよせて説かれたのであろう。同じ釈迦に名を借りて、千釈迦や千百億釈迦のことを説いたのであろう。ただ説かれる法門さえ同じであれば、あとはさしてかかずらう必要はない。

一戒光明金剛宝戒

爾時釋迦牟尼佛。從三初現二蓮花藏世界一。東方來入二天王宮中一。説二魔受化經一已。下二生南閻浮提迦夷羅國一。母名二摩耶一。父字二白淨一。吾名二悉達一。七歳出家。三十成道。號レ吾爲二釋迦牟尼佛一。於二寂滅道場一坐二金剛花光王座一。乃至摩醯首羅天王宮。其中次第十住處所説。時佛觀二諸大梵天王網羅幢一因爲説。無量世界猶如二網孔一。一一世界各各不同別異無量。佛教門亦復如レ是。吾今來二此世界一八千返。爲二此娑婆世界一。坐二金剛花光王座一。乃至摩醯首羅天王宮。爲二是中一切大衆一。略開二心地法門品一竟。復從二天王宮一下至二閻浮提菩提樹下一。爲二此地上一切衆生凡夫癡闇之人一。說二我本盧舍那佛心地中初發心中常所レ誦一戒光明金剛寶戒一。是一切佛本源。一切菩薩本源。佛性種子。一切衆生皆有二佛性一。一切意識色心。是情是心。皆入二佛性戒中一。當當常有レ因故。有二當當常住法身一。如レ是十波羅提木叉。出二於世界一。是法戒是三世一切衆生頂戴受持。吾今當下爲二此大衆一重說中十無盡藏戒品上。是一切衆生戒本源。自性清淨。

その時、釈迦牟尼《むに》佛、初め蓮花蔵世界に現じてより、東方より来りて天王宮の中に入り、魔《ま》受化《じゅけ》経を説き已りて、南閻浮《みなみえんぶ》提《だい》の迦夷羅《かいら》国に下生《げしょう》せり。母を摩耶と名《なづ》け、父を白浄と字《あざな》し、吾《われ》は悉達《しつだ》と名く。七歳にして出家し、三十にして成道《じょうどう》して、吾を号して釈迦牟尼佛と為す。寂滅道場《じゃくめつどうじょう》に於て金剛花光王座に坐せしより、乃至《ないし》摩醯首羅天王宮まで、その中にて次第に、十の住処所に説く。

時に佛、もろもろの大梵天王の網羅幢《もうらどう》を観《み》、因りてために説く。「無量の世界、猶《なほ》し網孔の如し。一一の世界、おのおの不同にして、別異なること無量なり。佛の教門も亦またかくの如し。吾いまこの世界に来ること八千返、この娑婆世界のために、金剛花光王座に坐せしより、乃至摩醯首羅天王宮まで、この中の一切の大衆のために、略して心地法門品を開き竟りぬ。また天王宮より下りて閻浮提の菩提樹の下に至り、この地上の一切の衆生、凡夫痴闇《ぼんぷちあん》の人のために、わが本盧舎那佛《ほんるしゃなぶつ》心地中の、初発心《しょほっしん》の中にありて常に誦《じゅ》する所の一戒、光明金剛宝戒を説かん。これ、一切の佛の本源、一切の菩薩の本源にして、佛性の種子《しゅうじ》なり。一切の衆生に皆、佛性あり。一切の意識色心、この情、この心あるもの皆、佛性戒の中に入る。当当《とうとう》常有の因なるが故に、当当常住の法身あり。かくの如きの十波羅提木叉《はらだいもくしゃ》、世界に出づ。この法戒はこれ三世一切の衆生、頂戴受持するところ、吾今、当《まさ》にこの大衆のために、重ねて十無尽蔵戒品を説くべし。これ一切衆生の戒の本源にして、自性清浄なり。

〈釈迦牟尼佛〉聖者の意。釈迦族出身の聖者である佛。牟尼の二字、異本にない。牟尼は梵語 muni の音写。〈天王宮〉勝荘の注には兜率天とし、禁因は他化自在天とする。一般的には釈迦は兜率天より下生したとされる。釈迦がこの世に生まれる前、兜率天にいる理由については、この天の菩薩は他のどの天よりも放逸を恐れ、鈍根を厭うからといい、またこの天の寿命はこの地上と相かなっているからなどともいう。《魔受化経》勝荘は『華厳経』（六十巻本）巻四三（実は四二）に説く「十種魔」の項を指すとし、あるいは別にこの名の経があるか、しらべよ、と疑問を提している。《迦夷羅》梵語 Kapilavastu の音写の省略。釈迦の生まれた国。《母を摩耶……》摩耶は梵語 māyā の音写。白浄は梵語 saddhodana の訳。浄飯《じょうぼん》とも訳する。悉達は梵語 siddhārtha の音写、悉達多の略。《七歳にして出家》一般には出家の歳を十九歳または二十九歳とする。七歳は写誤か。《三十にして成道》成道とはさとりを開くこと。三十歳成道のほか、三十五歳説がある。以上は釈迦の生涯の重要事項を整理した、八相《はっそう》成道といわれるものの幾つかを挙げたもの。《寂滅道場》釈迦がさとりを開いた尼《に》連禅河《れんぜんが》の畔の菩提樹下のこと。つまり金剛花光王座をいう。《大梵天王の網羅幢》色界初禅天の三天また四天の最高を大梵天という。二天と数えるときは梵輔天に含める。網羅は羅網と同義、宝珠を連らねて網とした、荘厳《しょうごん》の具。幢ははたぼこ。《網孔》羅網の網は無量の孔があって、一つとして同じところがない。それを世界の不同の喩えとしたもの。《金剛花光王座》異本に「花光王」の三字を欠く。《心地法門品》異本に「法門品」または「品」の字を欠く。《一切の衆生、凡夫痴闇》衆生は梵語 sattva の訳。有情などともいう。世に生を受けたもの。凡夫は梵語 pṛthag-jana の訳。異生とも訳する。愚かで凡庸な人間の意。痴闇は心が暗く、正しい判断が下せないこと。《初発心》さとりを得たいという心を起こした、その最初の心。《一戒、光明金剛宝戒……》勝荘は「一戒」について四義を掲げ、一に十重戒の中の一々の戒、二に三聚浄戒の摂律儀戒、三に「真如を離れず、性は有無を離るるが故に一戒と言ふ」とし、四に六度（六波羅蜜）のなかの戒、などというが、この「一」は唯一絶対、他の追従・比較を超えたという意味で、三が適切であろう。従ってここは、そのような戒としての、戒光まばゆい金剛宝戒を説いたことを指す。また他に「一戒光明を説く。金剛宝戒はこれ……」と読むものもある。《佛性の種子》佛性とは佛になる可能性としての因子。これには種々の説があるが、たとえば、天台宗では正因・了因・縁因の三佛性を説く。種子はたね。従って「佛性の種子」はいちおう、佛性としての種子、佛性すなわち種子と解される。《一切の意識色心》種々の解釈があるが、一例をもっていえば、意識はいわゆる第六識。心は眼識などの五識で、色に対して心といったもの。《佛性戒》金剛宝戒を指す。《当当常有の因……》当々は当来で、未来を言うが、それはそれぞれ人々によって異なるから、当々という。当有の因とは佛性を指し、未来に開顕される法身の直接の原因であることをいう。その開顕される法身は未来永遠に断絶することがないから、当々常住の法身という。〈十波羅提木叉〉波羅提木叉は梵語 prātimokṣa の音写。別解脱・戒本などと訳する。禁止条項の条文をまとめたもの。いま「十」というのは戒本に十種あることではなく、十重戒の十を指したもの。後に「十重の波羅提木叉」という。〈法戒〉慧因の注に「戒は即ちこれ法、法は能く非を防ぐ」というが、要するに十波羅提木叉のことを指す。〈十無尽蔵戒品〉無尽蔵とはここでは菩薩戒の未来永遠に尽きないことを指し、この戒からすべての功徳が生まれることをいったもので、その法門を品と指したかに見える。〈自性清浄〉戒の、その本性において清浄であることをいう。

経はここで、またもとに話を返すかのように、釈迦に焦点をしぼる。

そこではまず、蓮花蔵世界より姿を没した釈迦が菩提樹下に至るまでの経過が語られる。それは千釈迦について述べた前文では、やりすごした部分である。

それによると、かれが蓮華蔵世界から姿を現わしたのは兜率天（天王宮）であって、そこで『魔受化経』を説いた、という。

しかしなぜ、かれは兜率天に行ったのか。それは経が語るように、まさに摩耶の胎内に宿るためである。ここには釈迦の生涯を語る型としての八相成道が持ち込まれることによって、盧舎那佛の化身としての釈迦、いわば千釈迦でもあり、千百億釈迦でもある釈迦が、もっとも具体的な、この歴史上の釈迦と変現したことを語ろうとしているのである。この娑婆世界に現われるためには、まず兜率天に行き、そこから下生《げしょう》して摩耶に托胎《たくたい》するのが、歴史上の釈迦の姿とされているからである。従って兜率天に行ったことは、直線的に八相成道の「降兜率《ごうとそつ》」に連絡し、以下、「托胎」・「出胎《しゅったい》」・「出家」・「成道」・「転法輪《てんぼうりん》」と自動的に語られることになる。しかしここで「寂滅道場」が示されたことは、また先の千釈迦の十か所での説法を改めて想起させ、そこに帰って行くことである。それはちょうど、愚かな思考をもってすれば、現実と幻想とのあやしい交錯にも似たものが観取される。佛の三身でいえば、まさに三身一体、文字どおり、三にして一、一にして三といったものであろう。

　ここまではすでに語られたことを繰り返し、ないしは振り返って細説した部分にほかならないが、さて、釈迦は摩醯首羅天の王宮で説法した時、聴衆に加わっていた大梵天王たちが持参した「網羅幢」を認めて、それをたよりとして、次のように説いた、と経は伝えている。

　かれはまず、この「網羅」に無量の孔があって、一つとして同じものがないように、世界も無量、その世界の佛の教えも無量であって、しかも無量の違いがあること、そして自分としても、この娑婆世界に八千返もやって来て、十か所での説法を繰り返し、盧舎那佛の説かれた「心地」を語ってきたことを語る。ここでかれが「無量」の「不同」を強調したことは、それらの説法がすべて異なったものであって、それだけ「心地」のすべてを語り尽くすことができなかったことを示すようであるが、しかし注意されるのは、それがここに終ったと説かれたことである。「心地法門品を開き竟りぬ」という表現がそれを語っている。それはあるいは、先に経が盧舎那佛の説かれた「心地」が「毛頭許《ばかり》」であったためかも知れない。とにかく終ったと示されたことは、ここから新たなものが始まることを予知させる。すなわちそれがこの巻下の中心を占める、諸佛の本源としての戒、ここに言う「一戒、光明金剛宝戒」である。かれはこれをこの地上の、娑婆世界の人々に説くために、またこれから兜率天に行き、そして摩耶の托胎をへて菩提樹下にさとりを開いて、説くことを宣言するのである。

　それでは、かれらに説こうとする戒とはどんなものか。釈迦はここで、まずそれが、自分の本佛である盧舎那佛が説かれた「心地中の、初発心の中にありて常に誦する所の一戒」だという。この表現は、勝荘の注によると、心地は四十心で、初発心は「十解の初心」を意味するといわれるが、しかし

『梵網経』巻上では「十解」にあたるものは「十発趣心」で、その最初は「捨心」であり、それは「一切捨」であって、「一切を捨てて無為・無相」になること、つまり「空三昧」だと説かれていて、いささか牽強である。この文章はもっと素直に、これら四十心以前の、これらすべてを支えて、しかも最初に起こされねばならない、いわゆる菩提心《ぼだいしん》（さとり求める心）を語っているだろう。

そうとすれば、いまいう「一戒」は、発心の最初に誦せられる戒であり、発心が持続するかぎり、身の行ないの支えとなって持続するものと考えられる。

しかしここで注意されるのは、この「一戒」が「光明金剛宝戒」だと示されている点である。注記したように、この「一」は一切の最初としての一、根元としての一であると同時に、一切を超えて、一切を含む一だと考えられる。だから、空間的には一切を包むものとして「光明」の語を冠し、時間的にはその永遠を示すために「金剛」（ダイヤモンド）と呼び、それが時空を超えて尊く勝れたことを「宝」の一字に託したのである。従って、それこそ一切の佛・菩薩が依り所とする、その本源といえるし、それは一切の衆生がもっている、佛となる可能性としての因子、つまり「佛性の種子」だともいうことができる。

ところが、一切の衆生はそうした佛性を備えているとされるから、衆生が心あるものであるかぎり、かれらはこの金剛宝戒の中に包まれているはずである。かれらはすでにそれを持っているのである。だから、経はその意味において、金剛宝戒を衆生の佛性に托して、それがすでに衆生に備わっていることを表わすために、新たに「佛性戒」の名を付したものである。しかしそのことは当然、かぎりない未来への展開をも意味する。佛性は未来常住の、永遠の法身を開顕する直接の原因だからである。そして、だからこそ、それはつねに法身開顕の可能性をもった「常有の因」として、その因の触発される時を待っているのである。衆生は佛性を具え、佛性戒を具えているが、具えているかぎりでは、法身のさとりと直結しないから、これを内から外に引き出してくるとき、始めて衆生は法身開顕が現実に一歩踏み出したことを知るのである。

それではその「常有の因」を触発して、法身開顕のエネルギーを与えるものはなにか。経は極めて端的にそれが「十波羅提木叉」と名づけられるものであることを指摘し、そして、それはいまこの「世界」に与えられた、という。それがこれから語られる十重戒である。この戒は三世一切の衆生が受持するものであるから、これこそは一切衆生にとって、「戒の本源」として頂戴しなければならないものであり、またそれがその本性において清浄そのものである以上、それによって法身の道が開かれることを思わなければならない。その意味において、釈迦はいまこれから一切のもののために、この十重戒を説かなければならないのである。

さて、以上で、この経の巻下の序は終った。経が「吾今、当に……重ねて十無尽蔵戒品を説くべし」というように、次に十重戒が説かれることになるから、その部分がこの経の本論としての「正宗分」になるはずである。ただ十重戒にはいるのはさらに先のことであって、そこにはまたそのための序めいたものが見受けられるから、これまでの序をこれと区別すれば、総序とでも言えようか。

戒により諸佛の位にいる

我今盧舎那　方坐㆓蓮花臺㆒　周匝千花上　復現㆓千釋迦㆒

一花百億國　一國一釋迦　各坐二菩提樹一　一時成二佛道一
如レ是千百億　盧舍那本身　千百億釋迦　各接二微塵衆一
倶來二至我所一　聽三我誦二佛戒一　甘露門則開　是時千百億
還至二本道場一　各坐二菩提樹一　誦二我本師戒一　十重四十八一
戒如二明日月一　亦如二瓔珞珠一　微塵菩薩衆　由レ是成二正覺一
是盧舍那誦　我亦如レ是誦　汝新學菩薩　頂戴受二持戒一
受二持是戒一已　轉授二諸衆生一　諦聽我正誦二　佛法中戒藏
波羅提木叉一　大衆心諦信　汝是當成佛　我是已成佛
常作二如レ是信一　戒品已具足　一切有レ心者　皆應レ攝二佛戒一
衆生受二佛戒一　卽入二諸佛位一　位同二大覺一已　眞是諸佛子
大衆皆恭敬　至レ心聽二我誦一

我いま盧舍那　方《まさ》に蓮花台に坐し　周匝《しゅうそう》せる千花《せんげ》の上に　また千の釈迦を現ず　一花《いちげ》に百億の国あり　一国に一釈迦ありて　おのおの菩提樹に坐し　一時に佛道を成《じょう》ず　かくの如き千と百億とは　盧舍那を本身となす　千と百億の釈迦　おのおの微塵《みじん》の衆《しゅ》を接して　倶にわが所に来至し　我の、佛戒を誦するを聴きて　甘《かん》露《ろ》の門、則ち開く　この時、千百億は　還りて本道場《ほんどうじょう》に至り　おのおの菩提樹に坐して　わが本師《ほんし》の戒なる十重四十八を誦《じゅ》す　戒は明らかなる日月の如く　また瓔珞《ようらく》の珠《たま》の如し　微塵の菩薩衆　これに由りて正覚《しょうがく》を成《じょう》ず　これ盧舍那の誦したまふところ　我もまたかくの如く誦す　汝、新学《しんがく》の菩薩　頂戴して戒を受持せよ　この戒を受持し已らば　転じてもろもろの衆生に授けよ　諦《あきら》かに聴け　我正《まさ》に　佛法中の戒蔵　波羅提木叉を誦せん　大衆《だいしゅ》、心に諦かに信ぜよ　汝はこれ当成《とうじょう》の佛　我はこれ已成《いじょう》の佛　常にかくの如きの信を作せば

戒品《かいほん》已に具足す　一切の心あらん者　皆応《まさ》に佛戒を摂すべし　衆生、佛戒を受くれば　即ち諸佛の位に入り
位《くらい》、大覚《だいかく》に同うし已れば　真《まこと》にこれ諸佛の子《みこ》なり　大衆皆恭敬《くぎょう》して　至心《ししん》にわが誦するを聴け。

《微塵の衆》物質を分割できるかぎり分割した、その最小（いわば原子のようなもの）を極微《こくみ》といい、その一極微を中心に六極微が集まって、一つの集合体を作ったとき、これを微塵と呼ぶが、ここは微塵数《みじんじゅ》の意で、数の多いことの喩え。数限りない多くの大衆《だいしゅ》をいう。《甘露の門》甘露は梵語 amṛta の訳。阿蜜㗚多《あみりた》と音写し、不死と直訳する。不死の仙薬・神酒の類をいい、佛の教えの比喩に用いる。ここは、いわば生死の世界を離脱する、不死の法門の意。《本道場》寂滅道場のこと。《十重四十八》十重戒と四十八軽戒。以下に細説される、この経の中心主題。《戒は明らかなる日月の如く……》法蔵の説明によれば、「無妙《むみょう》の大闇を破して、生死の長夜を出で、無住の涅槃を顕すが故に、日月の如し、と云」い、「能く行者を荘厳して、諸佛をして護念し、人天をして観《み》ることを楽しましむるが故に、瓔珞の珠の如し」といった、とする。妥当な一般的な説明であろう。瓔珞は一般に頭や胸などの飾りをいう。装身具。《正覚》佛のさとり。無上等正覚の略。《戒蔵》法蔵のように、戒が多くの徳を具えるから蔵と言ったと見てもよいが、一般的には三蔵の一として戒蔵、または三学の一としての戒学を指したと見られる。《戒品》前出の「十無尽蔵戒品」であろう。《佛戒》佛性戒に同じ。

さて、これからが『菩薩戒経』とか、『梵網菩薩戒本』と呼ばれているものである。智顗や法蔵・義寂・処行・明曠などの注釈は、この詩（偈頌）から始められている。これは、訳者羅什がとくに、この詩以下、四十八軽戒が終った後の、「心心に頂戴して、喜躍・受持せり」までの部分を取って一巻にしたて、それが世に行なわれていたことによるものとされる。従って下巻だけを独立させて注釈した勝荘・法銑・道璿・伝奥・利渉・智周・慧因など（その多くは現存しない）と、全文の構成や組織の立て方に差異が生じてくるのは当然である。

いま試みに智顗の説によると、この詩とそれに続く文章（長行）で、「皆、第一清浄者と名《なつ》く」までの文章を「序」とし、つぎの十重四十八軽戒から、その後の「現在のもろもろの菩薩、いま誦す」

で終る部分を「正説」、そして以下を「勧説流《る》通《づう》」としている。従って、これを取れば、経の巻下としては、これからまた、総序に対する別序が始まるという格好になろう。そして実際、以下の詩には、一読してわかるように、先に説かれたことを再び繰り返した内容が見てとれるはずである。

しかしそれはともかく、以下、詩が説く内容を跡づけてみようと思うが、その前に疑問としてすぐ浮び上る問題があるから、それを解決しておきたい。

それは、最初の「我いま盧舎那」とある「我」と、中頃、「わが本師の戒」という「我」と「これ盧舎那の誦したまふところ　我もまたかくの如く誦す」とある「我」とは、少なくともまったく異なった別の佛であるという事実である。そうすると、この詩はだれが説いている詩なのか、という疑問が当然生じてくる。

これについて問題提起をしたのは智顗であるが、かれは三説を挙げている。一は、三佛がそれぞれ説いているとする説、二は、始めは盧舎那佛で、他の二がこの土の娑婆世界の釈迦、三はすべてこの土の釈迦とするものである。智顗自身は第三説を述べる前に、「いま言く」といっているから、この説に賛意を表したものらしい。

説としては、詩に即して素直に理解したのは第二説であろう。ただ一つの詩が別々の佛によって説かれるということに対する抵抗はいなめない。第一説もその点は同様である。してみると、第三説ということになるが、これは先の前文に「わが本《ほん》盧舎佛心地中の」といって、「十無尽蔵戒品を説くべし」と述べていたことを想起すれば、それとの連続において説かれたこの詩が、釈迦のそれであると見ることを許すから、かならずしもおかしくはない。ただその場合、「我いま盧舎那」はどこまでも釈迦の代弁であり、釈迦が盧舎那佛になり代わって説いたと解するほかはない。

しかしこれはまったくの試論であるが、あるいは「我いま盧舎那」を「わが本盧舎那」と改めたら、どうであろうか。この方は前文にも例があるし、これならば、「わが」の「我」は釈迦として、後の「我」と同じ立場に立ち、一貫した意味が成立する。それに「我いま盧舎那」は表現としても落ち着きがよくない。「いま我盧舎那」とあるのが当然ではなかろうか。もしそう直すことが許されるなら、むしろいまは「いま」を「本」の写誤と見ても、大過はないだろう。

ちなみに、法蔵の理解では、「我いま」を「舎那の自説」とする。第二説にあたるように見えるが、その後は「義に随いて知るべし」というだけで、細説はない。

さて、この詩にはまず、盧舎那佛を回って、千の釈迦がはべり、その千の釈迦の坐す蓮花の一つ一つに百億の釈迦がいて、菩提樹の下に坐っているという、想像を絶した場景が語られるが、実はこれら千百億釈迦も盧舎那佛を本身とする、というのがその狙《ねら》いである。それはつぎに、千百億の釈迦に伴った数限りない多くの大衆が盧舎那佛のもとに来て、この佛の誦するを聴き、さとりの心を起こすという、そのことを語るための序章であり、そしてこれら佛戒を聞いた釈迦やその他の人たちは、この娑婆世界との連絡を語る役割を担っている。ここにこの佛戒とわたしたちとの繋がりが示されているのである。それが具体的に動きだすことをはっきり語ろうとするのは、「この時、千百億は　還りて本道場に至り」以下の部分である。

ここで、釈迦は「わが本師の戒なる　十重四十八を誦」した。そしてこの、日月の如く、瓔珞の珠の如き戒によって、菩薩たちは佛のさとりを得たから、いまその実証を踏まえ、また改めてそれが盧舎那佛が誦したもうた佛戒であることを説いて、ここに新学の菩薩たちに、この戒を頂戴、受持するよう勧め、さらに、広く多くの衆生にこの戒を授けていくように勧められる。

しかしこの勧説をさらに納得させるために、佛は「大衆」が「当成の佛」であることを強調する。「諦かに聴け」以下がそれであって、これは佛性を具えていることを信じ、それをはっきり自覚するよう、喚起を促したものである。しかもここで、その信によって、すでに「戒品」が「具足す」るとしたことは注目される。

法蔵の説明を藉りると、信を起こすことは、とりも直さず「入理の菩提心を発《おこ》す」ことであり、『無垢称経』に「菩提心を発さば、即ちこれ出家」とあるように、比丘としての本性がここに成立することを意味している、という。法銑はこれをまた別の角度から述べ、その信が浄信だから、得戒するのだとして、「清心の心は要（悪の誤りか）法の生ぜざる所、即ち具戒と名く。故に涅槃に云く、戒はただこれ悪法を遮す。もし悪を作さざれば、これを持戒と名く」と論じている。凝然は、法銑は「随相」を述べたものだとして、かれ自身の「入理門」を展開しているが、それは法蔵の説を細説・敷衍したものである。「入理の菩提心」であるから、「諸佛の満果と自体と同じ」であり、「自身・他身、本来不二」であるわけで、「三聚浄戒は具足円備」するから、「此（比の誤り）丘の性」も当然、成立することになる、というのが、その所論である。

さて、信によって「戒品」が具足するなら、もはや「佛戒を摂」し、「佛戒を受」ける必要はないかに見えるが、釈迦はさらに、これを受けることを勧める。なぜなら「受くれば　即ち諸佛の位に入り」、それによって真の佛弟子となるからだ、というのである。しかしこれは考えてみると、いささか蛇足の感が深い。信はそれによって佛弟子となることを許すからである。ただここでいう、受戒による「佛位」の獲得が、なにか特別の意味をもって、そのために「真」という表現があえて用いられたのかどうか、その辺に問題はある。

　智顗や法蔵ではそこのところがまったく明瞭を欠くが、義寂がこの「佛位」を『占察経』によって四種に分けたことは注目に価する。かれはこれを種姓地・解行地・浄心地・究極菩薩地の四とし、いわゆる「已成の佛」ではないとする。四のうちのどれを取ったかは、明らかでないが、とにかく菩薩戒を受けることによって「佛位に入る」といった経意を第四におさえようとした口吻はうかがえる。また法銑はこれについて、この経が後に説くところを踏まえて（第四十二軽戒、参照）、「いまだ受けざる時を以て、名けて外道となす。いまは則ち受戒して佛と功《く》を斉《ひと》しくするを、佛位に入ると名く。その戒を以て善《よ》く量は法界に同じく、未来を窮尽して佛身中の所有の戒行とその体、斉等《ひと》し。これに約して言をなして佛位に入ると云ふ」などと述べ、いわゆる佛位でないことを明らかにするとともに、信だけでは「真の」佛弟子ではなく、受戒によってそれが可能になることを論じている。高く評価されてよい解釈である。

　以上で、この項を終ろうと思うが、最後に一つだけ、原文に「千百億」とあることについて触れておきたい。これは「千と百億」の意にとれるが、いまはこの釈迦が地上の釈迦と解して「千百億」とそのまま読んでおいた。もしこれが千釈迦をも含めるのなら千と千百億でなければならない、というのも、その理由の一端である。

孝と戒は一つ

爾時釋迦牟尼佛。初坐㆓菩提樹下㆒。成㆓無上覺㆒。初結㆓菩薩波羅提木叉㆒。孝㆓順父母師僧三寶㆒。孝順至道之法。孝名爲㆑戒。亦名㆓制止㆒。佛卽口放㆓無量光明㆒。是時百萬億大衆諸菩薩。十八梵天六欲天子十六大國王。合掌至心聽㆔佛誦㆓一切佛大乘戒㆒。

その時、釈迦牟尼佛、初めて菩提樹下に坐して無上覚《むじょうかく》を成じ、初めに菩薩の波羅提木叉を結《けっ》したまふ。「父母・師僧・三宝に孝順せよ。孝順は至道の法にして、孝を名けて戒と為し、また制止《せいし》に名く」と。佛即ち口より無量の光明を放つ。この時、百万億の大衆、もろもろの菩薩、十八梵天・六欲天子、十六大国の王、合掌して至心に、佛の、一切の佛の大乘戒《だいじょうかい》を誦《じゅ》したまふを聴きたてまつらんとす。

《師僧》和上・阿闍梨（第一軽戒の注、参照）《三宝》佛・法・僧の三宝。法は教え、僧はその教えを奉ずる教団（僧伽《そうぎゃ》という。僧はその略）。この三宝に、住持三宝・別体三宝・同体三宝という考え方があって、住持三宝は佛教が伝えられていく上で考えられ、佛像・経典・出家を指す。別体三宝は三宝それぞれを別々のものとみる考え方で、別相三宝とも階梯三宝ともいう。同体三宝は三宝はその本質上、一つのものとする考え方で、一体三宝とも同相三宝ともいう。《孝順》法蔵の注をもってすれば、「孝とは、謂く、上位に於て厚至の心を起し、恩を念ひて崇敬・楽慕《ぎょうぼ》・供養す。順とは、己の見を捨離して、教命を順尊し、誰に於ても孝順するなり」とある。《至道の法》至極の法の意。これによってよく究極の果を得ることができるということを意味する。いまこの箇所の読み方に二つあって、一は前掲のとおりであるが、二は「至極の法に孝順せよ」と読むもの。伝奥の説に、この「父母」以下、「至道の法」までを数えて、孝順の対象を「四種の境」といっていることは、それを語る。《制止》悪を止めること。《十八梵天》色界十八天のこと。初禅に梵衆天・梵輔天・大梵天の三天、二禅に少光天・無量光天・極光浄天の三天、三禅に少浄天・無量浄天・遍浄天の三天、四禅に無雲天・福生天・広果天・無想天・無煩天・無熱天・善現天・善見天・色究竟天の九天、合わせて十八天。《六欲天》四天王天・三十三天・夜摩天・兜率天・楽変化天・他化自在天の欲界六天のこと。《十六大国》経典により異同がある。いま『仁王経』「受持品」によって記せば、憍薩羅国・舎衛国・摩竭提国・波羅奈国・迦夷羅衛国・鳩戸那国・鳩睒弥国・鳩留国・罽賓国・弥提国・伽羅乾国・乾陀衛国・沙陀国・僧伽陀国・揵拏掘闍国・波提国の十六を挙げる。《大乗戒》異本に「大戒」とある。おそらくこの方が正しいだろう。

智顗によると、以下の二文は「この土の釈迦の序」で、さきの詩を「発起序」とするが、法蔵はこれ以下を「第二大段正説」とする。

とにかく、釈迦は盧舎那佛のもとを辞して、改めて菩提樹の下でさとりを開くと、ここに最初に「菩薩の波羅提木叉」を定められた。

ところで、経が「初めに」という意味について、法蔵はこう解釈した。それは、だれかが罪を犯した結果、それを制止する戒が定められるといった、声聞戒の「随犯随制」ではなく、この菩薩戒は佛が成佛してまず最初に説かれたことを示そうとしたものだ、ということである。菩薩戒と声聞戒の差が、ここにまず明示された点で注目されるが、ところが後の学僧はこの成佛後の最初の時に関心を示し、太賢は『華厳経』が説かれたという「第二七日」に相応するものとし、法銑は『華厳経』以前に説かれたとするに至っている。

成道後、最初に説かれたものが何かという視点では、興味のある詮索であろうが、しかし今日の段階ではあまり意味をもたない。とくにこの経の所説の端々に窺えるように、時間的な問題にこだわる必要はないといって、言い過ぎではない。智周は「正覚の道《みち》成ずれば、体《たい》、三世を絶し、初中後なく、結なく不結なし」というが、あるいはあたっているといえよう。

しかしこの菩薩戒が定められた後、佛が戒とはなにかという問題について、それを「孝」だと自ら述べ、その真実性を証明するように、口から無量の光を放ったということは、重要な意味をもつ。はたして「父母・師僧・三宝に孝順し、至道の法に孝順する」その孝を戒と呼ぶことができるか、問題である。これは、この経が以後、随所で孝順を説くから、それとの関連においても軽視できない。

まずこれを智顗に尋ねると、かれは孝とは順だといい、また究とも度とも訓ずるとすることを言うだけで、注目されるような細説は見られない。また法蔵では、ここにいう、父母・師僧・三宝・至道の法にどうあることが孝順であるかを説くが、それらを通じて考えられる孝順の意については、「謂く、この孝行を行ずれば、即ち教に順じ、違ふことなし。名けて持戒となす。故に孝を名けて戒と云ふ」とあるのみで、その意とするところが明白でない。ところが、太賢になると、「孝を戒と名け、また制止と名くるは、孝を百行の本となす。先王の要道たり。戒を万善の基となす。諸佛の本源たり。善これより生ずれば、孝を名けて戒となし、悪これより滅すれば、また制止と名く。所以《ゆえ》に孝・戒、名異なるも義同じ」と述べる。

ここには、ゆとりなくも、孝は百行の本という儒教的精神が姿を見せ、その孝が善としてこの諸佛の本源である戒から生ずるという意を語っているようである。太賢はこの経を佛教の戒と先王の道である孝との融合を試みようとしたものと受け取るかに見える。

こうした儒教の立場から考えようとするのは、あるいは無理のない、自然な解釈なのかもしれない。だからこうした姿勢が智周にも取られ、かれは儒教の孝という理解に合う概念として慈悲喜捨を『菩薩瓔珞本業経』の摂衆生戒の説明に求め、そのうえで、この四をもって、いまの経を理解すれば、よく意が汲み取れるとした。従って「孝を名けて戒となすは、即ちこれ戒の体なり」というようにもなる。

これはまた姿を変えると、五戒は五常と同じものとされるに至るもので、日本では実導の釈を見ると、「不殺とは仁なり。故に仁を五常とも開くなり。仁は則ち孝の異名なり。仍ってこの経に「初結菩薩波羅提木叉孝順父母」等と云ひて、この「孝名為戒亦名制止」の意を五十八戒と説く時、最初に不殺生戒を十重とも四十八軽とも説くにてあるなり。これ則ち不殺を五戒と説き、五戒を諸戒と開きたるなり」と記されている。

このように見てくるとき、この経が孝と戒を結びつけようとした意図がどこにあったか、おのずから浮び上がってくるようにも思える。もっとも経の作成にあたって、適当な言葉が見出せないために、こういう結果になったと見れないこともない。

さて、経にもどって、佛が無量の光を放つことによって、そこに集まっていた一切の大衆、菩薩を始めとするすべてが、ここに心から佛の誦する大戒を聴聞しようと、耳をそばだてることになる。経はようやく、佛戒について、これを明らかにする段取りを一切終えたわけである。

戒は諸佛の本源

佛告二諸菩薩一言。我今半月半月。自誦二諸佛法戒一。汝等。一切發心菩薩亦誦。乃至十發趣十長養十金剛十地諸菩薩亦誦。是故戒光從レ口出。有レ緣非レ無レ因。故光光非二青黃赤白黑一。非レ色非レ心。非レ有非レ無。非二因果法一。是諸佛之本源菩薩之根本。是大衆諸佛子之根本。是故大衆諸佛子應二受持一應二讀誦善學一。佛子諦聽。若受二佛戒一者。國王王子百官宰相。比丘比丘尼。十八梵天六欲天子。庶民黄門婬男婬女奴婢。八部鬼神金剛神畜生乃至變化人。但解二法師語一。盡受二得戒一。皆名二第一清淨者一。

佛、もろもろの菩薩に告げて言《のたま》はく、「我いま半月半月に、自《みずか》ら諸佛の法戒を誦す。汝等、一切の発心の菩薩もまた誦せよ。乃至、十発趣・十長養・十金剛・十地の諸菩薩もまた誦せよ。この故に戒光、口より出づ。縁ありて因無きにあらず。故に光光は青・黄・赤・白・黒にあらず、色《しき》にあらず、心《しん》にあらず、有《う》にあらず、無《む》にあらず、因果の法にあらず。これ諸佛の本源、菩薩の根本、これ大衆諸佛子の根本なり。この故に大衆諸佛子、応《まさ》に受持すべし、応に読誦・善学すべし。佛子、諦《あきら》かに聴け。もし佛戒を受けん者は、国王・王子・百官・宰相、比丘・比丘尼、十八梵天・六欲天子、庶民・黄門《おうもん》・婬男・婬女・奴婢《ぬび》、八部・鬼神《きじん》・金剛神、畜生、乃至、変化人《へんげにん》まで、ただ法師の語《ことば》を解《げ》すれば、尽く戒を受得し、皆《みな》第一清浄者と名く」と。

《半月半月》旧暦の一月三十日を前後十五日ずつに分け、前半を白月《びゃくがつ》、後半を黒月《こくがつ》とよび、その月々の終り、十五日と三十日、つまり満月と新月の日に戒法を誦する式が行なわれる。これを布薩《ふさつ》という（一一四ページ、参照）。《発心の菩薩》義寂はこれを「十信」と解し、明曠は下地の凡夫である「薄地に通ず」るとし、十信以前の、外凡の名字位とする。《十発趣……十地》菩薩の修行階位の四十位を指す。十発趣は前出（四二ページ、参照）の十住にあたる。この経では巻上に、捨心・戒心・忍心・進心・定心・慧心・願心・護心・喜心・頂心の十を示す。十長養は先の十行にあたり、この経には、慈心・悲心・廻心・捨心・施心・好語心・益心・同心・定心・慧心の十を挙げ、十金剛は先の十廻向にあたり、この経には、信心・念心・廻向心・達心・直心・不退心・大乗心・無相心・慧心・不壊心の十を挙げ、十地は先でも十地で、この経には、休性平等地・体性善慧地・体性光明地・体性爾焔地・体性慧照地・体性華光地・体性満足地・体性佛吼地・体性華厳地・休性入佛界地の十を挙げる。《故に光光は……》この箇所は解釈によって読み方が分かれてくる所で、一はこの原文に「故光光」とあるのを、「……あらざるが故に光る。光は……」と読むもので、凝然の説明によると、智周・道璿・法進・道照・与咸・本賢・善珠などといった諸師がこれを取ったとされる。もう一つは「……あらず。故に光光は」と読むもので、法蔵・元暁・伝奥・法銑がこれを取ったという。いまは前掲のように、後者の読み方に随った。「光光」については、法蔵は「因縁所発の戒体、数多きが故に光光と曰ふ」と説明し、義寂は「放つ所の光明に多重あり」とするが、元暁は五説を掲げて、「一に云く、放つ所の光の中にまた無量の光あり、故に光光と言ふ。一に云く、光を放つが故に光と言ひ、光に因りてまた戒法を説くが故に、重ねて光と言ふなり。……一に云く、三聚戒は一にあらざるが故に光光と言ふ。また応に一一の聚の中に無量の戒あり、故に光光と言ふ」などと、諸説を紹介している。また光は戒と同義という。このほかにも説は多い。《色にあらず……無にあらず》一般に色は物質的なものの総称。心はその色を対象として捉えるはたらきをもつもの、またはそのはたらき。色と心は対応する相対的なものとして理解される。有は存在すること、または存在するもの。これに対する非存在を表わすのが無。《百官》多くの官吏。文武に通ずる。《比丘・比丘尼》梵語 bhikṣu, bhikṣuṇī の音写。苾蒭・苾蒭尼とも書く。前者は男、後者は女で、ともに出家して如法に具足戒《ぐそく》を受けたもの。『四分律』では具足戒は比丘二百五十戒、比丘尼三百四十八戒を数える。《黄門》梵語 paṇḍaka の訳語。不能男とも訳し、五種を数える。男根の不満足なもので、生まれつき性交できない生黄門、半月だけ不能の半月黄門、他の性交を見て淫欲のおこる妬黄門、性交しようとして、男根がなくなる変黄門、生後、腐爛などのためなくなった揵黄門の五。またその他の説があるが、中国の宦官のようなものも、割却といい、黄門のうちに数えることができる。ただし律ではこれらは出家して具足戒を受けることができないとされる。《婬男・婬女》凝然の説明の一端をもってすると、婬男とは女色に耽溺して、身心放逸、君臣にも仕えず、家業を知らない遊び人のこと、婬女とは女色を売って遊び戯れ、遊芸にふけって婦人の礼をおろそかにする女をいう。また婬男とは陰間、男娼を指し、婬女は売笑婦をいう。《奴婢》奴隷で、男を奴、女を婢という。これには罪を犯してなったものと、売買されてなったものとの二種がある。《八部》八部衆とも、天竜八部ともいう。天・竜・夜叉（捷疾鬼ともいう）・乾闥婆（尋香行ともいう）・阿修羅・迦楼羅(妙翅ともいう)・緊那羅（歌神ともいう）・摩睺羅迦。以上のうち、天・夜叉・阿修羅を除いて、他はすべて畜生道のもの。夜叉は鬼、阿修羅は鬼畜とも天とも、一定しない。《鬼神》恐怖心を与える、恐ろしい威力をもった怪物の類で、これに三十三天などのような善鬼神と、羅刹《らせつ》のような悪鬼神を分ける。夜叉は両方にまたがる。《金剛神》法進の説明によれば、いわゆる金剛力士で、二王だという。一説に金剛と力士の二を二王という。《変化人》佛・菩薩が人の姿に身をかえたもののこと。

開口一番、聴聞を待ちうける大衆に対して、佛はこう告げていう。

「わたしは今後、月の半ばと月の終りに、自ら諸佛の法戒を誦《じゅ》することにする。きみたちも、わたしにならってこれを誦しなさい。いまはじめて菩提心を起こしたばかりの菩薩も、またすでに少しく修行の進んだもの、ないしは十地の位に達して佛になることを間近にひかえたものも、すべて等しくこの法戒を誦しなさい。」

佛はまずこの法戒を誦することを勧める。しかしその戒がどのようなものかは、まだ明らかにされない。またそれがなぜ佛自ら誦し、他にも誦するよう勧められる必要があるほど勝れているのか、それも明らかではない。そこでつぎに、そうしたことが示されねばならない。佛はこういわれる。「きみたちが、この戒を誦することによって、その口より、戒光が発するだろう」と。そしてその戒光が発するには、それ相応の因縁があるのだとして、幾つかの因縁を掲げる。

ところで、戒光とはもちろん佛戒を讃嘆したものである。法蔵は法を説くときに香を放った例があるのと同類で、戒を誦すると、実際に口から光が出ると解釈しているが、また戒法は無明の闇を破するから、光の字を付してそのはたらきを示したのだとも、またここは佛が戒を誦するとき、光が出るから、それに寄せて、菩薩たちのときも、光が出るようにいったのだとも、解釈している。おそらく前の二説を取って、戒光を考えたと推察される。従ってここでは、戒のはたらきが語られるものと見られ、光に重点はない。

それではその戒光としてのはたらき、その勝れた点はどのようなものか。それはここでは、二つないしは三つに分けて考えることができる。それは、智顗では「得果」と「行因」であり、法蔵では「一に戒縁の妙勝」、「二に戒体の甚深」、「三に戒用の兼広」（この整理は凝然の呼称によって記した）

という三つの分類になっている。法蔵の前二が智顗のいう「行因」にあたる。これらの考え方はほぼ一般的であるから、いまは法蔵の細分を取って考えていくことにしよう。

まず、戒光の因縁についてはいろいろ考え方もあるが、とにかく佛による法戒の誦出や、諸菩薩による誦出がここにすでに示されている以上、その誦出が縁であるから、因は当然、それを受ける機の側の受得の心、ないしは菩提心を考えることができる。それはいってみれば、布薩のおりや受戒のときにもかかわってくることであって、広くは法戒が誦出されるとき、両者の結びつきのうえで、つねに戒光となって現われでることになる。従ってこれは、法戒の誦出にはこうした勝れたはたらきがつねに伴うことを語って、その戒を讃えたものである。しかしそれ以上に、この戒を端的に示して讃えたものは、次の「戒体の甚深」の文である。

いまこれを法蔵によって見ると、戒光は因縁によって生じたが、しかしそれは「無性《むしょう》」であって、いわゆる現象的な外に表われた「相《そう》」を離れている。青や赤などといった色《いろ》をもたないというのはその意味である。従ってこの戒そのものはその本性として、質量をもち、他とたがいに障碍しあう物質のもつ性質がないから、「色《しき》」ではないし、対象を捉えて、それを思いはかる心の性質もないから、「心」でもない。さらにまたこの戒は因縁によって生ずる戒であるから、「自性」がない。縁に即すれば戒ではないし、縁を離れて戒はないし、即することも離れることも除いた、その「中間」においてもこれを求めても戒はないから、「有・無でもない」理である。またこの戒はその本性がすでに前述の如きものであるから、能生・所生といった関係を離れたものであって、従って「因果」と無縁である。

以上は、法蔵の解釈の一端を挙げたものにすぎない。また諸師によってさまざまな解釈があることは、いうまでもないところである。とくにすでに法蔵が「戒体」の語を用いたことからも推察されるように、このような「戒体」をどう捉えるか、経の言葉をややもすれば離れて、解釈だけが独走した感が強い。それはこの経だけの問題ではなかったから、止むを得ない面もあるが、いささか煩雑の域を越えたものである。一般には戒体を無表《むひょう》と解し、他に示すことのできないものであるが、それをある種の物質（色《しき》）と考えて無表色とする見方や、それは物質でも心でもないとして非色非心とするもの、あるいは仮に物質の形をとると見て仮色とするものなど、種々に分かれる。

さて、戒光としての戒体は、すでに因果を離れているといった。しかしそれがまったくはたらきのないものだというのではないから、それがはたらくところ、その因位においては菩薩として、果位においては佛として、それらの本源をなすのであって、従って佛子をもって自ら認めるものにとっても、佛・菩薩に通ずるものとして、その根本としての意味を担っている。いわば、佛をはじめ、佛の教えに連なるすべてにとって、この戒が共通した根源的な広いはたらきをもっているのである。だから、わけても佛子はこれを受持し読誦して、この戒や精神を心に深くたたみ込むのは、当然の責務というものであろう。

しかしそれでは、これを受持する佛子とはなにか。いや、佛子を自認するものは、だれかれの別なく、これを受持できるのか。この戒に制限がなく、すべてに解放されているのか。「大衆諸佛子、応に受持すべし」といっても、それに制約があれば、佛子にして受持できないものもありうるのではないか。

経はこれについて、まことに明快な説明を下している。すなわち「ただ法師の語を解す」るという条件以外に一切、制約はないというのである。ここでいう法師はもちろん戒を授ける戒師である。法師が佛戒を誦し、それを受けようと欲するものが、その法師の言葉を理解できるかぎりにおいて、受戒が成立するわけで、佛子として佛戒を受けることができるものの範囲は、人間という条件と何のかかわりもないことになる。「畜生、乃至、変化人」はその意味でも、重要な意味をもつ。『菩薩瓔珞本業経』にこの菩薩戒を受けないものこそ「畜生」だといっているが、その口吻をここにも観取することができそうである。

しかしひるがえって、これをその言葉どおりに受け取ってよいかどうか、一片の疑問や危惧もないというわけにはいかない。なぜなら、これに水をさすように、義寂はこういっているからである。

在家戒は上に説く所の如く、語を解すれば皆受く。もし出家戒なれば、則ちかくの如くならず。ただ人趣《にんしゅ》中の、もしは男、もしは女、遮難《しゃなん》なき者、方《まさ》に受《じゅ》となすを許す。義、声聞の出家の受法に同じ。また応に戒法は皆、通受《つうじゅ》を得べきこと、文は簡《えら》ぶことなし。ただしその比丘等の性《しょう》を遮すべし。半択迦《はんちゃか》(paṇḍaka の音写。黄門のこと)の如きは五戒を受くることを許すも、ただし近《ごん》事男《じなん》(優婆塞《うばそく》の訳語。男の在家信者)の性を遮止すべし。

ここには、この佛戒の僧俗共通の性格も、実は在家戒と出家戒という制約を越えてはいないということ、この佛戒は通受であって、別受が保証する七衆の性はこれではえられないなどといったことが語られている。遮難の問題がこの佛戒にも付随していることは、戒条にも見えているが、こうした義寂の発言は、この経の本旨にはたして添うものかどうか、大きな問題を含んでいる。これは理想と現実の落差を語るとともに、中国佛教がこの菩薩戒をどう扱ったかという、実情とも関連しているものである。

第二章　十重四十八軽戒

〔一〕十重戒

序

佛告二諸佛子一言。有二十重波羅提木叉一。若受二菩薩戒一不レ誦二此戒一者。非二菩薩一。非二佛種子一。我亦如レ是誦。一切菩薩已學。一切菩薩當學。一切菩薩今學。已略説二菩薩波羅提木叉相貌一。是事應二當學敬心奉持一。

佛、もろもろの佛子に告げて言はく、「十重《じゅうじゅう》の波羅提木叉《はらだいもくしゃ》あり。もし菩薩戒を受けて、この戒を誦せずんば、菩薩にあらず、佛の種子《しゅうじ》にあらず。我もまたかくの如く誦す。一切の菩薩已に学し、一切の菩薩当《まさ》に学すべく、一切の菩薩いま学せん。已に略して菩薩の波羅提木叉の相貌《そうみょう》を説けり。この事、応当《まさ》に学し、敬心もて奉持《ぶじ》すべし」と。

《十重の波羅提木叉》前出（四七ページ、参照）。《菩薩戒》さきに金剛宝戒とも佛戒とも法戒ともいってきたもの。菩薩戒には別に『瑜伽論』や『善戒経』などの説く菩薩戒がある。〈佛の種子〉佛果を生ずるたね。法蔵は「菩提心の種子」という。太賢は前文を受けて、菩薩の行を失い、すでに菩薩ではないから、どうして佛の種子があろうといい、菩薩の所行と解している。また智周は菩薩戒を誦しなければ、戒相も持犯の分斉もわからないから、「佛の種子」ではなく、佛の種子ではないから、菩薩ではないといい、佛の種子をどう解したか、明瞭を欠く。〈相貌〉戒の相状。戒相のこと。ただし経には、この戒相を巳に略して説いたとあるが、それが何を指すか、問題はある。道璿・智周はこれについて、「相貌とは即ち上文に戒徳・戒体を説く、これを相貌と名く」といい、さきの「この故に戒光、口より出づ」以下「第一清浄者」までを指すと見ている。はたしてそれを「相貌」といえるか、疑問が残る。与咸はこれを「即ち頓戒の相貌なり。偈に戒体を歎ずることあにこれに逾《こ》えんや」といっているから、偈中の「戒は明かなること日月の如く」以下を指したものか。その他にも種々の説があるが、どうもはっきりしない。あるいはさきに「吾いま当にこの大衆の為に重ねて十重無尽戒品を説くべし」といって説いた、その後の偈を指すか。〈この事〉異本にはこれを欠く。

経はいよいよその本題である十重四十八軽戒を説く段階にはいった。

佛はすでにこのことを前もって示していたが、いまここにそれを詳しく説こうとされる。しかしそのためにも、ここに示される十重戒を受けて、それを受けっぱなしにしたのでは、なんの意味もないことを、佛はまず強調される。受けたときは、それを読誦し、善学するのが受戒の本意であり、それを怠るときは、菩薩とはいえないし、また菩薩として実践を捨てたものだから、というのである。

この趣意は、中国撰述とされる『菩薩瓔珞本業経』が受戒の功徳を強調したのと、対照的である。ここには、「佛子、十無尽戒を受け已らば、その受者は四魔を過度し、三界の苦を越え、生より生に至りて、この戒を失はず」という、いわゆる「一得永不失」が語られている。また「ありて犯すは、なくして犯さざるに勝《まさ》る。犯すことあるも菩薩と名け、犯なきも外道と名く」として、受戒の意義を強調するあまり、ややもすれば、破戒など問題ではないかのような誤った受け取り方を許容しかねない。まして読誦・善学など末のことであって、とにかく受けよ、受ければ、その功徳はついに失われないという、受戒重視が極端に露呈しているのである。

この問題はとくに「梵網戒」をもって菩薩の大戒とした日本天台において大きな意味をもった。なぜなら、この経の説く受戒重視が高く評価されることによって、経が予想もしなかった、祈禱的性格を受戒が担うようになったからである。時代でいえば、平安中期以後、この風潮は徐々に高まりをみせる。主として病気平癒と安産のおりの受戒がほとんどであるが、これは受戒だけが多大の功徳を生むと受け取って、受戒後の持戒・読誦・善学を軽視した、天台僧たちの誤った行業に基づくものであろう。

かつて天台宗中興の祖といわれた良源は天禄元年十月「二十六箇条起請」のなかでこう記した。

一、登壇後、必ず布薩堂に参り、兼ねて誦戒・梵唄・維那作法を練習すべき事。

右、経に云く、「もし菩薩戒を受けて、この戒を誦せずんば、菩薩にあらず、佛の種子にあらず」と。また云く、「佛子、禁戒を護持し、行住坐臥、日夜六時、この戒を読誦すること、ないし金剛の如く、浮嚢を帯持して大海を度らんと欲するが如くせよ」と。また云く、「もし布薩の日は、新学の菩薩、半月半月に布薩し、十重四十八軽戒を誦すべし。一人の布薩には、即ち一人誦し、もし二人・三人、乃至《ないし》百千人なるも、また一人誦すべし」と。＜寺中の住僧、多少は数に随いて布薩すべきなり＞上古の賢人、佛語を信ぜしが為、読誦を忘れず、参修を闕くことなし。近代の釈衆、制戒を守らず、自ら習学せず、また聴聞を闕く。布薩の大道、久しからずして将に絶えんとす。釈尊帰寂以来、聖賢相続きて遷去し、像末の佛弟子、ただ尸羅《しら》（戒のこと）を師となす。

布薩もし絶えんには、依怙、誰にかあらん。大衆諸賢、この旨を明察し、佛法をして世間に久住せしめんが為、自他をして速かに菩提を証せしめんが為、必ず自ら常に誦習し、他を教へてまた誦習せしめよ。その新発意《しんぱつち》の、戒品を受くる者、始めて登檀《ヽ》（壇の誤り）の日より、決定してこれを読誦せしめよ。

この言葉には読誦の重要性を強調して余りあるものがある。それだけにまた読誦が軽視された当時の叡山の風潮が手に取るように観取できる。まして持戒など、地を払っていたのであろう。受戒の祈禱化はすでに始まっていたのかもしれない。

少しく道を横にそれてしまったから、話を元に戻すと、梵網戒は受戒と共に、その読誦・善学を重視する。菩薩戒を受けて菩薩の名に価するものとなるためには、それに伴ったさまざまな学習・修行がなければならないのである。名実共に菩薩であるといえるのは、受戒によってえた佛の種子を実らせることにある。佛はそれを強調した。

そしてそれがただそうなければならないものだというだけでなく、佛自身もまたそれを誦するものであり、また過去・未来・現在の三世にわたって、一切の菩薩がそうしていることをその証として提示する。

またさらにすでにその戒の「相貌」については略説したところでもあるとして、心して、これから説く十重戒をよく学び、持つようにさとすのである。

こう述べて、佛はいったん、説法を中断された。もう十重戒を説くために前もって話しておかなければならないすべてを説き終ったと判断したからである。つぎにはどんなことが語られるのか、大衆はそれを待ちもうけているはずである。

しかしつぎの内容にはいる前に、ここで少しく触れておきたいことがある。それはここに説かれる十重戒と他の経論との関係である。

まず『菩薩瓔珞本業《ようらくほんごう》経』についていうと、ここには、菩薩の一切戒の根本を説くとして、「三受門」(通常、「三《さん》聚《じゅ》浄戒《じょうかい》」という)を挙げ、「摂善法《しょうぜんぼう》戒は謂《い》はゆる八万四千の法門なり。摂衆《しょうしゅ》生《じょう》戒は謂はゆる慈・悲・喜・捨なり。化《け》、一切の衆生に及び、皆《みな》安楽を得。摂律儀《しょうりつぎ》戒は謂はゆる十の波羅《はら》夷《い》なり」と述べられている。ここに「十の波羅夷」とは経がつぎに細説するところでは、殺生・妄語・婬・盗・沽酒《こしゅ》・説在家出家菩薩罪過・慳・瞋・自讃毀他・謗三宝蔵の十を故意に犯すことを禁ずるものであって、これらはこれから『梵網経』が説く十重戒とほぼ重なるものである。従ってこの相似に立っていえば、梵網の十重戒は三聚戒としては、摂律儀戒に所属すると見られる。『梵網経』には三聚の指摘はなされていないから、この理解は注目される。

つぎに『瑜伽論』とその系統を等しくする『菩薩地持経』および『菩薩善戒経』(一巻本と九巻本とがある)である。まず『地持経』には三聚戒が説かれ、その摂律儀戒としては、七衆それぞれの戒のほかに、四種の菩薩の波羅夷法が説かれるが、それは、「自歎己徳、毀呰他人」と「慳惜」・「瞋恚」・「謗菩薩蔵」の四である。これはすでにさきに掲げた『瓔珞本業経』の「十波羅夷」の後の四とほぼ相応するものである。しかし摂律儀戒の七衆戒には比丘・比丘尼の波羅夷としては、淫・盗・殺・妄の四が考えられるから、これを強いて「十波羅夷」と連絡させるとすれば、初めの四とも対応するものをもっている。ただそれはどこまでも、比丘・比丘尼の四波羅夷であって、僧俗共通の菩薩のそれではない。

ところがこれを菩薩のものとして、移し変えたのが、一巻本『善戒経』である。ここでは、菩薩に二種があるとして、一は在家、二は出家とし、在家には「六重」、出家には「八重」があると指摘して、出家の「八重」はさきの「十波羅夷」の前の四と後の四を合わせた八つを考えていることが知られる。従って出家の菩薩戒として、『地持経』の比丘・比丘尼の四波羅夷をここに収め取ったことが明らかである。ただ在家の「六重」をいいながら、ここでは何をそれと考えたのか、示そうとしない。言葉だけで、内容を伴わない。

しかしそれを補足するかのように、在家の六重を説いた経典がある。それは『優婆塞《うばそく》戒経』である。ここには「優婆塞には六重の法あり」として、殺生・偸盗《ちゅうとう》・虚説《こせつ》・邪淫・宣説過罪《せんぜつかざい》・酤酒《こしゅ》の六を掲げる。これはさきの『瓔珞本業経』の「十波羅夷」ではまさに始めの六に配当される。

以上で、ほぼ他の経論に説く波羅夷法が概略、説明されたから、梵網の十重との関係も明らかになったことと思われる。またそれが三聚の摂律儀戒に配当することも、推察されたはずである。ただこの三聚の問題については、いくらか問題がある。たとえば、法蔵のいう「二義」はこれを摂律儀戒だけに配することに対して、いま一つ説を立てたもので、それをここに紹介すると、かれはこういっている。

一に、もし勝に従いて論をなさば、この十戒は総じてこれ律儀戒なり。倶《とも》に悪を止《とど》むるを以ての故に。二に、もし通じて弁ずれば、皆《みな》三聚を具す。謂く、この十の中に於て、一一に犯さざるは、律儀戒の摂《しょう》なり。かの、十悪を対治するの行を修するは、摂善法の摂なり。謂く、一に慈悲行、二に少欲行、三に浄梵行、四に諦語行、五に施明慧行、六に護法行、七に息悪推善行、八に財法倶施行、九に忍辱行、十に讃三宝行なり。この二戒を以て、他の衆生を教へて、自ら所作の如くせしむるを、即ち摂衆生戒となす。この故に十戒の一一、皆三聚を具す。

梵網の十重戒はたんに摂律儀戒のみに収まるのではなく、他の二戒に及ぶものである理を汲むことができる。文中の、慈悲行以下の説明は、十重戒の摂善法戒としての性格を捉えて、クローズ・アップしたものであるから、第一重戒以下と相応されるとよい。

第一重戒

佛言。佛子。若自殺。教レ人殺。方便讃ニ歎殺一。見レ作隨喜。乃至呪殺。殺因殺縁殺法殺業。乃至一切有レ命者不レ得ニ故殺一。是菩薩應下起ニ常住慈悲心孝順心一。方便救中護一切衆生上。而自恣レ心快レ意殺生者。是菩薩波羅夷罪。

佛の言はく、「佛子、若自《なんじみずか》ら殺し、人に教へて殺さしめ、方便して殺すことを讃歎し、作すを見て随喜し、乃至、呪《じゅ》して殺さば、殺《せつ》の因・殺の縁・殺の法・殺の業あり。乃至、一切の命《いのち》ある者は、故《ことさ》らに殺すことを得ざれ。これ菩薩は、応に常住の慈悲心・孝順心を起し、方便して一切の衆生を救護《くご》すべし。しかるに自ら心を恣《ほしいまま》にし、意を快《こころよ》くして殺生せば、これ菩薩の波羅夷罪《はらいざい》なり。

《佛子》佛の教えを奉じて、菩提心を起こしたもの、または修行の結果、佛のさとりを得るものなどをいうが、いまは前者。

《方便して》異本に「方便して殺し、讃歎して殺し」とする。法蔵は前掲のものを用い、智顗・義寂などは異本による。法蔵の釈では、この方便を、殺す人に勝れた徳があると讃えたり、殺し方の巧妙さを讃えたりすることだと解している。智顗は方便を殺すまえに、縛ったりすることと解する。ただし讃歎については触れない。法銑は、生きていても苦しいばかりだと、死を讃歎すること、という。《呪して》智顗は律に、「優多・頭多・弶弦撥・毘陀羅」などの呪殺をいうと記している。『十誦律』巻二に細説されているが、いま与咸の注を参照してその一端を示すと、「毘陀羅とは、西土に呪法あり、死屍《しし》に呪して起《た》たしめ、謂く、鬼《き》をして去りて人を殺さしめよ、と。半毘陀とは、作りし鉄人に呪して、去りて他を殺さしむるなり。優多とは、律中に、無烟の火坑を作り、土を以て上を覆ひ、人をして陥ちて死せしむるなり。頭多とは、地を掘りて坑となし、人を埋む。或は二《ふたつ》の木を以て孔を作り、手足に械杻して、象をして踏ましむ。……」などとある。《殺の因……殺の業》異本に「殺の業・殺の法・殺の因・殺の縁あり」とする。智顗はこの異本を依用する。智顗によれば、殺の因とは「殺心」で、殺害しようという意志、縁はそれに対する補助的条件、法は刀剣とか坑とかいった類、業は殺害における身・口・意の三業で、このうち、口業は他に教えるとか、呪文をとなえるとかをいい、意業は心に念じて、鬼神などに殺すように伝えることだといい、これらを業に含めていったものだとする。法蔵はまたこれと異なり、これを、殺すという行為と殺されるものとの二つの上から考えて、前者の場合、「自ら殺すを因となし、他を教ふるを縁となし、讃歎はかの法、随喜はその業」といっている。後者については、いま触れない。また法蔵が殺生の成立する五つの条件を述べて、「一は事《じ》、謂く、有情数。二は意楽《いぎょう》、謂く、この想を起こすと、及び必ず害せんとするの意《こころ》。三は方便、謂く、害の為の故に刀杖等を加ふ。四は煩悩、謂く、貪瞋痴。五は究竟《くきょう》、謂く、かの有情、方便に由るが故に、或は無間《むけん》に死し、或は後時《ごじ》に死す」といっていることと合わせて、太賢は一殺の業は究竟なり。殺の法は方便、殺の因は意楽及び煩悩なり。殺の縁は事なり」とする。《一切の衆生》異本にこれを欠く。《波羅夷罪》波羅夷は、梵語 pārājika の音写。他勝処、断頭《だんず》などと訳する。この罪を根本罪といい、もっとも重い罪とする。律では比丘・比丘尼はこれを犯すと、僧の資格を失い、教団から追放される。またそれまでの修行の成果を喪失し、死後は無間《むけん》（阿鼻《あび》）地獄に堕ちるという。

さて、佛が最初に示されたものは、殺生の禁断である。佛はあえて「一切の命ある者」を「故らに殺」してはならない、と厳命される。なぜなら、生命は一切の生あるものにとって、それが根源だからである。いまこう語るのも、生命があるからこそ、こう語ることができるのであって、それがなければ、すべては空虚な、無人の境に吹きすさぶ暴風の怒号に等しい。命あって、すべてが始まるといえる。このことはなにも、菩薩戒とかどうとかいう以前の、それらを越えた問題だともいえる。生命の尊さはその意味で一切に先行するが、これについてはまた後に触れる。

その説くところは、かなり精密で、細かな点まで行きとどいているようである。「若自《なんじ》ら殺」してならないという表現のなかには、自ら手を下して殺すことと、われとわが命を断つ、今日一般にいう「自殺《じさつ》」との二意を含んでいるし、「人を教へて殺」させるということには、人をそそのかして他の人を殺させる意のほかに、人に頼んで自分を殺してもらう意もはいっているからである。ここであるいは、自分が自殺しようが、頼んで殺してもらおうが、死んでしまえば、それまでのことで、それを波羅夷罪などといったところではじまらない、という疑問が生ずるかもしれない。当然の疑問だから、法蔵の答をここに紹介しておこう。かれはこれに答えて、「もし小乗戒によっていえば、波羅夷を犯したことにならない。なぜなら、もしまだ生きていたら、罪は成立しないし、死んでしまったら、戒はすでに失われてしまっているからである。しかし菩薩戒はたとえ生を経ても、受けた以上、失われないから、やはり波羅夷を得る」という。これは「一得永不失」に立って説かれたもので、死んでも罪を犯したことに変わりはないという立場である。「諸佛の法戒」という理念からすれば、当然の理解といえよう。

また「方便して殺すことを讚歎」することには、殺す人を称讃して、英雄視したり、殺すことが最善だとそそのかしたりする、知能犯的な巧妙さが窺えると同時に、自らもそう信じて自己の殺害行為に酔いしれる姿が想起されるし、「作すを見て随喜」するという表現には、人の殺害行為を見て喜ぶ潜在的残虐性や、自分の残虐行為に言い知れない快感をおぼえる殺人魔的性格を窺うことができる。

あるいはまた、見方によっては、「人を教へて殺さ」せること以下には、人に殺すことを教えて、最後にそれが行なわれるのを見て喜ぶといった時間的な推移を読み取ることもできる。

とにかく、想像できる事態の可能性を含めて、最後に「呪して殺」すという、直接、手を触れないで、間接的に殺す場合を示してこれを締め括っている。「呪」そのものはマジカルな力を借りるものである。インドにはそうした呪力による謀殺の種類がかなりにのぼったことは注記したとおりである。もちろん日本でもけっして珍しくはない。形代《かたしろ》を作って、その胸に釘を打ちつけて呪咀する例は、よく知られる呪殺の方法である。

ただこのように見てきたとき、以上の説明には殺害に用いる道具の類にはまったく触れるところがない。智顗では「方便して殺す」と読んだから、この方便を刀剣とか毒薬とかいった、手段・方法と解されたが、いまはこれを「乃至」の語に托して理解するほかないようである。

ところで、以上のような殺害の種々相によって、経は「殺の因」ないし「殺の業」が成立するという。これは逆にいえば、この四つの条件によって殺害という罪の行為がなりたつということであろう。それは、自分で手を下して人を殺そうと、他人をそそのかして殺させようと、とにかくこの四つは備わっていなければならないということだと思われる。智顗の考えをもってすれば、まず因としての殺意があり、縁としてはその殺意を実行に移させる道具、さらにそれを使用して殺害に至らせる行為が伴うわけで、これを細かに見れば、道具は法、行為は業ということになるが、また人気のない場所とか、暗闇とかも、その殺意を実行に移させる条件としては縁であり、殺意の対象となった人も縁である。

たださきにも注記したように、法蔵は成立条件を五つに分け、そのなかに、殺意として「意楽」を立てるとともに、「煩悩」としての「貪瞋痴」の三毒をもこれに加えようとしたことは注意されてよい。これは義寂の指摘するように、『瑜伽論』巻五九にいう「五相」を取ったものであるが、殺意の底に三毒を考えたことは、経がこのさきに「心を恣にし、意を快くして」といっている点に相応するものとして、意味をもってくる、と考えることができる。

以上で、殺害についてほぼその成立する条件が終ったようであるが、もっとも肝心なことは、その対象をどの範囲に止めるかである。殺すということは一般的には生命を断つということである。従ってそれは人に限らない。一切の生命をもったもの、佛教の術語で、有情とも衆生ともいわれるものすべてがこのなかに収められることになる。経が「一切の命ある者」といったのは、この対象は人に止まらないことを示したものである。法蔵は、生命という点からいえば、「命を断つこと、一切が皆〔波羅〕夷」であるから、たとえ地獄にあっても、菩薩にとっては、生きものを殺さないという制約は成立する、といっているが、これは経のいう「一切」の意をそのまま素直に理解するとき、当然、ここまで来ることを示すものとして、興味あるものである。

しかしこのような「一切」という、一見、無制限とも思える殺生の禁断について、経が「故らに」という一つの条件を付していることは、看過ごされてならない一事であろう。この「故」の一字はどう理解されるのだろうか。

「故らに」とは、わざと、理由なくして、といった意味である。おのずから誤って殺した場合は、このなかにはいらない。木だと思って一撃を加えたら、人だったという場合、それは故殺ではない。

ところが、ここで注意しなければならないのは、この戒をたもつ使命を担うものは菩薩だという、既定の条件である。だから、経はこの後、菩薩の「常住の慈悲心・孝順心」を要求しているのであって、そのかぎりにおいては、菩薩の行為に、もしじゅうぶんな理由があれば、殺害も許されるという可能性を含むことになる。

このことについて詳細に論じたのは法蔵である。かれは、殺生しても、戒を犯したことにならないばかりか、多くの功徳さえあるとして、『瑜伽論』巻四一のつぎの文を引いている。

もし菩薩、劫盗の賊の、財を貪らんが為の故に、多くの生あるものを殺さんと欲し、或はまた大徳の声聞・独覚・菩薩を害せんと欲し、或はまた多くの無間業《むけんごう》（無間地獄に堕ちる極悪の行為）を造らんと欲するを見、この事を見已って、心を起し、思惟す。「我、もしかの悪衆生の命を断たば、当に地獄に堕《お》つべく、もしそれかの命を断たざれば、無間の業成《じょう》じて、当に大苦を受くべし。我、寧《むし》ろ彼を殺して那落迦《ならか》（地獄のこと）に堕つるとも、終《つい》にその人をして無間の苦を受けしめざらん」と。かくの如く菩薩、意楽《いぎょう》し思惟して、かの衆生に於て、或は善心を以て、或は無記心もて、この事を知り已って、当来の為の故に、深く慚愧《ざんぎ》を生じ、憐愍《れんみん》の心を以て、かの命を断つ。この因縁に由りて菩薩戒に於て違犯する所なく、多くの功徳を生ず。

ここには慈心による菩薩の殺生を勧めてさえいることがわかる。ただそのためには自ら地獄に堕ちることを辞しない決意が要求されていることは忘れられない。その意味では、自らを犠牲にして、あえて代受苦を行なおうとする菩薩の精神が、いかんなく示されているといえるが、どこまでも菩薩を自認する狂気は警戒されねばならない。ともすれば、美名に酔いしれる恐れがあるからである。ここには大きな陥穽があることを注意しておきたい。

このように、殺生は菩薩の慈心をもっとも端的に語っているが、改めてもう一つここで注意しておきたいのは、殺害の罪の軽重の差で、その一つは対象による差異である。たとえば義寂をみると、かれはこれに「三品」を分け、上品は佛・聖人・父母などの殺害といった、この経の説く七逆を含む重罪である（七逆については第四十軽戒、参照）とし、中品は人・天の殺害で、これは重罪、下品は地獄などの四趣で、これは軽罪だとする。この問題はここに止まらないが、いまその一端を記すに止める。

さて、以上で、必要なことはほぼ触れたように思う。ただ最後に、なぜこのような殺生戒が最初に説かれているのか、この問題について諸師は関心を示しているから、これを紹介しておきたい。

これについてはまず智顗から見て行くのが順当であろう。

かれは、これを声聞戒との対比の上で捉え、比丘の四波羅夷が婬戒を最初とするのは、婬欲は煩悩としては重いが、その過ちは起こりやすい点で、人を殺す場合とは比較にならないから、起こりやすい点を重く視て、これを最初にすえたものであり、菩薩戒では、婬欲は性罪ではないが、殺すことは性罪だから、これを始めにおいた、とする。

しかし法蔵はこれに対して、菩薩戒の本質的な面からこれを説明しようとして、二つの点を指摘している。

その一つは、菩薩が大悲をもってその本としている点で、衆生のもっとも重んじている、その生命を救うことこそ、菩薩の使命だからだ、というのである。いわば、声聞戒は自己の修行・自己のさとりを目標とするが、菩薩の行はむしろ世の人々を救うことにある、という差である。
つぎは、声聞戒は始めに婬欲の問題が教団内に起こったから、佛はこれを制止されたのであって、婬戒の制定はまったく偶然に左右されたものであるが、菩薩戒は、三世諸佛の本戒であり、いま釈迦が「新制」したものではないから、善の最高として不殺が最初におかれたものだ、という。
太賢によると、智顗の解釈は、『大智度論』を受けたものらしく、法蔵の最初の釈は『瑜伽論』によるようである。太賢はこの二つを挙げて、説明にかえている。

第二重戒

若佛子。自盗教レ人盗 方便盗。盗因盗縁盗法盗業。呪盗乃至鬼神有主劫賊物。一切財物一針一草不レ得二故盗一。而菩薩應下生二佛性孝順慈悲心一。常助二一切人一生レ福生上レ楽。而反更盗二人財物一者。是菩薩波羅夷罪。

若《なんじ》佛子、自ら盗み、人を教へて盗ましめ、方便して盗まば、盗の因・盗の縁・盗の法・盗の業あり。呪して盗むこと、乃至、鬼神《きじん》有主・劫賊の物、一切の財物、一針・一草も、故に盗むことを得ざれ。しかも菩薩は、応に佛性の孝順・慈悲の心を生じて常に一切の人を助け、福を生じ、楽を生ぜしむべし。しかるを反りて更に人の財物を盗まば、これ菩薩の波羅夷罪なり。

《方便して盗まば》異本に「方便して盗み、呪して盗まば」とある。この異本ではその代わり、この後の「呪して盗むこと」がない。おそらくこの異本の方が正しいのではないかと思われる。智顗・法蔵・義寂など依用のものはそうなっているが、ただ智顗などの場合は、さらに「讃歎して盗み、作すを見て随喜し、乃至」といった文が、第一重と同じようにある。凝然は「呪盗」の語は前後いずれにあっても、あやまちはない、と見ている。《鬼神有主・劫賊の物》異本に「有主物」に作る。

この読み方に「鬼神・有主・劫賊」とするものがある。勝荘の釈に見える。義寂によれば、「鬼神有主とは、謂く、神廟中の物、或は鬼神、即ち主たり、或は余を守護主となす」とある。「余を守護主となす」を勝荘の解釈で補足すると、鬼神の物であるが、他にこれを守護するもののあることをいう。また「劫賊の物」について、義寂は「官」に収奪された物のこととする。《一針・一草》智顗は「重き物とは五銭を謂ふ。律に云く、大銅銭は十六小銭に準ずるなり、と。その中、銭に貴賤あり、盗処を取りて断をなす。菩薩の重は声聞より重し。二銭已上、便ち重。ある人、この説を作すも、いま尽く用いず。五銭を取りて、断じてこれを重となす」という。与咸は頂山の言を引いて、「五銭とは古時の大銅銭なり。重を犯す。もし小銭ならば、八十文、その一に当る。疏（智顗の『義疏』）に云ふ十六、いまだ詳《つまびら》かならず」と記している。多くの説は一銭を取るが、利渉では、「一針・一草とは極少の分斉なり。義に準じて応に一草・一縷と云ふべし。縷は針に因りて入るが故に、針の言を置くも、針は直《あたい》一銭、これ極少と等しからず。草・縷はいまだ直《あたい》する所あらず。乃ちこれ極少」と論じている。《佛性の孝順・慈悲の心》法蔵はこれを「佛性の孝順・佛性の慈悲」ととり、そのそれぞれに「心」を配して「二心」とする。太賢は「孝順・慈悲を名けて佛性となす」とし、明曠は「佛性等とは、佛性の理に縁り、佛教の法に順ずること、同体にして、慈悲、これを以て本となす」という。法蔵では、本来そなわっている佛性を孝順心・慈悲心という形で実践の上に打ち出していくことが語られて、太賢もこれに随うかのようであるが、明曠では、佛性を正因佛性、孝順を了因佛性、慈悲を縁因佛性というような、天台宗の三因佛性で考えているかに見える。あるいは孝順・慈悲を縁因佛性と見、佛性に正因・了因の二を託したともいえる。

第二に盗みが禁止される。これはおそらく在家の五戒が、不殺生・不偸盗・不邪淫・不妄語・不飲酒といった順序で整理されていることや、いわゆる十善が不殺生・不偸盗・不邪淫・不妄語（以下略）という順序になっていることを受けて、第二番目におかれたものであろう。ただ注釈家はこれについて、財は命を支えるものであって、これを「外命《じみょう》」といい、これを奪うことは命を奪う結果になるから、命につぐものだとか、生命は正報、財は依報であるから、依報を奪うのは重罪であるとか、また布施は六度の初めで、盗みはその布施を壊うものだから、六度全体を壊うことになるなど、さまざまな解釈を加えて、殺生に次ぐ重罪であることを論じている。妥当なものもあるが、その取捨はここでは、いま問わない。

さて経が説く前文はほぼ、さきの第一重戒の型を追ったものであるから、同じような理解の仕方を踏襲してよい。その限りではここでも、自分のものを自分で盗んだり、人に盗ませたりする場合が含まれてくるだろうが、その場合は、それと知らないとか、すっかり忘れてしまっているのでなければ、あまり意味はない。ただ人をそそのかす場合は、自分のものと承知していても、相手に盗心を起こさせ、また当人としてもさまざまな作意があってそうするに違いないから、別の意味で罪を犯していることは考えられる。

また「方便して盗む」場合は、たとえば義寂は「律に云」うところとして、僧が在家信者に向かって、きみの布施しようとしている相手は聖者の位に達した僧だと嘘をついて布施させる場合を挙げているが、これを盗とすれば、ここには嘘をついた罪も加わるから、かれはこれを「妄語盗」と呼んでいる。例としてはあまり適当ではない。智周は「方便」を広義にとって、「自ら盗む」以下を方便と解し、法蔵に従ってここには先の第一重と同じような「讃歎」と「随喜」も省略されていると見ると同時に、具体的には、市場での交易で数をごまかしたり、あるいは品物を換えたりする詐欺的な方法を「方便」ととっている。この方は理解しやすい。

ところで、注記したように、異本にはこの後に「呪して盗」むことが挙がっていて、文章として収まりがつくものであるから、いまこれに触れると、これをとくに詳説したのは智周である。かれはこれを「善心の呪盗」と「悪心の呪盗」に分け、後者について、盗心を抱いて、物に呪文をかけ、それを自分の所有するとか、呪力により、鬼神を使って、他人の物を盗ませることなどを挙げている。また伝奥はほかに、「人の心を転じて」捨てさせてから取る、といった例を加えている。

いずれにしても、以上はさまざまな盗みの種々相であって、これらはつぎの「盗の因」ないし「盗の業」といった四つの方法に整理される性質のものである。これも前戒の表現を追っているから、細説の必要はないが、さきには智顗によったから、いま法蔵によって記すと、かれはこれに四つの解釈を下すことができるという。

まず初めに、自分で盗むのを因、教えて盗ませるのを縁、方法を講ずるのを法、盗み終えるのを業と解し、つぎに、他人の功によって財を得たのに、その功を自分に帰するのは因、他人の当然得てよい財を、かえって得させないようにするのは縁、他人から受けた労働などに対して、その当然の報酬を与えないのは法、他人の生業などを侵害するのは業とする。第二は盗まれるものの側についていったものである。第三では、自分で盗むのが因、他人の盗みの手助けをするのが縁、巧みに方法を種々、講ずるのが法、家ぐるみで盗みをやるのが業とされ、第四は、盗心が因、生活の苦しいことが縁、「功を施して造趣する」のが法、「挙げて本処を離」れるのが業、と説明されている。第四はあまり要領を得ないが、智周の解釈を参照したかぎりでは、法は方法を講ずること、業は財を得て心にそれと言いきかせることのようである。ただし、一致はしない。また、法蔵の解釈は、きわめて微細な点にまで心を配った勝れたものであるが、それだけ末梢に走り過ぎた嫌いはある。

さて、方法はどうあろうと、だれか他人の所有に帰しているものは、針一本、草一本も故意に盗んではならないと、経は禁止する。それはたとえ、人間ではない鬼神のものであっても、またかつて自分のものであったのに、収奪されて官の所属になってしまった劫賊のものであっても、盗んではならない。いってみれば、他の「一切」のものに所属しているものは禁止の対象になる。従って所有者がないとはっきりわかっている場合以外は、盗みを犯すおそれをもつわけである。

ところがそれでは、所有者のいない物とはどんなもののことかとなると、これがまた大変である。法蔵が引いた『善見論』の意によると、所有者が死に、遺族がいない場合、これは「無主物」であり、『薩婆多論』には、二つの国の中間、いわゆる国境線上の空地にあるものとか、国王が追われて、後を統べるものがいない、その間のものとかが「無主物」だ、といっている。今日の理解をもってすれば、およそ「無主物」はないと言った方が手っ取り早い。

しかしこれについて、太賢が記しているつぎの言葉は示唆に富んでいる。かれは結論として、「もししからば、百姓、山林等に取るは、応に王物を盗むなるべし。しからず。国王は彼を養ふに擬するが故に」といっている。この意味では、今日の入会権のような問題が考えられている。山林・原野など、共同用益を与えるものとして、これを共有する権利が認められる、とするからである。問題はきわめて複雑である。

また自分の物の場合でも、けっして問題がないわけではない。たとえば、自分の物だったことを忘れた場合である。このときは自分の物だったかどうか、疑いが生じ、迷いが起こるが、ひょっとして、その記憶の不確かさが、盗心を呼び起こし、これを盗らせたとすれば、ここにじゅうぶん盗戒の罪に触れる可能性が生ずる。後は外の条件が整っているかどうか、という問題である。

しかしここで一つ留意されていることは、物の価値の問題である。少なくともこの戒に抵触するのはどの位の値打をもったものか、ということである。注記したように、智顗は律では十六小銭にあたる大銅銭以上とするが、菩薩戒では五銭以上だとし、二銭以上という説のあることを掲げて、これを取らないと否定している。ところが、この説は与咸によると、五銭は古くは五大銅銭であるから、結局は律と同じことで、菩薩戒としての特色が認められないことになる。しかも経は「一針・一草」といっている以上、針の値をもってすれば、最低の「一銭」と解してよいだろう。多くの注釈家はこの線を取って、一銭一針でも波羅夷としているが、利渉の説では、針は一銭であるが、草は値打がないから、その意味において、針はむしろ糸とするのが、最低のものを示すのに見合っている、と考えている。ここになると、「一針・一草」はもはやまったくそれとして価格評価のできない最低のものでも、盗めば波羅夷罪に触れることになる。価値は問題ではない。

ところで、もう一つ看過ごしてならないのは、「故らに」の一語である。これは殺生でも問題にしておいたが、故意によらない盗みとして、ここで許されるものに、菩薩精神にかなった利他行があるという点である。これに着目したのは義寂であって、前と同様、『瑜伽論』の所説を用いている。しかもその引用がかれの注釈の半分近くに及んでいることを思うと、いかにこれを重視したか、推察することができる。いま一部を掲げておく。

またもし菩薩、劫盗賊の、他の財物、もしは僧伽《そうぎゃ》（教団）の物、窣堵波《そとば》（塔。佛骨を収める）の物を奪ひ、多物を取り已りて、執して己《おの》が有《う》となし、情を縦《ほしいまま》にして受用《じゅゆう》するを見ば、菩薩、見已りて憐愍の心を起し、かの有情に於て、利益安楽の意楽《いぎょう》を発《おこ》し生じて、力の能《あた》ふ所に随いて、逼《せま》りて奪ひ取り、受用せしむることなかれ。かくの如き財の故に、長夜《じょうや》に無義・無利を受くべし。この因縁に由りて奪ふ所の財宝、もしは僧伽の物、また僧伽に還り、窣堵波の物は窣堵波に還り、もし有情の物はまた有情に還る。

ここには不正を許さない、法に殉《じゅん》するといった姿勢、あるいは正当防衛といった行動を許容していることがわかる。このことは「故らに」の一語の意味の重大さを語るようである。

以上は、経に説く禁止条項の内容について、幾つかの問題点を拾ったに過ぎない。法蔵などでは、盗みの対象になる物について実に細かな考察を行なっている。その一端はさきに挙げた『瑜伽論』の「僧伽の物」とか「窣堵波の物」とかを受けたものであるが、これは経が「乃至」以下、価値の低いものをあげているのを補足して、その価値の高いもの、いってみれば、重罪を指摘しようとしたものである。殺生の上品が七逆であったように、ここでは偸盗の上品を考察しようとしたのである。しかしことはすでに煩瑣を極めているから、いまはこれをすべて割愛した。

さて、最後に経は積極的な作善と救済を説く。これはこの戒がたんに摂律儀戒に収まらないことを示す部分であって、三聚戒としての性格を語るものである。おそらく贅言《ぜいげん》を要しないはずである。言葉の解釈については注記を参照されたい。

第三重戒

若佛子。自婬敎二人婬一。乃至一切女人不レ得二故婬一。婬因婬縁婬法婬業。乃至畜生女諸天鬼神女。及非道行レ婬。而菩薩應下生二孝順心一。救二度一切衆生一。淨法與上レ人。而反更起二一切人婬一不レ擇二畜生乃至母女姉妹六親一。行レ婬無二慈悲心一者。是菩薩波羅夷罪。

若佛子、自ら婬し、人を教へて婬せしむること、乃至《ないし》、一切の女人を故らに婬することを得ざれ。婬の因・婬の縁・婬の法・婬の業あり。乃至、畜生の女、諸天・鬼神の女、及び非道に婬を行ぜんや。しかも菩薩は、応に孝順の心を生じて一切衆生を救度《くど》し、浄法をもて人に与ふべし。しかるに反りて更に一切の人をして婬を起さしめ、畜生、乃至、母女《もにょ》・姉妹・六親を択《えら》ばず、婬を行じて、慈悲の心なければ、これ菩薩の波羅夷罪なり。

〈婬〉法蔵は淫と婬の差について、「水辺の㸒はこれ過咎となす。女辺の㸒はこれ邪私となす」という。いまは婬を淫に通じ、多く淫の字を用いるが、淫は法蔵のいうように過度にわたる場合をいったようで、婬は放逸にながれることのようである。佛教では愛欲によって心がけがされるから、「不浄行」・「非梵行」などという。〈婬の因……〉異本には「婬の業・婬の法・婬の因・婬の縁」とある。解釈は諸師によって異なるが、いま法蔵でいえば、四釈を掲げ、「一は能に約して釈す。謂く、因は内に染心を起す邪思惟等。縁は外に脂粉等を畜へ、身を荘《かざ》りて染せしむ。法は姿態等を作し、また艶言の詞を説く等、また婬事の方法を施設す。業は婬を以て家業となす」という。以下の三は略する。また明曠では、「染心の思惟を因となし、邪想厳飾を縁となし、姿則軌儀を法となし、念念に趣いて前事を成すを業となす」とある。これらによってさまざまな理解のあることを知られたい。〈非道〉性器以外の場所。あるいはこれをさらに拡大して、道にはずれた仕方と解して、『瑜伽論』巻五九にはこれに非支・非時・非処・非量・非理などを数える。非支は女でいえば、産道以外の肛門・口をいい、非時は産前・産後など、非処は霊廟とか大衆の前とか、非量は過度に及ぶ性交、非理は世間一般の礼によらないもの、とする。〈浄法〉法蔵は「浄戒」と解し、明曠は「自行化他」とする。〈六親〉明曠の説を紹介すると、「六親と言ふは、六人の親なり。一は父の親、謂く、祖父母、及び姑《しゅとめ》・叔《おじ》等なり。二は母の親、即ち姨《おば》・舅《おじ》等なり。三は己《おのれ》の親、即ち父母・兄弟、及び本時の妻子等なり。四は妻の親、即ち妻の姉妹等なり。五は男女の親、謂く、新婦等なり。六は兄弟の親、所謂《いわゆる》嫂《あによめ》等なり」という。ここにいう「親」は親族の意である。また実導の注に「本時の妻子」以下について、「本妻《もとのつま》、并《ならび》に本の婦が子をば己が親の中にこれを列す。仍て男女の親とは当腹の子供が母なるが故に新婦と云ふか」と説明しているが、「本時の妻子」は父のかっての妻とその子をいい、「男女の親」は、息子または娘の親族、ここでは息子を取って、息子の妻を「新婦」と言ったのであろう。

第三は婬戒である。これも盗戒と同様の理由から、この順位をとったと考えられる。しかしこの戒は先の盗戒と少しく異なると同時に、また十善なども性質を異にする。というのは、出家と在家では意味が違うからである。十善では在家に立つから「不邪淫」であるが、ここではそれを含みながら、同時に、出家としては一切の淫を禁ずるからである。もっともこういう理解には異説があって、出家・在家ともに淫は一切禁ずると説くものがある。

また、この戒は経文の上でも、前戒などと違って、表現上の乱れが著しい。とくに後文の、淫欲の対象を細説した部分は、前文の「畜生女」以下と一緒に合わせて、整理されてよいところであろう。いまは、この線に沿って、経文を整理しつつ、その説くところを理解して行くことにしたい。

さて、ここでは「自ら婬」すると、「人を教へて婬」させると、二つが取りあげられている。

いま男を例に取っていうと、「自ら婬」するとはもちろん、女と情交を通ずることであるが、もう一つは、法蔵や明曠がいう「自ら、自らを婬」する場合である。インドではこうした例があったとみえ、背骨の軟いものが身体をまげて、口に男根を含んだらしい。今日見るヨガはそれを想像させる。また男女両性器をそなえた二根（第四十軽戒、参照）も考えられる。自分の男根を陰門に挿入する場合がそれにあたる。しかしこの場合は淫の対象が自分だから、それだけのものであるが、対象が他に転ずると、その意味では、情交は女だけでなく、男をも含むことになる。男の場合は、ホモである。普通、律では「女に三道、男に二処」を数えるから、ホモでは口と肛門を指すことになる。

しかしこれはとにかく通常の状態ではないから、女の場合に戻っていうと、ここでは改めて在家・出家の別が考えられなくてはならない。ただし出家の場合は一切禁止するのが立て前だから、いまはまず在家に焦点をしぼると、ここでまず注目されるのは、夫婦の場合である。

　これは一見、問題がないように見えるが、実はそう考えられていない。たとえば、智顗が指摘するように、『大智度論』巻一三には、妻が身重のときや、産後で乳児がいるときは、性交は邪淫であり、さらに産道でない処で欲情を満たす場合も邪淫とされている。これからすれば、『瑜伽論』巻五九が「非時」として数えている、メンスのとき、病気のとき、あるいはとくに八斎戒を受けたときなどが、新たに加えられてよい。

　従って、妻以外の女との性的な行為は当然、すべて邪淫である。それは産道であろうとなかろうと、また女の体の状態がどうあろうと、場所がどこであろうと、回数が何遍だろうと（太賢は五遍以上を「非量」といっている）、問題にならない。

　だから、経は「一切の女人を故らに婬」してはならないといっているのである。法蔵は、経ではこの「一切」が、畜生・天・鬼・人・六親・姉妹・娘・母・非道の十に整理されているとするが、それはいささか余分なものはあるとしても、参考にしてよい。そこでいま一度、改めてこの「一切」をこの角度から眺めて見ることにしよう。

　畜生の場合は、いわゆる獣姦である。天や鬼神の場合は現実味が欠けるが、明曠が鬼神について「自らの心中にかの身を現ずることを請ひ、非梵行を行ず」という説明からすれば、架空の女と淫を行ずることと見てよい。『日本霊異記』巻中の、「愛欲を生じ、吉祥《きちじよう》天女《てんによ》の像に恋ひ、感応して奇《めずら》しき表《しるし》を示す縁《えに》第十三」は、この類と解してよかろう。

　また経には「母女・姉妹・六親」という。このうち、「母女」は母と娘のことで、この場合は姉や妹とともに、いわゆる近親相姦である。こうした形の性的交渉はどの社会でもタブーとして避けてきたから、性的関係としては最悪のものである。それに対して「六親」は注記したように、明曠の説を取れば、まず両親双方の母と、本人と妻の、双方の母親、それに娘の婚家の母、姉妹の婚家の母などや、近親としては祖父母の姉妹、父母の姉妹（おば）なども加えることができる（同様の関係が女についても考えられるはずである）。このかぎりでは、姻戚関係内での新たな婚姻も嫌ったと見ることができる。ただし明曠の解釈は法蔵の「十種」の整理を採用したから、このように拡大されてきたもので、六親は明曠自身が他でとった解釈によれば、父母・伯叔・兄弟となる（第十三軽戒、参照）。「母女・姉妹」を含めて、「六親」としたと見るほかはない（ただ「女」ははみだす）。

以上は「一切の女人」を一般的に見たものであるが、罪の重さという視点で整理すると、また別のものが加わる。法蔵によると、死後、まだ壊れていない死体を犯す、いわゆる屍姦とか、よく戒律をまもって在家や出家、ないしは聖者の域に達した「聖人」を犯す場合である。かれはこれらを先の畜生や親、娘、姉妹などと並記している。

さて以上は在家について言ったものであるが、出家では一切、文字どおり、禁じられているから、細説を要しない。ただ姦淫でないかぎりでの、「摩触して不浄を出」すといった、いわゆるマスターベーションや、女の体に触れて精液をもらすといった場合は、重罪を犯すに至る前段階として、誡められる。しかしこうした例はすでに律が詳細に説いていて、いわば律の分野であるから、いまは触れない。

ところで、以上は経に「自ら婬」すると説かれたことを概略、考えてみたものであるが、経ではさらに「人を教へて婬」させる場合を指摘している。しかしこれは後に軽戒（第三十）でもあげているところであるから、その意味では重罪になる可能性は薄い。だから、智顗や明曠は、それによって自分自身が淫欲を感ずるわけでも、快感を得るわけでもないとして、「軽」罪と見ている。ただ考えようによっては、「人に教へて」自分を淫するように仕向ける場合があることは忘れられない。たとえば相手の欲情を搔《か》き立て、刺戟しながら、犯されたような形をとる場合、とくに女には誘惑して相手に姦淫の主導権を与える、フロイト的には嗜虐性に対する被虐性、いわばマゾ的傾向があるから、そうした経過をとる性交がここに加えられてよい。

さて、このように、さまざまな性交の対象や、その状態などが考えられるが、なんといっても、これを成立させる条件としては心の問題がもっとも重要である。智顗は「三つの因縁を備」えて「重」罪が成立するとして、「一はこれ道、二は婬心、三は事遂」だとし、さらに加えれば、これに「衆生」と「衆生想」とがあるとしているのも、中心は「婬心」にあるに違いない。それは経がいう「婬の因」をここに置いていることからもいえる。またここで「道」とは女でいえば、三道で、それはすでに「衆生」のそれであり、そしてそれを「衆生」のそれとはっきり確認した上で、つまり「衆生想」をもって事に及び、それを終えて、性交という行為の「事遂」が成り立つのであるが、行為の最初から終りまで、この「婬心」が終始持続していることも、心の重要性を語る。

従ってこれを逆にいえば、「婬心」のないところに犯戒はないということである。法蔵はこれについて三つの例を挙げ、「一に、菩薩の陰を持するを怨み、女根中に置くも、指を嚙む等に由りて、心を禁じて、楽を受けざれば、即ち総じて不犯《ふぼん》。これに反すれば、犯を成ず。二に、菩薩、睡眠して他の婬する所となるも、畢竟じて覚《さ》めざれば、理としてまた犯なし。三に、覚め已りて楽を受けざれば、犯なし。楽を受け已らば、犯を成ず」と説いているが、一の例については『後拾遺往生伝』巻下が記している「陸奥の女人」の話を想起させる。「愛欲はこれ流転の業」と聞いて、以後「交会の時も、一念として愛著の心を生」ずることなく、「不浄を観じ」たと伝える。

そしてこの意味でも「故らに婬することを得ず」と説いた経の言葉は注目されなければならない。これは明瞭に「婬心」を抱いている場合だからである。ただこれについて法蔵や義寂が示したものは、前戒と同様『瑜伽論』の文である。ここでも「慈愍の心に住して」行なう性交はかえって多くの功徳を生ずると論じている。ただ『瑜伽論』の性格上、出家の菩薩は、菩薩であっても、声聞戒を護り、一切の淫を行なってはならないとする。ただ淫戒は声聞戒でも他とことなり、かならずしも犯したからといって、すぐ教団追放にはならない。いわゆる執行猶予に似たところがある。

さて以上、経が説く禁止条項について触れた。つぎはこの戒がもつ摂善法戒や摂衆生戒の面である。「孝順心」・「慈悲心」をもって「一切衆生」を救うという積極的活動である。従ってこれは前戒と独立したものではなく、共通してもっているものである。

第四重戒

若佛子。自妄語教レ人妄語方便妄語。妄語因妄語縁妄語法妄語業。乃至不レ見言レ見。見言レ不レ見。身心妄語。而菩薩常生二正語正見一。亦生二一切衆生正語正見一。而反更起二一切衆生邪語邪見邪業一者。是菩薩波羅夷罪。

若佛子、自ら妄語し、人に教へて妄語せしめ、方便して妄語せば、妄語の因・妄語の縁・妄語の法・妄語の業あり。乃至、見ざるに見たりと言ひ、見しに見ずと言ひ、身心に妄語す。しかも菩薩は、常に正語・正見を生じ、また一切の衆生をして正語・正見を生ぜしむ。しかるを反りて更に一切衆生をして邪語・邪見・邪業を起さしめば、これ菩薩の波羅夷罪なり。

《妄語》真実にかなわないことを言うこと。ただし一般には大妄語と小妄語を分け、聖者の境地に達したといつわるのが大妄語で、それ以下の嘘言は小妄語とする。《妄語の因……》異本に「妄語の業・妄語の法・妄語の因・妄語の縁」とある。法蔵の釈では「自作を因となし、教他を縁となし、方便を法と名け、事成を業となす」といい、また他の釈を掲げる。その一は「一に内に誑心を起し（因）、二に外に所規をなし（縁）、三に巧《たくみ》に妄法を説き（法）、四に常に作すを業となす」という。《常に正語・正見を生じ》異本に「正見」の二字を欠く。正しい見解や思想など。《邪業》よこしまな行為。

第四は妄語である。これも、前戒と同様、十善などの順位に従ったものであろう。しかし十善ではこの後、両舌《りょうぜつ》（二枚舌）・悪口《あっく》（悪罵）・綺語《きご》（無義語）の三があって、これらは妄語と同じ、口による行為であるが、妄語はこれらと比較してそのあやまちの影響が大きいから、これらの代表格とし、これらを内に収めるとともに、罪としてももっとも重いとされる。

しかし妄語といっても、種々様々である。いわゆる「上人法を得た」というような大妄語から日常茶飯の小妄語まで、その間いろいろのものが考えられるはずである。たとえば、明曠は「自ら妄語」することを説明して、「もし四果・八人見地已上、乃至、六根清浄、初住已上の次位を得たりと言はば、重を得、もし五停念処、煖頂忍世第一、乾慧地の諸方便位を得たりと説かば、既にこれ凡法にして、ただ軽垢を犯す」といっていることは、それを語る。かれの軽重の罪の判断が妥当であるかどうかは別として、宗教体験の内容の深浅一つを見ても、妄語の多様相は推察できる。従って、妄語は語られる内容ばかりでなく、その対象のいかんともかかわり、妄語の目ざす意味やその心などとも関係をもってくる。それだけに、その軽重は安易に判断をくだすことができない。いわば、諸要素のからみ合いのうえで、種々考えられていく性質のものであろう。このことについてはまた後に触れたい。

さて経は例によって、前戒などと同じ説明の仕方を踏襲しているから、これに従って見て行くと、まず「自ら妄語し……方便して妄語」するということについて、経の言おうとしているところはこうである。まず自分で、自分のことについて言う場合と、他人のことに関して言う場合が考えられ、つぎに他人に教えて自分のことを言わせる場合と、さらに他の別の人のことについて言わせる場合とが考えられる。また「方便」は仮に外の事に託して、それとなく相手にさとらせることである。従ってこれらの組み合わせを別の角度から眺めるとき、経の「妄語の因……妄語の業」ということになる。この文について諸師の解釈はいささか統一をかくから、意を取って言えば、まず因として内心に「誑心」が生じ、外には縁として「名利」を得たいという願いが伴い、それらを満たそうとしていろいろ工作や手段を講じて、それらのお膳立ての上で、嘘をつくことが具体化する、というのであろう。またこれを別の言葉による前文の繰り返しととれば、注記のような法蔵の一説になる。

ところで、以上で妄語の成立の仕方や条件などがおおよそ説明されたが、経はさらに「乃至」以下、「身心」の「妄語」ということに触れる。これもほぼ前戒の型を追ったものであるから、ここでは日常茶飯のことが語られたものと理解される。ところが、法蔵や義寂はこれをそう簡単に扱わない。いま義寂によって「身心」の「妄語」の説明を聞くと、かれはこういっている。「身妄語」とは、身の動作に表わして人に誤った理解をさせることで、たとえばいかにも聖人だと思うような振舞をすること、「心妄語」とは「説戒の時」などに黙って、いかにも清浄だったかのように思わせることとし、この二つは、口に妄語したのではないけれども、妄語と同じ扱いをしなければならないものだ、といっているからである。これによると、見ないものを見たという類とはいささか異なり、かえって口に示されない「身心」の「妄語」の方が、罪としては重いといった印象を与える。もっとも見ないものを見たということが内容とは無関係に語られているのだから、これと切り離して、一方的に日常茶飯事を語ったと見ること自体が誤っているのであろう。たとえば、見佛《い》ということが言われる。このことでよく知られているのは善導であるが、もし佛を見もしないのに見たといったのだとしたら、かれがこの見佛を証として『楷定古今』と自負した『観経四帖疏』の執筆は、妄語の最とされてよいだろう。従ってこれによれば、一概に「乃至」以下は軽い罪を扱ったとは見れないようである。

さて、ここで経典を離れて、少しく妄語が成立する諸条件について考えて見よう。これについては経もすでに説いてはいるが、改めて別の角度から眺めることにする。それには法蔵の整理法が注目されるが、かれはこれに七つを数え、「一に衆生に対す。二にかの想を起す。三に誑心を起す。四に実事を覆《かく》す。五に三毒を具す。六に言、明了なり。七に他をして解せしむ」といっている。しかしこれをさらに別に罪の軽重といった点から整理して、「一に境に約す。二に事に約す。三に所為に約す。四に心に約す。五に言に約す」ともいっているから、この上で見ていこう。

まず「境」、すなわち妄語の対象である。これには、智顗が上中下の三品を分けたように、恩を受けた人とか尊貴の人を初めとして、多くの一般の人々、ないしはほかのことで悩んでいるものなどを分ける。ただこのうち、尊貴の人の中に「佛・菩薩」ないしは「聖人」を含めると、その場合は妄語は成立しない。なぜなら、人の心を読み取る力が備っているからである。智顗の説明はさらに詳しいが、また勝荘が畜生などに対して妄語は成立するか、と問うていることもここに加えておこう。かれは「もし四趣の中、領解を得ば、かの辺に重を成ず」といって、言葉が理解できる場合、罪を犯したことになるとする。

次は「事」、妄語の内容である。これにも三つを数えるが、その一は「出世の法」で、さきの「聖人法」を得たという類がこれである。智顗では「五縁」うちに「説重具」という項を立てて、身をもって声聞の四果や菩薩の十地・神通などを得たとか、目のあたり天竜・鬼神などを見たなどと言うことを掲げている。つぎは「浄法」で、禅を得たなどと言うこと、第三は世間一般のこと、見ないことを見たという類で、勝荘はこれを見・聞・覚・知の上で説明している。

第三は「所為」、つまり妄語による結果としての状態である。いまはとくに触れない。

第四は「心」である。智顗は「欺誑心」といい、「業の主」と呼んでいるが、これも改めて、説く必要はない。

最後は「言」である。これもすでに多く示してきたことでほぼ明らかであるが、法蔵は『十誦律』の例を引いているので、それを一つあげておく。

　十誦に云く、或るが云く、我今日、世定に入らずと。前の人、問ふて云く、昨日はいかんと。答へて言く、また入らずと。蘭《らん》（偸蘭遮《ちゅうらんじゃ》の略。重罪で、未遂罪や予備罪）を犯す。皆、謂ひて言く、言、相に近しと。

以上で妄語の成立する諸条件を見たから、ここで経にもどると、いま一つ疑問なのは、前戒では

「故らに」の言があったのに、なぜここにないか、ということである。前にはこの語を説明するために『瑜伽論』の文が引用された。法蔵・義寂ではこの戒についても『瑜伽論』を引いている。そしてこれには明らかに、菩薩は「有情を救脱せしめんが為の故に」「自らの命難の為にも」「思択して、故らに妄語を説く」といい、「要を以てこれを言はば、菩薩はただ有情の義利を観、無義利にはあらざれば、自ら染心し、ただもろもろの有情を饒益《にょうやく》せんが為の故に、正知を覆想して、異語を説く」と説かれている。この戒は制戒の後、「一切の衆生をして正語・正見を生ぜしむ」といい、摂衆生戒の性格を打ちだしている。おそらくその意味でも前戒同様、「故らに」の一語はあったものだろう。

また、経は「常に正語・正見を生じ」といって、摂善法戒の側面を語っている。

第五重戒

若佛子。自酤レ酒。教レ人酤レ酒。酤酒因酤酒縁酤酒法酤酒業。一切酒不レ得レ酤。是酒起レ罪因縁。而菩薩應レ生二一切衆生明達之慧一。而反更生二一切衆生顛倒之心一者。是菩薩波羅夷罪。

若佛子、自ら酒を酤《う》り、人を教へて酒を酤らしめば、酤酒《こしゅ》の因・酤酒の縁・酤酒の法・酤酒の業あり。一切の酒を、酤ることを得ざれ。これ酒は罪を起す因縁なり。しかも菩薩は、応に一切衆生をして明達《みょうたつ》の慧《え》を生ぜしむべし。しかるに反りて更に一切衆生をして顛倒《てんどう》の心を生ぜしめば、これ菩薩の波羅夷罪なり。

〈酒〉『大智度論』巻一三に「酒に三種あり。一は穀酒、二は果酒、三は薬草酒なり。……もしは乾、もしは湿、もしは清、もしは浊、かくの如き等、能く人心をして動揺せしむ。これを名けて酒となす。一切、飲むべからず」といっている。酒については、第二軽戒、参照。〈酤酒の因……酤酒の業〉法蔵の解釈は「約位」「約能」「約所為」「約具」の四種であるが、その一例を掲げると、「位に約すとは、謂く、自ら作すを因となし、他を教ふるを縁となし、巧みにその法を説き、同じく作すを業となす」という。明曠では「自ら米麵等を営むを因となし、外具の度等を縁となし、調停・方便を法となし、常に酤るを業となす」といい、法銑では「貪心を因となし、槽に充《みた》す等を縁となし、酒方を法となし、醞醸を業となす」という。異本に「酤酒の業、酤酒の法、酤酒の法、酤酒の縁」とある。《明達の慧》法蔵の言によれば、「謂く、諸菩薩は法爾《ほうに》として皆、応にもろもろの衆生をして明かに俗諦因果の差別を知らしめて、則ち真諦の平等に通ずること一味にして、勝慧、行を成し、惑を断ち、果を得しむべし」という。いわば実相を知る般若《はんにゃ》の智慧である。《顚倒》正しい道理にそむくこと。

これまでの四戒は、前後順序に差異はあったにしても、声聞戒の婬・盗・殺・妄の四波羅夷と相応するものがあった。しかしこの第五戒ではまったく趣が変わり、十善とも五戒とも一致しない。五戒の不飲酒はこの戒では軽戒に送られているからである。

従ってその意味では、この戒は極めて菩薩戒らしい性格を打ち出したものに相違ないが、それはどこにあるのか。法蔵の言を以てすれば、五戒の不飲酒は酒を飲むその当人だけの身を損するだけである(もっとも、そうばかりは言えないが)、あやまちとしては深くないが、酒を売ることは、それによって多くの人を損い、利他をもっとも重んずる菩薩としては、その精神に乖くものとしなければならない、というところにある。これはこの経が、菩薩は一切の衆生に「明達の慧を生」じさせることを本分としなければならない、といっていることと相応する。まさに売ることは、殺し合いを目的とする戦争の武器を売って、その私腹を肥《こ》やす死の商人にも似たところがある。酒を飲めば酔い、酔えば理性を失って、狂人と異なるところがない。『大智度論』巻一三に

瞋《いか》るべからざるに瞋り　笑ふべからざるに笑ひ
哭《な》くべからざるに哭き　打つべからざるに打ち

語るべからざるに語る　狂人と異ることなし
もろもろの善の功徳を奪へば　愧《はじ》を知る者は飲まず

といっているとおりである。ここにこの戒の制意があるのも当然であろう。律では波逸提で、軽罪である。ちなみに、武器の販売を制する戒はないが、蓄えることは第十軽戒で制止されている。

おのずから経がいうように、まず自ら酒を売ることはもっての外である。また自ら売らなくても、自分の酒をひとに売らせてもいけない、酒を売って金もうけの道があることを教えるのも、許されないだろう。また巧みな手段を講じて、宣伝することも許されるはずがない。もっとも誇大宣伝になれば、妄語とも関係するが、それはともかく、経がいうように、酒は一切、売ってはならないのである。ただこの場合、智顗のように、正真正銘の「真酒」はいけないが、「薬酒」はよいというとき、酒にかぎらず、佛教では薬という概念が広く、はじめから「薬酒」でなくても、「真酒」を薬として使用することが許されるから、その場合はどうか、という問題はある。もし酒が薬として転用されるなら、その酒はやはり売られなければならないだろう。ほしがるものがいるから売るものが生まれたのか、売るものがいるから買うのか、卵と鶏のような関係はいってみても埒《らち》があかないけれども、ともかく買った側の利用の仕方いかんに、かなり問題の重点がかかっていることは確かである。そのためでもあろうか、注釈者のなかには多く酒の罪を論じて、売ること自体を取り上げたこの戒の焦点にピントを合わせないものが目につく。売ることを重視したこの戒にいささか疑惑があったのかもしれない。そして実際、売ることが問題なら、酒だけでなく、殺生に繋がる刀剣など、ただ所持を禁ずるだけでなく、その製造・販売も禁止されてよかったはずである。ただ酒は、刀剣を持っていても、すぐ殺生に連続しないのとは違って、それ自体が誘惑的であり、誘惑に負けて飲めば、殺生を含めて、さまざまな悪が発生するその根本を具えていると見られたところに、差異があるからであろう。酒を無明にたとえるのもそのためである。

ところで、この戒について在家・出家にともに与えられた禁戒であるとする解釈がある。智顗・義寂の取るところであるが、かれらは出家も酒を売る可能性があると考えたのであろうか。あるいは中国ではその事実が顕著だったのか。売るためには造らなくてはならないが、その事実もあったものか。与咸の注に、石壁がもし自分のためになるなら、酒を醸してよく、他人のためになるなら、売ってもよいと言ったことを伝えて、これを非難しているが、あるいはこの事実の露頭を語るかもしれない。その非難はともかく、智顗や義寂が在家と同様の意味において、出家の「酤酒」を考えたことは注意されてよい。

経文の一々についてはいま触れる必要はないだろう。一読してその意を汲むことができるはずである。ただ「酤酒の因」以下の一文は例によって、諸師の解釈が分かれているが、いまは注記に譲りたい。

第六重戒

若佛子。自說二出家在家菩薩比丘比丘尼罪過一。敎レ人說二罪過一。罪過因罪過緣罪過法罪過業。而菩薩聞三外道惡人及二乘惡人說二佛法中非法非律一。常生二悲心一敎二化是惡人輩一。令レ生二大乘善信一。而菩薩反更自說二佛法中罪過一者。是菩薩波羅夷罪。

若佛子、出家・在家の菩薩、比丘・比丘尼の罪過《ざいか》を説き、人を教へて罪過を説かしめば、罪過の因・罪過の縁・罪過の法・罪過の業あり。しかも菩薩は、外道《げどう》の悪人、及び二乗の悪人の、佛法中の非法・非律を説くを聞きては、常に悲心を生じ、この悪人の輩《やから》を教化して、大乗の善信を生ぜしむ。しかるを菩薩、反りて更に自ら佛法中の罪過を説かば、これ菩薩の波羅夷罪なり。

《罪過の因……罪過の業》法蔵は例によって幾つかの立場からこれを説明しているが、またそれを総括して、「合釈すれば、一に謂く、内に説く心あり、二に外に悪縁の境に遇ひ、三に曾て過法を見、四に陳《の》べ説いて業を成す」といっている。明曠は「内心を因となし、かの罪境を説くを縁となし、軌則を施設するを法となし、務めて人を説くにあるを業となす」という。異本には「罪過の業・罪過の法・罪過の因・罪過の縁」とある。《外道の悪人……二乗の悪人》外道は佛教以外の教えを奉ずるもの。明曠は「外道即ち悪人」という。二乗は声聞と縁覚。明曠は「この心即ち悪なれば、名けて悪人となす」という。《佛法中の非法・非律》法銑によれば、「非法とは悪を作して方に乖く。非律とは非を行じて悪（善の誤りか）を滅す」という。ここで佛法とは大乗のことを指すが、道璿の説明では、外道や二乗はともに大乗の「戒法を非法・非律となすが故に、総じて悪人と名く」という。

酤酒を制する戒が『優婆塞戒経』の六重にだけ見えたように、この第六重戒もここに見える特殊な戒である。その意味で、『瑜伽論』系の八重とは別のものである。しかしこの戒はすでに在家戒ではない。その意味では『優婆塞戒経』とも一致しない。

ところで、この戒では「出家・在家の菩薩」に対して、とくに「比丘・比丘尼の罪過」を他に説いて、これらの罪をあばきたてることが指摘されているが、なぜとくに「比丘・比丘尼」と断って、これだけを問題にしたのか、まずこのことが注目される。ここで「比丘・比丘尼」といっているのを、「同法四衆」と拡大解釈して在家も含めたのは智顗で、かれはおそらく出家の二衆だけにかぎることに疑問を抱いたからであろう。以後、この「四衆」という立場は、天台系の注釈家が取るところであって、日本でも了恵・実導がそうであり、凝然によれば慧岳もこの立場をとったという。しかし円琳もいうように、これらは、罪を犯した人、つまり「境」に重点を置いた場合、拡大解釈の可能性が起こるとしても、経は明らかに、声聞の「比丘・比丘尼」のようである。しかもこの経の用語例からすれば、法蔵の解釈のように、「小乗の僧尼」とするのが一般的である。ただ一つ「客菩薩比丘」(第二十六軽戒、参照)という表現があって、絶対に「比丘・比丘尼」を菩薩の場合に用いないとは言えないという難点はある。

また別の角度からいえば、法蔵では、なぜ「小乗僧尼の過を説く」ことが制止されるのか、と設問して、これに「倶にこれ佛法相《あい》住持するが故に、これ自内衆の故に」と答え、「小乗僧尼」もまた佛法の同朋という、菩薩の包容的な心の広さを指摘しているが、では逆に菩薩の出家はその過を説いてもよいのか、という疑問がはねかえってくることは可能である。だから法蔵もこの戒を細説して、その軽重を論ずる段には、「所説の境」に六つを挙げ、「一に地上の菩薩の、物の為に逆に行ずるを見て、非を謂いて説く。二に三賢の菩薩及び四果の聖人の微失を見て説く」などと、菩薩のことを真っ先に問題にして、菩薩の「過」を説くことを指摘してはいる。しかしこの二つの例が示すように、一はまったく「過」を説く者の理解の不足をいったものであり、二はとるにたりない「微失」に過ぎない。つまり法蔵では、「菩薩」には過がない、という見解が先行し、説くこと自体、問題の外であるといった立場が窺われるようである。このあたりに、智顗と法蔵の解釈の差があるのであろう。

しかし両者の違いはここに止まらない。たとえば「罪過」について、智顗は「七逆・十重」と解し、この罪を説く相手を「無戒の人」と捉えて、この人に向かって説くとき、「重」罪を得るとする。

義寂もこの説に従っているが、法蔵では「過」の内容はさして問題ではない。かれでは、問題の焦点は、誰に、どんな言葉で、どんな心をもって、誰の「過」を説くか、この四つの条件がどう組み合わさったとき、罪がもっとも重いか、といった点が重視されている。それをかれは「上の初心を起し、上の初言を以て、上の初人に対し、上の初境を説くを、最も重しとなす」といっているが、ここで「上の初心」とは「悪心」で、要するに三毒の煩悩にまみれた心、「上の初言」とは「極鄙の悪言」、「上の初人」とは「国王・大臣」、「上の初境」とは「地上の菩薩」である。してみると、ただここで疑問を生ずるのは、「地上の菩薩」を取りあげると、そこで語られる「過」とは実はまったくの虚言になりかねないということである。つまりありもしないことなら、それは妄語とその性格を等しくしているからである。妄語との関係については『頂山記』や『道淵鈔』が問題にしているが、与咸はこれらを批判し、この戒は無実を問題にしているのではなく、実際罪過があって、それを説くことが問題であるとしている。これを取れば、法蔵の解釈には少しく無理があり、また「菩薩」をはずしたこととも齟齬するかのようである。

とにかく、以上によって、出家・在家の菩薩は「比丘・比丘尼の罪過」を説いてならないことがわかった。しかし経にはさらに「人を教へて」説かせてもならないというから、一切この種の行為が禁じられたことを知ることができるが、その理由はなにかと問うとき、智顗は、「大士は悪を掩ひ、善を揚ぐるを心となすが故に」といい、法蔵は三意をあげ、一には「菩薩は宜《よろし》く弘く三宝の過悪を護り、善を揚げて以て物の信を生ずべし。何ぞ過を説くことを容れんや。信心を廃黷し、利他の心に乖くが故に」といっている。これは俗っぽくいえば、内輪の恥は外にさらしてはならないということである。また経は「佛法中の罪過を説」いてはならないといい、この言葉からは佛の教えになにか間違った所があるかのような響きが感じられるが、そうでないとすれば、これは端的に「僧宝」の罪過は説くな、ということになる。そしてそれは、「僧宝」の罪過は僧宝の中で処理されるからだ、という原則を背後に潜ませていることでもあろう。このことは、「僧宝」の罪過を処理する方法の問題に発展するが、それは後の軽戒（第三十七軽戒、参照）が説くところだから、いまは触れない。とにかく、そうした場合には布薩《ふさつ》という特定の機会が設けられているから、この際に罪過を説いて、その人の反省を求めることはできる。従って、そのときはあやまちを挙げて呵責しても、罪を犯したことにはならない。

ところで、これと関連して注目されるのは第十三軽戒である。似たような問題が扱われているのに、どうして軽重の差があるのか、という疑問である。これについては義寂が答えているから、それを挙げておこう。

彼（軽戒）は同法に向ひて説くが故に軽く、此は異法に向ふが故に重し。また一に云く、彼は無事（実際の事実がないこと）を説くが故に軽し。もし無事と知らば、陥没するあたはず。或は治罰するが故に。此は実の犯あるを説き、重し。

ここで義寂が「同法」といっているのは、同じ佛教信者ということである。従って異法は智顗のいう「無戒の人」とほぼ同義である。勝荘では、もし説いたことが事実無根であれば、「軽重を問はず（一本には「同じからず」）、同罪なるも、異衆ならば、これ軽にして、重にあらず。これ即ち第十三毀謗戒の摂なり。今の釈は、利養を壊するはこれ重にして軽にあらず、となす」といっている。太賢の釈は義寂とかわらない。

さて、以上は罪過を制したものであるが、もう多くを語る必要はない。菩薩が「外道の悪人」や「二乗の悪人」がありもしない誹謗の言を聞いたとき、慈悲心をもって教化することは、この戒の摂善法戒や摂衆生戒の側面を語るものであることを付記して、これを終ろう。

第七重戒

若佛子。自讃毀他亦教レ人自讃毀他。毀他因毀他縁毀他法毀他業。而菩薩應下代二一切衆生一受レ加二毀辱一上。惡事自向レ己好事與中他人上。若自揚二己德一隱二他人好事一。令二他人受一レ毀者。是菩薩波羅夷罪。

若佛子、自讃毀他《じさんきた》し、また人を教へて自讃毀他せしめば、毀他の因・毀他の縁・毀他の法・毀他の業あり。しかも菩薩は、応に一切の衆生に代りて毀辱《きにく》を加ふるを受け、悪事は自ら己《おのれ》に向け、好事は他人に与ふべし。若し自ら己《おの》が徳を揚げ、他人の好事を隠し、他人をして毀《そしり》を受けしめば、これ菩薩の波羅夷罪なり。

《自讃毀他》智顗の注には「自讃とは自ら己が功徳を称《たた》へ、毀他とは他の過悪を譏《そし》る」ことといい、法蔵は「徳」がないのに自らの「徳を顕揚」するのが讃、「過《あやまち》を越へて他を辱しめ」、または「有徳を耻辱」するのが毀であるとする。ここには明確な解釈の差が認められ、これによってこの戒の理解も変わってくるのは当然である。《毀他の因……毀他の業》明曠の注によれば、「内心の貪慢を因となし、他の、利の為に嫉むを縁となし、巧みに方便を設くるを法となし、これを以て務となすを業となす」という。法蔵には四釈があるが、その例はさきの戒によって推察されたい。また異本には「毀他の業・毀他の法・毀他の因・毀他の縁」に作る。《毀辱を加ふる》法蔵の注に「非理の陵欺を加毀と名け、それをして耻赧《ちたん》せしむるを辱となす」という。「陵欺」とは陵も欺もあざむくこと。「耻赧」は耻じて顔を赤らめること。

この戒は諸師が共通して「自讃毀他戒」と呼んだものである。また『瑜伽論』などの菩薩戒では四重の第一とされたものに合致するという点も、おおかた認められているようである。さらに法蔵は前戒との関係に触れて、前戒はあやまちを挙げただけであるが、これはそのあやまちを越えて「毀」を加えることを扱おうとしたものだという。あるいはそうかもしれない。

しかしこの戒には、実はかなり複雑な内容が盛りこまれている。その点、内容の理解には錯雑したものがある。

まず簡単に「自讃毀他」というが、すでにここには「自讃」と「毀他」の二つのからみ合いがある。自讃だけでも毀他だけでも戒は成立しない。義寂はこれが二つ合わさったとき、ないし両者に前後関係があっても、とにかく二つが備わったとき、波羅夷罪が成立するという。そしてもし両者が単独で、前後別々に行なわれたときは、形の上では二つそろったことになっても、軽罪で、重罪とはならないという。かれでは両者が時間的にもまた内容的にも、両者に密接な連絡が必要だと考えられたようである。

しかし義寂と異なって、この両者を個々に重視したのは法蔵である。かれは戒の成立条件として「六縁」を考え、その最初の「境」、つまりここでいう「自」と「他」について、ただ「自讃」だけでも、ただ「毀他」だけでも、重罪は成立するとした。ただしそれには、「自」といい、「他」というものの位置づけが必要であり、「讃」といい、「毀」という、その行為の程度や性質、あるいはその行為の心のありどころといったことも問題である。おのずから、ただ「自讃」「毀他」といっても、内容はより正確な検討を必要としている。しかしここでは、余り深入りすることは避け、焦点をしぼって考て行くことにしたい。

まず「自讃」の「自」について、法蔵の考えは、これに三つあって、「一は実に自ら破戒・無徳・無慚・無愧なり。二は戒を破らざると雖も、しかれども余の道行なし。三は有戒有行なり」とする。また「讃」にも三つあって、一は自ら聖者のさとりに達したと言う場合、二は三学を具えたというもの、三は戒学など三学の一を得たというもの、とされる。従って「自讃」はこれらの結びつきによってさまざまな差異が生ずる可能性をもっている。法蔵はそれらを踏まえて、「自」の三のいずれであっても、自らを聖者という「讃」は三つとも「大賊」である、とする。ただこうした等差は軽微なものとされた罪をどう扱うことになるか、問題を残すが、法蔵はその場合、これを「毀他」との関係において捉え、その両者の重なりの上で、軽重を考えようとする。

次は「毀他」であるが、法蔵はここでもまず「他」について二つを分ける。一は人数の多少、二は衆生の類別で、これは宗教体験の高度な聖・賢を始め、以下、無徳の人、ないしは非人・畜生の類である。智顗はこれを上中下の三境とし、とくに「菩薩戒」の有無という観点に立って、菩薩戒を有するものを上中とし、これらを悩ますとき、「重」罪とする。従って人数の多少は問題にならない。また法蔵は「毀」に五つを分ける。「一に徳を毀ち過と言ふ。二に徳あるをなしと言ふ。三に多徳を少と言ふ。四に罪なきにありと言ふ。五に少罪を多と言ふ」の五である。しかしこれがさきの境とどのように結びつくか、これも多様である。いわゆる賢聖には「毀」の第五が概当しないことはすぐ考えつくとしても、他の場合にはそう簡単に機械的な判断は許されない。またどれまでが重罪か、法蔵自身の理解も「自讃」の場合ほど明白ではない。ただ法蔵としてはこの「毀他」によって生ずるマイナスの事態をかなり重視したように見える。たとえば、「伝法の人を毀するに由りて、一方の佛法をして行ぜざらしむるは、この罪、最も重し」といっていることはそれを示している。これは「自讃」についても考えられるが、「毀他」ほどマイナスの事態を生ずる重大性はない。

ところで、「毀他」について、律の「面罵・喩罵・自比罵」の考え方を援用したのは義寂である。このうち「面罵」は、たとえば、お前は旃陀羅《せんだら》(インドの最下層階級で、屠殺者や牢獄の監守など)の生まれだなどと、面と向かって罵倒することであるが、かれは、こうしたことを菩薩がした場合は、いずれも重罪だと述べている。かれは事実とのその応否を問わない。こうした言葉自体が相手を傷つけるとしたようである。

ところで、こうした「自讃」「毀他」においてもっとも重要な意味をもっているのは、なんといっても心のあり方であって、智顗は「自讃毀心、正しくこれ業主」という。法蔵はこれに四を分け、相手に信心を起こさせようと思う心ははじめから罪の対象にならないが、放逸の心や愛憎の心にしても罪としては軽く、もっとも重いのは、「名聞・利養・恭」に対する貪欲であって、さらにこれにも三種があり、「都《すべ》て慚愧なく、深く愛楽を生じ、見て功徳となす」心が「上品」「最重」だとする。要は「貪痴の心」によって自讃毀他を行なうとき、この戒の波羅夷罪に触れるとしたようである。義寂も「貪心」とおさえている。

しかし以上は、「自讃毀他」について見たものでしかない。経はさらに「人を教へて自讃毀他」させることを述べている。この点はどうか。この場合はおおよそ、前の例を勘考して、ほぼ推察できるだろうが、これに二つの例を考えたのは義寂で、かれによれば、ある人を前にして、その人にその人の得たところを讃えて、他の人の失を毀る場合と、ある人を前にして、自分の得たところを讃えて、他の失を挙げる場合との二で、共に罪に触れるとした。智顗では、このように二つを分けないが、これを「自讃毀他」と対応させて、ともに重罪と見る説と、この方は軽とする説とがある、と紹介されている。軽ならば、すでに問題からはずされたことになるから、義寂は重とする説を取ったことが明らかである。

さて、一切の「自讃毀他」が制止された。その理由は、経が示すように、菩薩は衆生に代わって「毀辱」を受け、悪事は自分に向け、好事は他に与えるものだ、という点にある。だから、菩薩であろうするものが、自らを讃え、他を毀っては、その菩薩の心を見失ったことになるわけである。このことは、菩薩戒の摂善法戒と摂衆生戒の性格を端的に語ったものであるが、これについて、法蔵の自問自答が見えるから、掲げておく。

問ふ。もし自ら悪なくして忍び、他に善なくして推さば、あに諂曲《てんごく》（へつらい）にして妄語にあらずや。答ふ。自ら不足に居せば、いずくんぞ、失《とが》なきことを得んや。謂く、失なしとは、ただ佛一人、累《るい》尽くるを以ての故に。また他、余善なきも、なほ佛性あり。即ちこれ真善なり。もし意《こころ》、ここに至りて忍び、推さば、ただ諂なきのみにあらず。また妄語なくして、乃ち具《つぶさ》に無量の善根を発《おこ》し、戒をして清浄ならしむ。

佛の境界は遠く及ばないが、相手の佛性を思い、これを心とするとき、かえって相手をして正しい方向に導くことになることを期待してよい、としたものであろう。しかし義寂にはもっと徹底した菩薩精神を謳いあげた問答がある。問いはよく似ているから、答だけを挙げる。

答ふ。これに二義あり。一は、前《さき》の人無道《むどう》にして菩薩を毀る時、菩薩念《おもい》を作す、「的《まと》ありて箭《や》中《あた》るが如し。なければ則ち中る所なし。わが身あるに由るが故に、衆生《しゆじよう》悪を興し、わが身なくば、則ち起るに由《よし》なし。悪を起すは我に由り、悪《あく》我にあるなり」と。これ則ち悪事を自ら己《おのれ》に向くるなり。またこの念を作す、「前の人、我を毀るに由るが故に、我、戒を修して防ぐことを得。もし前の人なくんば、わが善《ぜん》何に縁りてか生ぜん。善を生ずるは彼に由り、善、彼にあり」と。これ則ち好事を他人に与ふるなり。二は、かの悪もわが善も、これ我見《がけん》のみ。もし実理を論ずれば、彼我同体なり。菩薩は実理によりて妄見に随はざるべし。故に悪を引いて己に向け善を推して人に与ふることを得。

しかし、「自讃毀他」も、ときとして、罪に触れない場合があることは、前戒と同様である。智顗は相手を「折伏」する場合は、「非犯」とし、法蔵は相手に信心を起こさせる場合は「不犯」とする。方便の「自讃毀他」は許されるとする趣意である。

第八　慳戒

若佛子。自慳教㆑人慳。慳因慳緣慳法慳業。而菩薩見㆓一切貧窮人來乞㆒者。隨㆓前人所㆑須。一切給與。而菩薩以㆓惡心瞋心㆒。乃至不㆑施㆓一錢一針一草㆒。有㆓求㆑法者㆒。不㆔為說㆓一句一偈一微塵許法㆒。而反更罵辱者。是菩薩波羅夷罪。

若佛子、自ら慳《おし》み、人を教へて慳ましめば、慳《けん》の因・慳の縁・慳の法・慳の業あり。しかも菩薩は、一切の貧窮《びんぐう》の人の来り乞ふを見ては、前《さき》の人の須《もと》むる所に随ひて、一切給与す。しかるを菩薩、悪心・瞋心《しんしん》を以て乃至、一銭・一針・一草だに施さず、法を求むる者あるも、ために一句・一偈・一微塵許《ばか》りの法すら説かずして、反りて更に罵《め》辱《にく》せば、これ菩薩の波羅夷罪なり。

《慳》慳惜すること、愛悋すること。《人を教へて……》義寂はこれに二義があるとして、一は、人に財・法を慳むよう教えること、二は、自分が慳んでいることをその人をして他に教えさせること、という。《慳の因……慳の業》異本に「慳の業・慳の法・慳の因・慳の縁」に作る。《貧窮》貧乏で生活に困窮すること。法蔵は貧に二種があるとし、財貧と法貧を立てる。《微塵》極めて少ないこと。

この戒も『瑜伽論』所説の菩薩戒の第二重とほぼ一致する。ただ義寂が述べるように、そこではこの戒がいうような「反りて更に罵辱」するといった点は触れていない。そこでこれを重視したのであろうか、義寂はこの戒を「慳惜加毀戒」と呼んでいるが、これは智顗の称呼と一致する。法蔵は「故慳戒」と称し、「罵辱」を重視しない。かれはもっぱら「慳む」ことに着目し、とくに財物を慳むことを重視しているようで、前戒との比較を述べた場合でも、前戒の「自讃毀他」は「名利を求むる」ことにあったが、「財」は得られていない、いまそれが得られたことと関連して、戒が成立してくるとしていることは、これを語っている。もっとも、施に法施や無畏施をも数えているから、財物以外を無視したわけではない。

そこでいまは、「慳」に対しては、財・法二施に焦点をあて、「罵辱」はいちおう付けたりとして、これを省いて、この戒の性格を探ることにしたい。

まず財物について考えてみると、「慳む」という以上、多少なりと財物がなければならないが、それよりさきに、財物とはいったい何かということが問題になる。智顗は『決定毘尼経』を引いて、在家菩薩には財施・法施の二があり、出家菩薩には、紙・墨・筆・法の四施があり、得忍（真理をさとった心の安らぎを得ること）の菩薩には、王位・妻子・頭目皮骨の三施があるとし、「凡夫の菩薩は、宜きに随ひて恵施すべし」と述べているから、財施といっても、菩薩の差によって、下はごく普通一般の品物から、上は自分自身の体にまで及ぶことになる。義寂は「得忍の菩薩」を「十解已上」と解しているから、これを取れば、地前の三十心の菩薩がすべてこれにはいることになる。また法蔵は財施に外財と内身を分け、外財に、食・薬・衣・財（金銭）・畜生・奴婢・名聞・王位・妻妾・男女（息子と娘）の十を挙げ、内身に「蹔請駆使」（ちょっとした使い走り）・髪爪などを取ること・奴婢になること・血肉を与えること・身命をなげだすことの五を数えて、後になるほど高度の布施と見做している。従ってここでは極めて強烈な自己犠牲や献身が要請されたことになる。そしてそのかぎりでは、財物を乞われて、身に一物も与えるものがないとはいえないし、ないことがかえって高度の犠牲や献身を要求する結果になりかねない。もっともそれは菩薩の能力や資質の差を度外視した上でのことであるから、高度の布施でないからといって、「慳惜」の罪を犯したことにはならない。法蔵は、針一本も施すものをもたない人に対しては、「応に善心を以て、深心に涙を垂れ、乞ふ者に慰謝すべし」と教えている。明曠もこの指示に着目している。

しかし財物がある場合は、当然布施が行なわれなくてはならない。法蔵はこの場合の例として、貧苦の人が、何か事情があるか、あるいは羞じて、乞わないのを知ったときは、進んで施与しなければ、罪を犯すことになるという。ここでは、乞われるのを待たずに、施与することが強調されているが、この種の布施には、いわゆる福田《ふくでん》の思想があって、いまの例はそのなかの悲田に当たるかのようである。しかし法蔵は福田についてはかならずしも重罪と関係しないと考えているふしがある。ただ罪の軽重について論じた条では、とくに「〔福〕田」の問題を扱い、父母・師主、および三宝等を、悲田や苦田より重く見ていることは注目される（福田については、第九軽戒、参照）。智顗は「親疎を簡ばず」とする。

次は法施である。経には「法を求むる者」に、ただの「一句・一偈・一微塵許りの法」も説かないで、かえって「罵辱」する、という。ここで法とはもちろん佛の教えである。この経でいえば「菩薩戒」と限ってもよい。いずれにせよ、さきの財施と同様に種々の条件を考えて大差はないが、ここで注意したいのは「罵辱」の一語である。これがこの戒の呼称に差異を生じたことはさきに触れたが、ここで問題なのは、「慳」と「毀」とが合致したとき、重罪を構成するとした考え方である。義寂は「古説」だとして「要《かなら》ず二事を具して、方《まさ》に重を結ぶ。謂く、慳に毀を加ふ。苦《いた》く慳《おし》むも毀《そし》らず、毀るも慳まざるは、皆《みな》重にあらず」といっているものがそれである。かれがこの「古説」に賛意を示していることは、すでにこの戒の呼称に明らかであるが、ただこの理解には少しく無理があるようである。「毀」を付けたりと解しておきたい。

さて、これらを「慳」むことはその心に問題の中心があり、煩悩が重要な位置を占めていることは言うまでもない。菩薩はこの心を去り、平等の心に立って一切を施与しなければならない。従ってここでも積極的な働きかけが要請される。しかし多くを言う必要はないから、前戒と合わせて、不足の点は推察されたい。

第九重戒

若佛子。自瞋教レ人瞋。瞋因瞋縁瞋法瞋業。而菩薩應下生二一切衆生中善根無諍之事一。常生中悲心上。而反更於二一切衆生中一。乃至於二非衆生中一。以二惡口一罵辱加以二手打。及以刀杖一意猶不レ息。前人求レ悔善言懺謝。猶瞋不レ解者。是菩薩波羅夷罪。

若佛子、自ら瞋《いか》り、人を教へて瞋らしめば、瞋《しん》の因・瞋の縁・瞋の法・瞋の業あり。しかも菩薩は、応に一切衆生の中に善根無《む》諍《じょう》の事を生じ、常に悲心を生ずべし。しかるに反りて更に一切衆生の中に於て、乃至、非衆生の中に於て、悪口《あっく》を以て罵辱《めにく》し、加ふるに手打《しゅだ》、及以び刀杖《とうじょう》を以てし、意《こころ》なほ息《や》まず。前《さき》の人、悔《くい》を求めて善言もて懺謝《さんしゃ》するも、なほ瞋《いか》りて解《と》かずんば、これ菩薩の波羅夷罪なり。

《瞋の因……瞋の業》異本に「瞋の業・瞋の法・瞋の因・瞋の縁」に作る。《善根無諍の事》怒りを去った善根のこと、または善根には怒りによる諍いはないということ。あるいは善根とは無瞋の善根、無諍とは無諍三昧のことともいう。《悲心》異本に「慈悲心」に作る。また「慈悲心・孝順心」とするものもある。《非衆生》義寂の注によれば「聖人を非衆生と名く。処処に生を受くるにあらざるが故に」といい、「瞋るべからざるに瞋ること、凡人の如きにはあらず」ともいう。また「もし非情を非衆生と名くれば、これ深防の言」ともいう。法蔵は「非情」と見たらしい。明曠は「無情」とする。《意なほ息まず》怒りの心がおさまらないこと。

この戒も『瑜伽論』所説の第三重戒に相応する。また前戒が布施を拒否する貪心に基づくのに対してこれは瞋心であるから、三毒のなかの順序に応じたものであろう。

ところで、この戒は怒りの前提となる相手のあやまちをまったく説かない。いわば、根拠のないことを楯に怒っている場合が想定されている。従って法蔵はこの怒りの「因事」として十事を数えたなかでも、「一に己の見解に違ふ。二に己の情欲に違ふ。三に己の名利に違ふ」などと数えて、これを重とし、相手の行為がもとになって怒りを生ずる場合は軽として、このなかから外そうとする姿勢をとっている。つまり、たとえば、父母が害されたとか三宝が毀滅されたといった例を九・十に数えているが、これらに対する怒りはある程度許されるから、怒っても波羅夷にならないという理である(第十軽戒、参照)。

　従って相手のあやまちはないと、いちおう前提して、まったく自己の側にあやまちがあるとすれば、これは相手のいかんに拘りなく、怒りは重罪である。しかも口に罵《ののし》り、恥かしめ、さらに平手打ちをくわせたり、鞭などで打ちすえ、それでも怒りがおさまらず、悪いことをしてもいない相手が、あやまるのも聞きいれようとしない、というのであるから、その罪は重い。

　ただここで疑問を生ずるのは、まず経が「乃至、非衆生の中に於て」といっているものである。従って、ここに立てば、智顗が「衆生」について上中下の三階を分け、「上中の境は重く、下境は軽し」というような、等差観念は成立しないだろうということである。法蔵も境について、上は賢聖・父母より、下は「非情」をあげ、前は重く、後は軽いとするが、これはどこまでも一般通念であって、境の軽重ではあっても、波羅夷罪であることに変わりがないのではないか。そして実際、法蔵は、有情・非情の差は「もし心に望めば、或は倶に重し」といっている。これはとくに心を重視したものである。もっとも、義寂は経の「非衆生」を「聖人」と解するから、そのときは問題は生じないが、またこれを非情と解するならば、それは「深防の言」だといっている。等差を認める必要はないという立場も認めたように見える。

また経は「意なほ息まず。前の人……」という表現を取っているが、これは「意なほ息」まない場合、もう波羅夷なのか、相手が「懺謝するも、なほ瞋りて解」けない場合、はじめて波羅夷なのか、あるいはまったく二つは別々なのか、はっきりしない。

義寂は、相手の懺謝を受けないことを問題にして、ここで罪の軽重がきまるとしているから、全体を通じて波羅夷罪が成立するとしたようである。ただかれは懺謝を受けない限りでは軽垢罪で、一説には重罪ともするが、本当に波羅夷が成立するのは、「怨《うらみ》を結んで受」けない場合だとする。

法蔵では「前の人」以下は、さらに付言したものと理解されているようで、「悪口」以下も怒りの心が形に現われたものととり、怒りだけで、罪の軽重を処理しようとしているかに見える。つまり怒りが中心で、それに身口の業が加わるとき、その中で軽重の差ができると見、もし怒りの心に少しでも後悔の心が起これば、またそこに軽重の差が現われるとする。ただかれでは、境と因と、それに怒っている当人の、その怒りの現われ方、つまり惑相と、その結果生ずる損失、つまり成損との、四つの上で、「尊境に於て、小事に因りて、重瞋を起し、大損を作るを、最重となす」と総括的な整理を行なっていることは、注目されてよい。それはつまり、勝れた人に対して、ごくつまらない瑣細な事で、ひどい度はずれた怒りを示して、相手に大きな痛手を与える、といったことである。要素のからみ合いが、よく示されている。

またこの戒は『瑜伽論』所説の四十三軽戒とも関連する。すでに義寂が指摘しているところで、第十七・十八・十九の三軽戒がそれであるが、いまは煩にたえないから、触れない。その他の点については、前戒から類推していただくことにして、次の第十重戒に移りたい。

第十重戒

若佛子。自謗二三寶一教レ人謗二三寶一。謗因謗縁謗法謗業。而菩薩見二外道及以惡人一言謗レ佛音聲一。如二三百鉾刺一レ心。況口自謗不レ生二信心孝順心一。而反更助二惡人邪見人一謗者。是菩薩波羅夷罪。

若佛子、自ら三宝を謗《そし》り、人を教へて三宝を謗らしめば、謗《ぼう》の因・謗の縁・謗の法・謗の業あり。しかも菩薩は、外道《げどう》、及以《およ》び悪人の、一言も佛を謗る音声を見ては、三百の鉾《ほこ》もて心刺さるるが如くなるべし。いはんや口の自ら謗りて、信心・孝順心を生ぜざらんをや。しかるを反りて更に悪人・邪見人を助けて謗らしめば、これ菩薩の波羅夷罪なり。

〈三宝〉前出（五七ページ、参照）。〈謗の因……謗の業〉異本に「謗の業・謗の法・謗の因・謗の縁」に作る。〈外道、及以び悪人〉義寂は、佛法外の異道を行ずるものが外道、佛法中にあって悪見をおこすものが悪人、という。また与咸の注に明曠の注を引いて、「悪人とは貪瞋を以て因となし、非理にして謗る者を、名けて悪人となす。当に外道と異るべきが故に、「及以び」と云ふ」と記している（一〇三ページ、参照）。〈三百の鉾もて……〉鉾は兵器、長さ二丈（三メートル余）、兵車に立てるという。三百は痛みのはげしいことの喩えといい、また一説には、三毒（貪瞋痴の三）にそれぞれ多くの悪を具えていることを指す、という。この比喩について、法蔵は問答を設けて、「問ふ。華厳経に云く、菩薩は讃佛、毀佛を聞くも、佛法の中に於て、心《こころ》定りて動ぜず、と。いかんがこの中に乃ち、鉾もて心を刺さるるが如し、と云ふや。答ふ。四類の衆生あり。一に佛を毀《そし》るを聞いて喜《よろこび》を生ず。邪見を以ての故に。二に喜ぶことなく憂ふることなし。佛法外の人の故に。三に聞き已りて痛《いたみ》を生ず。これ初心の弟子なるを以ての故に。四に聞き已りて、憂《うれい》なく喜なし。これ不退の菩薩なるを以ての故に。……かの経は不退の位に拠り、この文は初心に約するが故に同じからざるなり」という。これによって、いまは初心の菩薩を指すと知られる。

第十重戒は「三宝」を謗ることを制する戒とされるのが一般である。また「邪見邪説戒」「謗菩薩法戒」とも呼ばれるが、後者の呼称は『瑜伽論』所説の第四重戒に「三宝」としないで、「菩薩蔵」といっていることに関連している。しかしこれを取って、義寂のように、三宝のうち、謗《ほう》法のあやまちはとくに重いとしたのは、少なくともこの戒としては行き過ぎである。この戒に謗佛が説かれているのは、石壁がいうように「本」によって「末を該《か》」ねたと考えられる。

さて、ここには三宝を謗ることが、取り上げられているが、いま法蔵が罪の軽重を整理して、「大衆に対して、勝境を謗り、上邪見もて麁言を発して、大損を成ずるを最重となす」といった言葉を参考に、問題の焦点をこの四つにしぼって考えてみると、まずこの誹謗の言葉を聞く人について、次のような意見の違いが注目される。すでに法蔵は大衆といっているように、一人よりも二人というように数を重視し、数が多ければ、影響も大きいと見たのであるが、智顗は例のように上中の二境を重視し、それが菩薩であろうと声聞であろうと、あるいは外道であろうと、問題ではない、と理解している。義寂は智顗の説に「知解ある者」を加えて、これらに三宝を謗る言葉を説くときは、重罪だと考えている。

次は三宝である。これについては、法蔵は住持三宝・別体三宝・同体三宝の三を挙げ、後になるほど、謗る罪は重いとし、また一より二、二より三の方が重いとする。智顗・義寂・太賢・勝荘らはまったくこうした考え方に触れようとしないが、明曠は天台でも法蔵の影響を強く受けているため、一体三宝と別相三宝の二を取りあげ、同じ扱いの上で重視している。

第三は心、すなわち邪見である。法蔵はこれに下中上の三品を分け、麁細とその中間を配しているが、言葉を換えていえば、下邪見・中邪見・上邪見の三である。しかし法蔵ではこれ以上、突っ込んでこれを考察しようとしなかったのに対して、智顗は、かなり詳細な説明を行なっている。かれは邪見に上中下と雑《ぞう》との四種を挙げ、次のようにいっている。

まず、上邪見は、一切に因果を否定する考え方で、「闡提《せんだい》（一闡提 icchantika の略。信不具足とも訳し、佛になる因をもたないもののこと）」のようなもの、中邪見は、因果を撥無しないが、ただ三宝は外道に及ばないというものである。ただしこれに二つあって、一は「法相異」で、まったく「痤陋の心」から、三宝は及ばないというもの、二は「非法相」で、三宝が勝れていると知りつつ、口には及ばないと説き、それを取り消そうとしないものである。いずれも重罪を犯すことにかわりはない。下邪見は、三宝が外道に及ばないとは言わないが、しかし大乗を捨てて小乗を取り、心では二乗の方が大乗より勝れていると考えているもので、考えている限りでは重罪にはならない。雑邪見は、「偏執」と「雑信」と、「暫念小乗」・「思義僻謬」の四種である。このうち、偏執には、大乗に執し、小乗を誹謗して佛説ではないと考えるものと、大乗中のある一部を佛説でないと考えるものと二があるが、ともに重罪ではない。また以下の三種も重罪ではないから、いまは割愛する。

以上が智顗の説く邪見である。そして上中二品が重罪に収まるとされたことが明らかであるが、これを参考にして、さらに新たな考察を加えたのは義寂である。かれは邪見を「損減邪見」と「増益邪見」の二種に分け、前者は「実有の事」を否定するもの、後者は「実無の事」を立てるものとして、前者にはまた「全分」と「一分」との別があるとする。このうち、「全分」は、一切の因果の法を撥無するもの、「一分」は、あるいは外道に執着して内法を誹謗したり、あるいは小乗に執して大乗を誹謗することがあるが、一切はすべて無だと否定することはないものである。義寂は「全分」を重、「一分」のなかのあるものは第八軽戒に概当するが、他は重であるとする。また「増益邪見」については、時代が遷ると、正法に対して像似の法が起こってくるが、そうした似法を取って正法を誹謗するもので、第二十四軽がこれに概当するとする。

しかし義寂はこれを「古疏の邪見の義」と対応させ、さらに詳細な説明を展開している。ここに「古疏」とは智顗の『義疏』であるが、かれは智顗が一分に止めて触れなかった点を補足しつつ、自説との連繋を求め、その上で、下邪見の「非法想（智顗では相）」も重と断定している。かれのこの調整はかなり詳細にわたって、興味あるものがあるが、煩雑を厭って、いまは触れない。

第四は、以上によって生ずる損失である。法蔵はこれを五つに分ける。しかし、要するにすでに菩提心を発《おこ》した人をぐらつかせたり、信仰心を失わせたりすることが損失として重要だということに収まるようである。

以上は経が「自ら三宝を謗り、人を教へて三宝を謗らし」めるといっていることから考察される、波羅夷罪の成立する諸条件である。もちろん、法蔵の整理の一部を参考にしたものだから、諸説の差はある。ただ要点はほぼつくしたと思われるから、次に移ろう。

さて、経は次に、外道や悪人が佛を謗るのを見たときは、菩薩は三百の鉾で心臓を刺されるような苦痛を感じなければならない、という。そして、そのような苦痛を覚えるのだから、自ら佛を謗り、信心や孝順心を生じない、などは思いもよらないはずだ、という。法蔵はこの部分を「正制」とし、明曠は「行善」とするが、経意を得たものと言ってよい。

結　語

善學諸仁者。是菩薩十波羅提木叉。應二當學一。於レ中不レ應三一一犯如二微塵許一。何況具足犯二十戒一。若有レ犯者不レ得三現身發二菩提心一。亦失二國王位轉輪王位一。亦失二比丘比丘尼位一。亦失二十發趣十長養十金剛十地佛性常住妙果一。一切皆失墮二三惡道中一。二劫三劫不レ聞二父母三寶名字一。以レ是不レ應二一一犯一。汝等一切諸菩薩今學當學已學。如レ是十戒應二當學敬心奉持一。八萬威儀品當二廣明一。

善学のもろもろの仁者《にんしゃ》、これ菩薩の波羅提木叉なり。応当《まさ》に学すべし。中に於て一一犯《ぼん》ずること、微塵許りの如きもなすべからず。いかにいはんや具足して十戒を犯ぜんをや。もし犯ずることあらば、現身に菩提心を発《おこ》すことを得ず。また国王の位・転輪王の位を失ひ、また比丘・比丘尼の位を失ひ、また十発趣《じっぽつしゅ》・十長養《じゅうちょう》《よう》・十金剛・十地・佛性常住の妙果を失はん。一切みな失ひて、三悪道《さんまくどう》の中に堕ち、二《に》劫《こう》・三劫《さんごう》、父母・三宝の名字を聞かず。これを以て一一犯ずべからず。汝等一切の諸菩薩、いま学し、当に学すべく、已に学せり。かくの如き十戒、応当《まさ》に学し、敬心《きょうしん》もて奉持《ぶじ》すべし。八万威儀品に当に広く明すべし」と。

《善学のもろもろの仁者》善学は、よく菩薩戒を学ぶの意。またはこれから菩薩の道を学ぼうとするもののこと。仁者は、きみ、なんじ、といった呼びかけの言葉。異本には「人者」に作る。《菩提心》佛のさとりを求める心。《転輪王》梵語 Cakra-varti-rāja の訳。佛教の世界観である、この世界の中心をなす須弥山《しゅみ》には、そのもとに四つの大陸があるとされるが、これらを統一して、七つの宝（輪宝・象宝・馬宝・珠宝・女宝・居士宝・主兵臣宝）を意のままに成就し、正しい政治をしく帝王のこと。佛の教えを説くことを転法輪と称するのは、この転輪王の輪宝を転ずることになぞらえたもの。世俗ではこの王をもって最高とするが、輪宝に金・銀・銅・鉄の別があり、これによって金輪王、ないし鉄輪王の差がある。《十発趣……十地》前出（六一ページ、参照）。《佛性常住妙果》佛果、ほとけのさとり。《三悪道》地獄・餓鬼・畜生の三種の世界。三悪趣《あくしゅ》とも三途《さんず》ともいう。悪い行為によって生まれるところだから悪道という。また異本にはこの前に「一切みな失ひて」とある「失」の一字を欠く。従って「一切みな三悪道……」とつづき、文意もかわる。《二劫》劫は梵語 kalpa の音写、劫波の略。量り知れないほど長い時間のこと。《八万威儀品》『梵網経』六十一品の一と考えられるもの。しかし現存の経にはないから、不明。

十戒の内容はすべて余すところなく説かれた。いま佛はこれを結んで、これをよく学び、学んだ上はこれを犯してはならないこと、犯せば、これからさき、得られるさまざまな勝果を失い、はては三悪道に堕ち、長く父母の慈愛や三宝の恵みが得られないことを説き、改めていまこそ、この十戒を堅く守って失わないよう、訓誡を垂れる。従ってあとは軽戒に移るばかりである。

しかし軽戒に移るまえに、少しくこの訓誡の言葉について考えて見ることは必要だろう。

まず「中に於て一一犯ずること、微塵許りの如きもなすべからず」とあることについて、これを十戒の一一と解するものと、微塵の語に着目して、これは極小を語るものであるから、さきに種々考えられた犯戒の条件や軽重などとの関連のうえで、戒に触れる可能性をもった極めて軽微なものも犯さないようにすることを示したものとするものと、二つの解釈がある。おそらく後者の解釈が経意に近いと思われるが、多少、うがち過ぎた点はある。

つぎは「現身に菩提心を発すこと」ができないといっている意味である。すでに菩提心は発しているはずであるが、犯戒によってこれを失い、再び発すことができないという意なのかどうか。法蔵ではこれが明白でないが、義寂は発心に「根本」と「真」実とを考え、さきに発した「根本発心」が犯戒によって失われることによって、その犯戒の障《さわ》りが「現身」に「また真菩提心を発」すことを不可能にする、と解している。ところがこれを受戒の意にとり、「菩薩戒を受」けることができないこととしたのは、太賢である。ただし太賢は経意を、十重を犯して、さらに七遮を犯した場合を指したものと解している。ここでは十重を越えて七遮が捉えられているから、経の意とはかなり距たりが生じたといわなければならない。『瓔珞本業経』や『瑜伽論』では、重戒を犯しても、改めて「重受」することが許されているから、かれはこれを取って、七遮の受戒を認めない梵網戒（第四十軽戒、参照）にからませ、「七遮」を表に立てたのである。いささか行き過ぎの感がないでもない。しかし以後、この「菩提心」を受戒のときの発心と解する傾向が一般で、日本でも、太賢の説をまったくそのまま鵜呑《うの》みにした善珠《ぜんじゅ》以来、ほぼこの解釈が取られている。

第三は「また国王の位・転輪王の位を失ひ」とある、以下の文である。法蔵は菩薩戒という因が失われた以上、果も失われるとして、「国王の位」と「転輪王の位」はその失われる果、「比丘・比丘尼」はその「用」を失うとし、以上の四を「凡小位」とする。また「十発趣」以下「十地」までは大乗の「三賢十聖」で「因位」、「佛性常住」は「法身」・「報身」に通ずる「妙果」と解している。義寂は「勝因」「妙報」「勝類」「勝法」と分け、「勝因」は菩薩戒、「妙報」は王位、「勝類」は比丘・比丘尼、「勝法」は三賢十聖と整理しているが、この説明は法蔵の換骨脱胎にすぎないようである。

ただこれと関連して注意されるのは、法銑などの「十戒」を「国王の因」とする考え方で、これはいわゆる十善を十戒と同一視したものである。十善については『瓔珞本業経』巻下「釈義品」に「十善に三品あり。上品は鉄輪王にして、一天下を化す。中品は粟散《ぞくさん》王、下品は人中の王なり」とある。この経は十善を王位の因と説くが、いまは十戒を犯すとき、王位を失うとするから、いささか混同したものといえよう。

最後に「三悪道に堕ち、二劫・三劫、父母・三宝の名を聞かず」とあることについて、法蔵の説明を聞くと、「二劫・三劫」は罪の軽重に応ずるとし、また「父母」などのことは、文字通り地獄などにあって、父母の慈愛にも三宝の救いにも触れないという意味と、地獄などから出ても、「辺地・下賤」に生まれて、「二・三劫」の間、父母などの名を聞かないとの二釈があるとする。また義寂は、小乗では五逆によって地獄などに堕ちるが、しかし一劫に及ばないのに対し、大乗では十重で多劫の苦報を招くとし、勝荘は『瓔珞本業経』に、十重を犯すものは十劫、と説くことから、「十大劫」の苦を受けると説明している。いずれにせよ、罪に対する解釈は後ほど重く見られるようである。劫については細説もあるが、いまは触れない。

このほか、十戒一一の犯戒とその業果について、あるいは小乗戒との関係について、触れなければならないが、いまはつぎの軽戒に移ることにしたい。

〔二〕 四十八軽戒

序

佛告二諸菩薩一言。已説二十波羅提木叉一竟。四十八輕今當レ説。

佛、もろもろの菩薩に告げて言《のたま》はく、「已に十波羅提木叉を説き竟りぬ。四十八軽《きょう》をいま当に説くべし」と。

《四十八軽》いわゆる四十八軽戒。『瑜伽論』巻四一には四十三軽戒、『地持経』・『菩戒経』はこれの同本異訳だから、ほぼ同じであるが、『菩薩内戒経』では四十二、『善生経』では二十八など、その他がある。ただし内容的には一致しない（「序論」参照）。

以上によって十重戒が終った。これから以後、十重戒とは少しく趣きを異にした四十八の軽戒が語られることになるが、ここでこの重軽両戒の性格がどう違うのか、従来説かれているところをしばらく参照しておきたい。

まず軽戒の設けられた制意について、六つの理由を掲げたのは法蔵であって、そのうちいま注目される第五・第六について見ると、かれはこういっている。

五には方便もて遠く十重戒を護るが故に。

六には菩薩の三聚戒を増長するが故に。

ここでは、四十八軽戒が十重戒を護るための方便としての補助的な意味を持っていることを語るとともに、三聚浄戒を「増長」する意味を持っている、というのである。このうち、十重戒は確かにもっとも基本的な、それだけにかならず持《たも》たなければならない戒であるから、その持戒を助成する、いわば木の根幹に栄養を与える枝葉や根毛のごときものが必要であって、その役目を果たすのが四十八軽戒だということはわかるとしても、「三聚戒を増長する」という意味はあまり明白ではない。凝然の注釈によると、「一一の戒に於て、かの断悪・修善・度生の三聚の妙行をして増益・長養せしむるが故に」というが、それでは三聚戒と四十八軽戒はいったい、どんな関係にあると考えられているのだろうか。

太賢では「かくの如き諸戒、一一皆、三聚戒の義を具す」といわれる。しかし勝荘の意見はこれほど簡単なものではなく、軽戒の文は五つに分けられるとして、「一に十戒あり、正しく摂善法を釈し、饒益有情戒を顕す。二に十戒あり、饒益有情戒を明す。四に九戒あり、饒益戒、及び善法戒を明す。五に十戒あり、饒益有情戒を明す」という。このうち「三」にあたる部分が欠落しているが、以上が第一軽戒より順序どおり数えられているとすれば、第三は第二十一軽戒以下の九戒ということになり、それらが少なくとも「二」及び「四」と異なった内容を示すかぎりにおいて、「摂善法戒」に係わるものと見られるようである。ただしこのような区別も、立ち入って見るとき、かれが「かくの如き五段、初《はじめ》によりて名をなし、或は多によりて説く」といっているように、それほど厳密なものではなく、いささか便宜的であって、ここに止まらないで、もっと立ち入って、説明を聞く必要はある。しかしとにかく軽戒が勝荘において、摂善・饒益の二戒にしぼられている点、明らかに太賢とは説を異にしたことを認めなくてはならない。

ところが、このように軽戒を三聚の後の二戒と見た説はすでに義寂などに見えるところである。義寂によると、かれはいちおう、軽戒は「皆、三聚に通ず」るとしたが、この経の本意からすれば、「前の十重戒、判じて律儀となし、後の四十八を分ちて余二となす」とし、その論拠には『菩薩瓔珞本業経』巻下「大衆受学品」の「三受門」の説をとり、ここに主として「摂律儀戒はいはゆる十の波羅夷なり」とある文を援用した。しかし同時にまた『瑜伽論』の四十四軽戒（この数え方には異説が多い）が、前三十三戒を摂善法戒ととり、後の十一戒を摂生戒ととることをも参照して、「四十八中、前の三十戒を多く摂善となし、後の十八戒を多く利生（摂生のこと）となす」と判断している。ただ四十八軽戒と四十四戒は同じ内容を説かないから、「彼此《ひし》の戒相、出没ありと雖も、宗を挙げて相を判ずること、また相《あい》似たるが故に」など、幾つかの理由を示して、このように説いたことをことわっている。しかしことを『瑜伽論』によって判断するのは、いろいろな面で問題である。とくに『瑜伽論』に説く「律儀戒」は「七衆の別解脱律儀」であって、そのままこれを梵網戒に適用することは不可能である。しかも梵網戒の十重戒は性戒であって、僧俗の差はまったく問題にならないから、『瑜伽論』の所説を重視して、これとの関連を強調することは、いささか問題がある。さらに梵網戒の十重は『瓔珞本業経』と一致するから、これとの関係において梵網菩薩戒が考えられるとしても、おかしくはない。「受菩薩戒儀」ではとくにこれが顕著である。

以上で四十八軽戒の総括的な問題を終えたいが、最後に軽戒とはいってもそのなかに重戒の要素があって、それを六つと指摘した法蔵・智周の意見があることを、ここに付け加えておく。その六とは、一に第十一「国使殺生戒」、二に第十四「放火焚焼戒」、三に第十七「依官強乞戒」、四に第二十五「為主戒」、五に第三十「違禁行非戒」、六に第三十二「畜作非法戒」で、最初とつぎが「殺生」と重なり、第三・第四は「盗戒」、第五は「謗三宝戒」と「殺盗」を含み、第六は盗戒と重なる、とする。智周は法蔵の繰り返しで、注目されるものはなにもない。

第一軽戒

佛言。若佛子。欲レ受ニ國王位一時。受ニ轉輪王位一時。百官受レ位時。應ニ先受ニ菩薩戒一。一切鬼神救ニ護王身百官之身一。諸佛歡喜。既得レ戒已。生ニ孝順心恭敬心一。見ニ上座和上阿闍梨大同學同見同行一者。應ニ起承迎禮拜問訊一。而菩薩反生ニ憍心慢心癡心一。不ニ起承迎禮拜一。一一不ニ如レ法供養一。以自賣レ身國城男女七寶百物而供ニ給之一。若不レ爾者。犯ニ輕垢罪一。

佛の言く、「若佛子《なんじ》、国王の位を受けんと欲する時、転輪王の位を受けんとする時、百官の位を受けんとする時、応に先《ま》づ菩薩戒を受くべし。一切の鬼神《きじん》、王身・百官の身《しん》を救護《くご》し、諸佛は歓喜《かんぎ》したまふ。既に戒を得《え》已らば、孝順心・恭敬《くぎょう》心を生ずべし。上座・和上《わじょう》・阿闍梨《あじゃり》・大同学・同見・同行の者を見ては、応に起ちて承迎《しょうこう》し、礼拝《らいはい》し、問訊《もんじん》すべし。しかるを菩薩、反りて憍心・慢心・痴心を生じ、起ちて承迎・礼拝せず。一一に法の如く供養せざらんや。以て自ら身を売り、国城・男女・七宝百物もてこれを供給《くきゅう》すべし。もししからずんば、軽垢罪を犯す。

《国王の位》国王の位につくとき、いわゆる灌頂の儀式が行なわれる。頂に水を灌ぐものであるが、三宝に帰依するものとしては、菩薩戒を受けよ、というもの。《鬼神》普通、善悪の二種を数え、佛法護持の梵天・帝釈天・四天王天などは善鬼神、羅刹《らせつ》などは悪鬼神とする。《上座……同行》上座は衆中の上首。和上は梵語 upādhyāya の音写で、親教師と訳する。

戒を受けるときの師で、戒和上のこと。阿闍梨は梵語 ācārya の音写、軌範師と訳する。規則を教授し、行為を正し、弟子の軌範となるもの。法蔵の注にはこれに六種をあげ、「一に十戒阿闍梨（出家得度の際、十戒を授ける師）、二に大戒羯磨（具足戒を受けるときの作法を教える師）、三に威儀教授（具足戒を受けるときの起居動作を教える師）、四に受業（経典の読み方などを教える師）、五に依止（比丘が常に指導を受ける師）、六に授菩薩戒」という。普通には前の五を数える。大同学は異本には「大徳・同学」とあるが、法蔵の注では「大同学」とは、同じ師についているもので、自分より法臘（出家受戒後の年数）の多い類を指すという。同見は同じく菩薩の道を学ぶもの、同行はその修行を行なうもののこと。《応に……痴心を生じ》異本にこの文のないものがある。そのときは、「同行の者を見ては、起ちて承迎・礼拝せざらんや」と読むことになろう。《問訊》尊長に対し、低頭して、その安否などをたずねること。《七宝》金・銀・瑠璃・玻黎（水晶）・硨磲《しゃこ》・珊瑚《さんご》・瑪瑙《めのう》の七。数え方によっては、琥珀《こはく》・真珠などと適宜代えることがある。

さて第一軽戒であるが、この戒の制意を捉えた諸師の呼称を見ると、後文の「上座・和上」以下に焦点を求めたようである。智顗は「不敬師友戒」と名づけ、法蔵は「軽慢師長戒」、義寂は「敬事尊長戒」、太賢は「不敬師長戒」などとあって、ほとんど例外なしにこれが認められる。

しかし「若佛子」と呼びかけて説かれる受戒をもってこの戒の本意とする考え方がなかったわけではない。智顗は「ある人言く、この文は総じて受戒を勧むるに属す」と述べ、なぜ国王などに勧めるか、その理由は国王などの憍奢を恐れて、これをさきに説いたことを伝えているからであるという。ただこうした考え方は以後払拭され、まったく問題になっていないが、しかしこの受戒が説かれたからこそ、得戒後の、上座・和上などに対する敬事が俎上に挙がってくるのであって、これはその意味で重要な導入部をなすと考えられる。

ところが、ここで問題なのは、「若佛子」という呼びかけが、国王などと無関係なのではないから、すでに「佛子」と呼びかけられたものは受戒を終えたものではないか、という点である。この疑問は、義寂の「先に受くと雖も、事に臨んで、応に更にこれを受くべし」とあるところでは、じゅうぶん熟していないが、太賢ではこれを取り上げて二説を掲げているし、あえて「もし曾て無戒ならば、何ぞ佛子と名けん」といっているから、これがすでに明白である。しかしさきに受戒していても、「更受」をさまたげないとするのは菩薩戒としては通則であるから、ここに示された二説はそれぞれ依るところは違っていても、結局落ち着くところは同じで、前説は「新得にはあらず」とし、後説は「ただ旧戒を増すのみ」というに過ぎない。もっとも円琳はこの佛子は「必ずしも先に帰戒を受けたる人にあらず」といって、反対しているが。

さて、重受にせよ、そうでないにせよ、この受戒は当然、国王・百官に止まるものではなく、後に受戒について触れる第四十軽戒などを見ても、下は「無根・二根・黄門・奴婢、一切の鬼神」にまで及ぶから、この戒は、受戒して佛教を奉ずる決意をした僧俗男女、すべてが上座・和上・阿闍梨、ないし同行など一切に対して、その来るのを見たときは、心から親しみ迎え、礼拝し、その安否を問い、法にかなった供養をするよう、規定したものと考えられる。従って少しでも受戒の上で、長上とされるものに対して、若年のものはできるかぎりの尊敬と供養を行なうとするのである。ただここで、異常とも見えるのは、「自ら身を売り」以下の表現である。このような表現は、後の第二十六軽戒にも見えるが、智顗はこれを釈するときは「挙況の辞」ととるのに、いまは何一つ触れようとしない。明曠はここで「重を挙げて、軽を況す」としている。しかし多くはこれを言葉どおり解したようで、たとえば利渉は「男女を売るは、一生の悩害にして、この報出《ほうい》で已らば更に安楽多し」とし、売られたもののことを考慮していない。問題はそうした施しを受ける人のことにしぼられ、もし施しを受けた人が「悪処にあらば、施売すべからず」とするだけである。もしこれを言葉どおり解しなければならないとすれば、この問題の意味は大きい。梵網戒は菩薩戒としてなにを意図するのか、その辺が改めて問われることになろう。法蔵は「これ本誓願の男女なるが故に、売る時も失《とが》なし」というが、これでよいか。

ところで、この戒についてはもう問題点は出つくしたが、最後に、最初の軽戒としてなぜこのような内容のものが説かれたのか、ちょうど十重戒の第一として殺戒の説かれた理由が問われたと同じ意味で、その理由をたずねたものがあるから、それを紹介しておこう。それは実導が示した解釈で、かれはこれについてこう言っている。以下に説かれる戒は「戒体受得の上の戒行の相」であって、この戒が制した意を土台に行なわれる性質のものである。ところでこの「戒体受得」は毘盧舎那佛の功徳が凡夫に発《お》こってくることであって、いわば「師資相伝」にほかならないから、凡夫が佛位に入るこの「戒体受得」はひとえに「戒師の恩徳に依」るものであり、その意味においては、「砕身粉身してこの戒師の恩徳を報ずる外の事」は何一つないわけである。「よって最初にこの戒を制して、この所制の意を地盤として一一の戒行をも修すべしと云ふ」のである。

これは一つの解釈に過ぎないのであろうが、注目してよいものであろう。

第二軽戒

若佛子。故飲レ酒而生二酒過失一無量。若自身手過二酒器一。與レ人飲レ酒者。五百世無レ手。何況自飲。

不レ得下教二一切人一飲。及一切衆生飲上酒。況自飲レ酒。若故自飲教レ人飲者。犯二輕垢罪一。

若佛子、故《ことさ》らに酒を飲まば、酒の過失を生ずること無量なり。もし自身、手づから酒器を過《わた》して、人に与へて酒を飲ましめば、五百世に手なし。なんぞいはんや自ら飲むをや。一切の人を教へて飲ましめ、及び一切衆生に酒を飲ましむることを得ざれ。いはんや自ら酒を飲まんをや。もし故らに自ら飲み、人を教へて飲ましめば、軽垢罪を犯す。

〈酒〉『四分律』巻一六によると、「酒とは、木酒《もくしゅ》・粳米《こうまい》酒・余の米酒・大麦酒、もしは余の酒法ありて作れる酒、これなり」とあり、米酒を説明して、「木酒とは、梨汁《りじゅう》酒・閻浮果《えんぶか》酒・甘蔗《かんしょ》酒・舎楼伽果《しゃろかか》酒・蕤《すい》汁酒なり」といい、さらに梨汁酒以下、製法について述べ、蜜・石蜜などを雑《まじ》えて作るという。その他『十誦律』など、律によって、その種類・製法などの説明は異なるが、要するに酒とは、これを飲んだ人を酔わせ、精神の正常を動揺させ失わせるものというのが、佛教一般の規定である。ただし病人に薬用として与えることは許されている。〈酒の過失〉『四分律』巻一〇に十過、『大智度論』巻一三に三十五失を数える。十過とは「顔色悪しく、力少なく、眼視《げんし》明かならず、瞋恚の相を現じ、資生田業を壊し、疾病を増し、闘諍に益《やく》し、悪名流布し、智慧減少し、命終には三悪道に堕つ」の十。三十五失の幾つかを挙げれば、「一には現世に財物虚竭す。何を以ての故に。人、酒を飲めば、酔心して節限なく、用費に度《ど》なきが故に。二には衆病の門。三には闘諍の本。四には裸露して恥ずることなし。……三十三には狂痴の因縁を種う。三十四には身壊命終して悪道・泥梨の中に堕つ。三十五にはもし人となることを得とも、所生の処、常に狂騃なるべし」という。〈五百世に手なし〉智顗の釈に「五百世」を説明して、「五の五百あり。一の五百は鹹糟地獄にあり、二の五百は沸屎にあり、三の五百は曲蛆虫にあり、四の五百は蝿蚋にあり、五の五百は痴熟無知虫にあり。今の五百、或はこれ最後ならん。人に痴薬を与ふるが故に、痴熟虫の中に生ずるなり」という。また「手なし」について、法蔵は杜順の説として、「倶にこれ脚なるを以ての故に、手なしと云ふ」と記している。四足などに生まれることを指したもの。〈酒を飲まんをや。もし〉異本には、前の文の間に、「一切の酒、飲むことを得ず」とある。

ここでは、飲酒が制止される。それは酒が数えきれないほど多くの害を伴っているからだといわれる。その害については注記したように、多くの過失が数えられているが、それではこの人の心を酔わせる酒を酒と知らないで飲むとか、酒を飲まなくても、酒気に酔うような場合、いまの制戒とどう関係するだろうか。この戒は「故らに」飲むことだけを問題にしたのか。

これについて、法蔵はこういっている。

具縁とは、一にはこれ酒、二にはかの想を起す、三には重病なし、四には飲みて便ち犯す。

この意味は、まずそれがまぎれもない酒であり、それを酒だと納得して、そして、たいした病気にもかかっていないのに、これを飲む、ということである。従って、酒でもなく、酒とも知らない場合は問題にならない。だからかれはこれを結んで、「既に、故らに飲む、と云ふ。明かに知んぬ、不なるが故に即ち正犯にあらず」と論じている。酔う・酔わないは論外で、酒だと納得していることが、この戒を犯すもっとも大きな条件であるわけである。

しかしここでかれが「重病」という条件を示しているように、酒とわかって飲んでも、戒を犯したことにならないとされるのが、薬用の場合の酒である。太賢はこれを『文殊問経』の文によって、薬と合わせて飲むことができるとし、また『未曾有経』に五戒を制して、「もし酒を飲みて、心を悦ばしめ、善を生ずることあらば、飲むも戒を犯さず」と説くことを指摘しているが、いまかれがこれを結んで、「菩薩戒は利あれば、犯なし。維摩詰の、もろもろの酒肆に入りて能くその志を立つるが如し」といっている点は、この戒の根本を突いたものとして、注目されてよい。その意味では、飲酒そのものを制するのではなく、酒によって酔うことなく、これを善用することこそ、この戒の本意にかなうといえる。

しかしそれは現実の一般に則したものではない。太賢の理解はこの戒があってはじめて生彩を放つものであり、その意味ではやはり制せられる必要があって制せられたのである。その必要はもちろん、ここにいわれる無量の過失であって、義寂の言をもってすれば、「性悪にあらずと雖も、しかも能く性悪を開くが故に、過失無量と云ふ」という、「性悪を開く」点であろう。この言葉には、この戒がさきの十重戒の第五とも係わっていることを想起させるが、それと同時に、この飲酒をもって「性罪」とした考え方がすでにあったことを承知しておく必要がある。それを語るものは『倶舎論』巻一四で、そのなかに

もろもろの持律者言く、「飲酒はこれ性罪なり。かの尊者鄔波離の言の如し。我、当にいかんが病者に供給すべきや、と。世尊告げて曰く、ただ性罪を除き、余は応ずる所に随って、皆供給すべし、と。しかれども疾に染める釈種の、酒を須《もち》ひしことあり。世尊、かれをして酒を飲むことを開《ゆる》さざりしが故に」と。

と説かれている。

飲酒はもちろんここでは性罪ではない。だから梵網戒では軽戒のなかに収められているのであって、『倶舎論』の著者も、これを性罪とする説を批判するために、上記のような所論を掲げたのである。ただここでは飲酒を遮罪としてとくに遠離する理由としては、この遮罪が他の諸戒を護るためにもっとも重要な意味を持つと考えていることを注意しておきたい。

そこでは、在家五戒の、淫・盗・殺・妄の四に飲酒を加えた捉え方や、出家の沙弥十戒や八斎戒などの理解と連絡をもっているに相違ないが、とにかくこうした『倶舎論』の所説に着目したのは太賢

であって、かれにおいてはおそらくこの不飲酒をもって四十八軽戒の筆頭と考えようとしたのかもしれない。さきの維摩詰に及んだ所論と合わせて、太賢には注目されるものがある。ちなみに、道生は『法苑珠林』巻九三に「酒の体は生（性のあやまり）罪」とする。

ところで、いま小乗の在家五戒のことを記したから、とくにこの中の飲酒が、在家信者にどう受け取られたか、そのことについて少しく触れておきたい。

まずこれをそのまま在家五戒の中に置くことに対する抵抗は、早くも『優婆塞戒経』に現われた。そこでは受戒に一分受とか多分受・満分受などといった形を認めて、五戒全部を受けなくてもよいという道を造った。飲酒がこうした受戒法を認める根拠になったという明文はないが、想像はつく。おそらく不飲酒という規定はすでに早くから厄介な存在だったに違いない。従って中国では、この経典の翻訳によって在家五戒を受けることは空文化したと思われるが、さらにこれに儒教倫理との折衷が行なわれることによって、より迫車をかけたようである。つまり、五戒を仁義礼智信の五常と同じものだと説明したことがそれである。ここでは五戒を受けても、五常と摩り替わっているから、それとして守ることは要求されないことになる。この考えは来朝の唐僧、法進によって日本でも説かれたから、その後、幾つかの著述にも散見されるが、ただ日本では、少しく戒律に関するかぎり中国とは事情が違うから、在家五戒そのものがあまり意味をもたない。

とにかく、不飲酒はそれだけ面倒な扱いにくい規定だったことがこれで理解できるだろう。また第四軽戒の食肉や、第五軽戒の五辛とも密接な関係があることは、結界石の「不許葷酒入山門」がこれを語っている。

若佛子。故食レ肉。一切肉不レ得レ食。断ニ大慈悲性種子一。一切衆生見而捨去。是故一切菩薩不レ得レ食ニ一切衆生肉一。食レ肉得ニ無量罪一。若故食者。犯ニ軽垢罪一。

若佛子、故らに肉を食《じき》せんや。一切の肉を食することを得ざれ。大慈悲の性の種子《しゅうじ》を断ち、一切衆生は見て、捨て去らん。この故に一切の菩薩は、一切衆生の肉を食することを得ざれ。肉を食せば、無量の罪を得ん。もし故らに食せば、軽垢罪を犯す。

〈肉〉肉に三種浄肉・五種浄肉・九種浄肉などといった考え方がある。三種浄肉とは、見《けん》（自分の目で殺されるのを見なかったもの）・聞《もん》（自分の為に殺したと聞かなかったもの）・疑《ぎ》（自分の為に殺したのではないかという疑いのないもの）の三を条件とするもので、これにかなった肉は食べても罪にならない。これに自死（寿命がつきて自然死したもの）・鳥残（鷹・鷲その他の猛獣が食い残した肉）の二を加えて五種浄肉とし、さらに不為己殺《ふいこせつ》（自分の為に殺したのでないもの）・生乾（自然死して、乾燥してしまった肉）・不期遇（遇然、機会を得て食する肉）・前已殺（既に以前に殺されたものの肉）の四を加えて九種浄肉とする。主として比丘が病気の場合に許されたものであるが、また病気のときは、律によって差があり、『四分律』によると、顚狂病のものに生肉・生血を許した例や、吐下《とげ》の僧に髀裏《ひり》の肉をさき、煮てたべさせた例などがある。〈一切の肉〉律には五種不浄肉として人・象・馬・竜・狗の五を数え、これに烏・鵰・猪・猿・獅子の五を加えて十種としたもの、または竜・烏・鵰を除いて蛇・驢・狐を加えたもの、その他がある。これらはすべて食することが禁止されているが、大乗ではすべて肉食を禁ずるのが一般である。『涅槃経』（北本）をもっていえば、巻四に「今日より始めて声聞弟子の食肉を聴さず」とあり、その理由として「食肉は大慈の種を断つ」と記している。道生の『法苑珠林』巻九三に食肉の十過を掲げ、第一に『入楞伽経』を引いて、生あるものはすべて自分の親であって、食べるわけにはいかないと論じている。十過を説くものは多い。〈大慈悲の性〉異本には、この文の前に「それ肉を食するは（夫食肉者）」とあり、性の前に佛の字を加えて、「佛性」とする。

この戒が前戒と密接な関係にあることは、すでに推察のとおりであるが、ここでも経が「故らに」といっているように、飲酒と同様、四つの条件が考えられている。これを明示したのは法蔵で、その言葉を引けば、こう言っている。

　四縁を具す。一にはこれ完。完にあらざれば犯なきを以ての故に。二にはこれ他の完。自の完を食するは正しく犯なきを以ての故に。三には完の想を起す。錯悞には犯なきを以ての故に。四には口に入るれば便ち犯す。不食には失《とが》なきを以ての故に。

ここに「完」とはおそらく宍（肉の俗字）の誤りと思われる。法銑は一の「完」を除いて、そのかわりに「有貪心」を加えているが、法蔵の説くところで、意はよくつきているようである。従ってここでも食肉を絶対に禁じているのではないと見てよい。大菩提心を起こした菩薩としては、衆生の救済に向かうその慈心こそもっとも重要な性格であるから、当然、殺生と関連をもった食肉は制止されるが、しかし後に第二十軽戒に説かれるような、一切の衆生はわたしの父母であるといった強い語調で、この戒が語られていない点は注意されてよい。ここには法蔵の釈でいえば、「完の想を起」こさなければ、食肉を犯したことにならないといった救いが用意されているからである。だから、食肉の過失について、法蔵のように三失を数え、一に大慈悲の種を断って自利の道を失い、二に衆生に見捨てられるから、利他の道を失い、三には衆生は恐れに逃れるといっても、また道生のように『入楞伽経』によって十種の過失を数えても、この「故らに」の制限があるかぎり、あまり重大な意味はないようにみえる。

ただここで注意したいのは、多くの注釈家が注目している『一切智光仙人不食肉経』の文である。

ここには七日間、佛道修行のために断食している一切智光明仙人のために、その命を救おうと、身を火に投じて供養した母子の兎の捨身供養に対して、仙人はついにこれを受けることなく、同じ火に身を投げて、兎とともに死に、「断肉の戒」を守ったことを記している。この場合も「故らに」の制限が考えられているのだろうか。

太賢はこれを引いて、「かの仙人は、即ちこれ弥勒、当に成佛すべき時、食肉を重を犯すと制す」といっているから、太賢としてはこの戒をもって重戒と見ようとする姿勢があったのかとも思われる。そうとすれば、ここでは「故らに」の制限ははぶかれる可能性がある。

しかしそうは言っても、太賢が引いていた『文殊問経』巻上の食肉の呪や、それに続く文はやはり食肉に対してそれが絶対的な性罪に概当しないことを語るようである。いまこれについては実導が触れているから、それを掲げておく。呪には細注が記されているが、それに触れて、

その註に云く、如是無我無我、無寿命無寿命、失失、焼焼、破破、有為、除殺生〈云々〉この句義を以てこれを思ふに、ただに口にこの呪を誦するのみにあらず。内心に即ちまた無我無寿命の観解に住すべきなり。既に大慈悲心、一切衆生を教化せんが為に、罪過あることなしと説く。もししからば、内には如是無我の観行を備へ、外には大慈大悲の願念を運び、口にはこの神呪を誦して、腐爛の肉を食せよと説く。故にこれはただ大士見機得殺等の開文に同じ。ただ浄肉ならばこれを食せよと云ふにはあらざるなり。

といっている。ここで気になるのは、「大士見機得殺」といった数語である。『瑜伽論』の所説であるが、これと同じだと見てよいか、問題が残るが、ここらあたりが菩薩戒といっても、やはり限界であ

ろう。これを守るのはやはり人だからである。

それにつけても想い起こすのは、梁武帝の『断酒肉文』である。ここには「経に曰く、食肉は大慈の種を断つ、と。なんぞ大慈の種を断つと謂へるや。およそ大慈は皆、一切の衆生をして同じく安楽を得しむ。もし肉を食せば、一切の衆生、皆怨《みなうらみ》をなし、同じく安楽ならざるに対《こた》へん。……」と、『梵網経』によって断肉を強調し、一切の出家に広く呼びかけている。この軽戒は在家・出家、七衆の戒でありながら、出家にしてなかなか守れなかったことをよく語る例証になろう。

第四軽戒

若佛子。不㆑得㆑食㆓五辛㆒。大蒜革葱慈葱蘭葱興蕖。是五種一切食中不㆑得㆑食。若故食者。犯㆓輕垢罪㆒。

若佛子、五辛《ごしん》を食《じき》することを得ざれ。大蒜《だいさん》と革葱《かんそう》と慈葱《じそう》と蘭葱《らんそう》と興蕖《こうご》となり。この五種、一切の食の中に食することを得ざれ。もし故らに食せば、軽垢罪を犯す。

《五辛》五辛の内容は記されているとおりであるが、異本には「慈葱」「蘭葱」のかわりに「韮・薤」とするものがある。一一についてこれらが何にあたるかは、諸師の説があまりにも紛々として、一致を見ることは困難である。凝然は諸説を挙げて、「五辛の相状、異説かくの如し。これ繁重なりと雖も、已《や》むを獲ざるのみ」と述べている。円琳が俊芿の説をあげて、「宋朝の当時、多分の説は、大蒜・茖葱・慈葱・蘭葱、この四これあり。興蕖は宋の地に於てなき所なり」と言っていることが正しいとすれば、これらすべてを日本のなににあたると指すことも、あるいは困難かも知れない。『令義解』巻二には「僧尼令」の五辛に注をして、大蒜は「オホヒル」、慈葱は「キ」、角葱は「アヒル」、蘭葱は「メヒル」、興蕖は「クレノヲモ」と和訓しているが、またこれを試みた実導の説では、明曠の疏に「一に大蒜〈俗に葫と云ふこれなり〉、二に茖葱〈即ち韮・薤等〉、三に慈葱〈ただこれ葱〉、四に蘭葱〈蒜・野蒜等〉、五に興渠〈荖葸考蒺〉」とあるのを釈して、大蒜は和訓では「ヒル」、茖葱は「ニラ」、韮は「小ニラ」、薤は「大ニラ」、慈葱は「キ」、蘭葱は「小蒜・野蒜」で、一つのものを指すのではなく、世間で「アサツキ忍辱《にんにく》」という「ヒル」の香りのするものが多く、五辛の中にはいらないとしているが、これにあたるかとし、興渠は「クレノヲモ」と訓じたものがあるが、中国にないとすれば、和名があるのはおかしいとしている。いま五辛に対する解釈の一例として法蔵の注を掲げておく。「大蒜は知るべし。ある人の説に、韮葱はこれ胡葱、蘭葱はこれ家葱と。上の三はこれ人間に常に食す。華葱はこれ山葱、北地にあるも、南地になし。それ興渠はある説に芸台これなりと。しかれどもいまだ誠文を見ず。ある説に江南にあり、葉は野蒜に似、根茎は韮に似、また荖咾子と名く、北地になき所なりと。また釈に其阿魏薬は梵語、興渠と名くと。また謂く、これはこれ辛臭の物の苗葉なりと。」

いわゆる「三戒」として注目されて来た第四軽戒については、これを三つのうち、もっとも軽く見るのが一般で、食肉を性罪と見た利渉でも遮罪とするが、それはこの戒の焦点が臭気を穢れたものとしたところにあったからであろう。しかし智顗が「葷臭は法を妨ぐ」とし、さらに義寂もこれにならったように、この戒の制意はむしろここにあると考えるのが妥当であろう。佛の一切の教えにとって妨げとなるとすれば、この戒の存在価値は大きいといわなくてならない。またこれを「戒法」と理解すれば、軽戒のなかで、とくに「三戒」に収められる理由が明らかになるだろう。

ただこれとともに忘れられないのは、『首楞厳経』巻八に、「当に世間の五種の辛菜を断つべし。この五種の辛は熟せるを食《じき》すれば婬を発し、生を啖めば恚を増す」とあることである。義寂によると、「律に准ずるに、女には応に小重なるべし。華色を発すを以ての故に」といっていて、律では尼の第七十単堕罪「食蒜戒」を指したものであろうが、女ばかりでなく、男にとっても淫心をおこさせる点で、これを制した意をここに加えることは可能であろう。

ところで、ここではこの五辛を直接、たべることも、またなにかにまぜてたべることも、ともに制止されているが、病気と利他の場合、その例からはずされることは智顗・法蔵など諸師の等しく認めるところである。ただしこれをたべた場合について、『法苑珠林』巻九四には『五辛報応経』の文を引いて、経論を読誦してはならないとし、在家にあっても、四十九日を経て、香湯で身口を清めた後、読誦することが許されるとしている。

また病者の看病の場合、酒・肉・五辛を食した人を病者に近づけてはならないと説くのは道綽で、そのような人を近づけると、「即ち正念を失ひ、鬼神交乱し、病人狂死して、三悪道に堕せん」といっている。これからも以上の三軽戒が一組にされて、重視されたことがわかる。

しかしこれらが出家でもなかなか守られなかったことは、中国では『唐六典』巻四に明らかであり、日本でも「僧尼令」第七条には、これらをとったものは「三十日苦使せよ」と定めている。

第五軽戒

若佛子。見下一切衆生犯二八戒五戒十戒一。毀禁七逆八難一切犯戒罪上。應二教懺悔一。而菩薩不二教懺悔一共住同二僧利養一。而共布薩同一衆住説戒。而不下擧二其罪一教悔過上者。犯二輕垢罪一。

若佛子、一切衆生の、八戒・五戒・十戒を犯し、毀禁、七逆・八難・一切犯戒の罪を見ては、応に教へて懺《さん》悔《げ》せしむべし。しかるに菩薩、教へて懺悔せしめず、共住《ぐじゅう》して僧の利養を同じくして、しかも共に布薩《ふさつ》し、同一の衆と住し説戒して、しかもその罪を挙げて、教へて悔過《けか》せしめずんば、軽垢罪を犯す。

《八戒・五戒……毀禁》以上の四については諸師の異説多く、統一を見ない。いま二・三をあげて示すと、まず智顗は八戒

・五戒・十戒に大乗・小乗それぞれの別があるとして、大乗八戒は『地持経』の八重、小乗は八斎戒、大乗五戒は『優婆塞戒経』の五戒、小乗は在家五戒と説く。法蔵も大小の差異があるとして、小乗八戒は『成実論』に説くところ、菩薩八戒は『文殊問経』の所説、小乗五戒は通常説かれる在家五戒、菩薩五戒は『善生経』の所説、小乗十戒は沙弥十戒、菩薩十戒はこの経の十重戒または『文殊問経』の沙弥十戒、毀禁とは小乗では比丘具足戒、大乗では菩薩戒とする。また義寂では八戒・五戒は在家戒、十戒は沙弥十戒または十重戒、毀禁とは比丘・比丘尼戒、または四十八軽戒とする。また凝然によると、法銑は、ここでは大乗に約して説かれているのだから、小乗の経律を受持することは許されないと説いた、と伝える。いま上述のもののうち、幾つかを説明すると、『地持経』の八重とは淫・盗・殺・妄語の四重禁に梵網の十重戒の第七以下の四に相当するものを加えたもの、八斎戒は不殺生・不偸盗・不淫・不妄語・不飲酒の五戒（ただし在家五戒は不淫を不邪淫とする）に、離眠坐高広厳麗牀座・離塗飾香鬘舞歌観聴・離非時食の三を加えたもの、『優婆塞戒経』の五戒は殺・盗・妄語・飲酒・邪淫の五、『成実論』の八戒と『文殊問経』の八戒は、八斎戒と同じもの、『善生経』の五戒とは『優婆塞戒経』巻三の善生という優婆夷に与えられた五戒で前出のものを指す。また比丘具足戒はいわゆる二百五十戒、菩薩戒はこの経の十重四十八軽戒であろう。《七逆》（第四十軽戒の文、参照）。《八難》この解釈も諸師によって異なる。法蔵は十三難のうち、五逆を除いた残り八とするものと、三途等の八難とするものとの二説をあげ、後者を正しい解釈とする。前者は犯辺罪（波羅夷罪を犯して教団より追放されたもの）・犯比丘尼・賊心入道（生活のため教団に入ろうとするもの）・壊二道（佛教外の教えを捨てて佛教に帰依しながら、また佛教を捨てたもの）・黄門（第三十八軽戒の注、参照）・非人（かりに人間の姿をとっている人間でないもの）・畜生・二形（二根。第四十軽戒の注、参照）の八。後者は、地獄・餓鬼・畜生・長寿天・辺《へん》地（色界・無色界の天など）・盲聾瘖瘂・世智弁聡・佛前佛後の八で、これらはともに佛の教えに触れないから、八難とする。また義寂は、八重のこととも、三途などの八難ともする説があるが、いまは十三難のうち、二形・黄門・畜生・非人、および破二道（壊二道）の五を除いたものとし、勝荘は、八難は八重で、難は重の誤りとする。《懺悔》犯した罪を人の前であらわにして、悔い、許しを乞うこと。次にいう布薩《ふさつ》はそのために設けられた行事。（第二十三軽戒、参照）。《布薩》梵語 Poṣadha, upoṣadha などの音写。共住とも訳し、説戒ともいう。同じ地域に住む比丘たちが集合し、戒本を誦して、その制戒に違反しなかったかどうか、反省して、犯したものはこれを告白懺悔する行事で、月に二度、十五日と三十日に行なうもの。日本では小乗布薩と大乗布薩を分け、どちらかが十四日・二十九日に行なわれた。《同一の衆と住し》異本には「一衆」、「一衆住」などとある。

前掲の飲酒等の戒が自身の清浄を目的としたのに対して、ここではそれが他に向けられ、いわゆる自利に対する利他の側面をもってくるところに特色がある。そして以下数戒はそうした自他相互の関係において生ずる問題を捉えているようである。

まずこの戒では、罪を犯したものに対して、これに教えて懺悔させることが説かれる。凝然の言をもってすれば、罪を犯さないように戒を堅固にまもることも持戒であると同時に、犯せば速かに懺悔するのも持戒であって、自らも持ち、他をして持たせることこそ、菩薩戒にかなうものである。従ってこの戒の背後には、自らの犯戒における懺悔を当然のこととして含んでいるが、それはともかくとして、他の犯戒を知って懺悔させるには、ここに語られるような布薩を活用するとすれば、当然、いわゆる五徳の資格が問われなくてはならないはずである。

ところで、五徳とは、法銑の注によれば、「一に時を知り、時にあらざるを以てせず。二に利益を以てし、損減を以てせず、三に柔軟を以てし、麁穬を以てせず。四に慈心を以てし、瞋恚を以てせず。五に真実を以てし、虚《こ》妄《もう》を以てせず」の五であって、これを具えたものが罪を挙《こ》することができるとされる。してみると、もしこれが具わらないものには、すでに資格が欠けるから、懺悔させなかったとしても、戒を犯したことにならない。

この「五徳」を条件に立てたのは法蔵であるが、かれの考えの底には、自ら語るように、次のような『瑜伽論』の思想があったことを注目する必要があろう。そこにはこう記されている。

「瑜伽戒本」（第四十三不作呵嘖戒）に依るに、云く、「もしもろもろの菩薩、菩薩の浄戒律儀に安住せんに、もろもろの有情の、応に呵嘖すべく、応に治罰すべく、応に駆擯すべきを見て、染汚心を懐いて、しかも呵嘖せず、或は呵嘖すと雖も、しかも治罰して如法に教誡せず、或は治罰して如法に教誡すと雖も、しかも駆擯せずんば、これを犯ありて違越する所ありと名く。これ染汚の犯なり。もし懶堕・懈怠・放逸に由りて、呵嘖、乃至駆擯せずんば、染の違犯にあらず。無犯とは、もしかれ療治すべからず、与に語るべからず、喜んで麁言を出し、多く嫌恨を生ずるが故に棄捨すべしと了知し、もしは時を待つことを観じ、もしはこれに因りて鬪（鬪ヵ）訟諍競せんことを観じ、もしはこれに因りて僧をして諠雑せしめ、僧をして破壊せしめんことを観じ、かの有情の、諂曲を懐かずして、増上猛利の慚愧を成就し、疾疾に還浄せんことを知りて、しかも呵嘖し、乃至駆擯せずんば、皆《みな》違犯なし」と。

解して云く、軽過はただ呵すべく、中過は須らく罰すべく、重過は須らく擯すべし。皆、慈心を以てし、瞋恚を以てせず。利益をもてし、損害を以てせず、時を知り、時にあらざるを以てせざる等なり。

ここにはかなりの能力が要求される。だれもが、他人の犯戒に気づいても、これを導いて、懺悔させることはできないということである。たとえ経に説くように、同じ処に住み、食事などを共にした共同生活を営み、また同じ作法のもとに布薩を行ない、説戒してきたとしても、逆に他人の犯戒を知った自分自身が、懺悔に導く自信や能力に欠けていないか、まず自ら反省しなければならないからである。経が「教へて懺悔」させるといっている、この「教」の一字は極めて意味深いといえよう。

従ってこうした点から見れば、この戒は出家の二衆に限られたものと考えられるが、智顗は「余の三衆（沙弥など）、及び在家は、いまだ僧事・利養あらずと雖も、過を見て悔せしめざるは、また軽垢を犯す」とし、義寂もこれに従っている。ただ法蔵にはこの指摘はないが、この戒は出家を表に立てて、布薩などの機会をとくに取り上げたものと見て、誤りではないから、在家などにも当然、適用されると考えるのが妥当であろう。

第六軽戒

若佛子。見㆘大乘法師大乘同學同見同行。來㆓入僧坊舍宅城邑㆒。若百里千里來㆖者。即起迎㆑來送㆑去禮拜供養。日日三時供養。日食三兩金百味飲食床座醫藥供㆓事法師㆒。一切所須盡給㆓與之㆒。常請㆓法師㆒三時說㆑法。日日三時禮拜。不㆑生㆓瞋心患惱之心㆒。爲㆑法滅㆑身請㆑法不㆑懈。若不㆑爾者。犯㆓輕垢罪㆒。

若佛子、大乗の法師・大乗の同学・同見・同行の、僧坊・舎宅、城邑に来入し、もしは百里・千里より来るを見ば、即ち起ちて来るを迎へ、去るを送り、礼拝供養すべし。日日《にちにち》三時に供養し、日食《にちじき》には三両の金《こがね》と百味の飲食《おんじき》とをもてし、床座・医薬もて法師に供事《くじ》して、一切の所須《しょしゅ》尽くこれを給与《きゅうよ》すべし。常に法師を請《しょう》じて三時に説法せしめ、日日三時に礼拝して、瞋心《しんしん》と患悩《げんのう》の心を生ぜざれ。法のために身を滅すとも、法を請ひて懈《おこた》らざれ。もし爾らずんば、軽垢罪を犯す。

《同学……同行》第一軽戒の注、参照。《舎宅・城邑》法進の注によれば、「城は国王の所居、邑は謂く、州県の官・人民の住止なり。舎は貧人の一屋の独居するを名けて舎となし、宅は毫（豪カ）貴富人の大家の所住を宅と曰ふ」とある。《日日三時に供養し》この三時は朝食時と昼食時とその後の時をさし、いわゆる六時の昼三時と少しくずれる。法蔵は、朝には小食を供養し、斎時には正食、余時には非時湯薬などを供養する、と釈している。《日食には三両の金》三両の金は大金であるから、これは供養によく堪えるものの例を挙げて示したもので、僧を供養すること、佛を供養するごとくでなければならない意をここに託して、法を重んじさせようとしたもの。〈医薬〉呉本にこの二字がない。〈三時に説法〉この三時は六時のうちの昼三時。〈法のためには……〉雪山童子の例などがこれにあたる。

前戒が五徳を具えた、いわば多くの人の尊敬を得た僧を主体とし、合わせて在家を含めたものであって、人を教えて懺悔させるにはまたそれだけ戒法についても知悉したものであることなどが要求されるが、ここでは少なくとも自分と同輩程度、ないしはそれ以上の勝れた僧、または俗人に対して、これを礼拝供養すること、とくに僧に対しては三時に供養し、三時に説法を請うことを説いたものである。

しかしなぜこのような礼拝供養や説法の聴聞が強調されるのか、その理由については、法蔵がこの戒の制意を述べて、「諸佛の師とする所、所謂《いわゆ》るこの法なり。菩薩は理として応に人を敬ひ、法を重んじ、身を滅して求め請ふべきに、しかるを反りて踞慠を露《あらわ》し、人・法を軽慢するは、道を失ふの甚しきものなるが故に」といった、この「法」重視にあると考えられる。法師も同行も、その法の人であるからこそ、礼拝供養されるのである。その意味ではつぎの第七軽戒とも対応するが、しかし忘れてはならないのは、どこまでもその法は「大乗」だということで、この条件に立って以下のことも生きてくるのである。

さて、この戒条の中心を「日日三時に供養し」以下におさえ、これを供養供給と説法啓請との二に分けて、前文の「礼拝供養すべし」をこの二に対する共通した行儀と見るのが一般である。従って説法啓請でいえば、僧ならば僧房に、俗人ならば自分の家に、法師または同学などが来るのを迎えて、説法を乞い、怒りと人を悩まし苦しめようとする心は一切捨てて、一心に聴聞し、去るときはこれを送り、礼拝供養するということであり、同様のことが前者の供養供給にもいえるわけである。

しかしここで問題なのは、それら供養供給や説法啓請の対象が自分より劣ったものであっては意味をなさないことである。法蔵が「解行、己に過ぐるは、これ軌範師なるに、傲にして敬請せざれば、理として応にこれ重なるべし」といい、解行を同じくする時は軽、自分より劣っている場合は「犯なし」といっているのはその一例である。智周はその解行が小乗で、大乗を知らないなら、「犯なし」とし、伝奥に至っては、『法華経』によって、「小乗三蔵学者に親近することを許さない」とまで言っている。ここでは改めて、経が始めに「大乗の法師、大乗の同学」などと記した、その意味を再確認する必要がある。

しかしもう一つ注意されるのは、上記の諸師がいずれも説法啓請に視点をおいて説いていたことである。いま説法を請わないときはどうなのだろうか。これについてはだれも説いていないが、諸師は供養供給を説法啓請と離れたものではなく、当然前者から後者へ移るものと考えたのかもしれない。太賢がこの戒を「住不請法戒」と名づけたことは、これを伺わせるようである。また法蔵の呼称は「不敬請法戒」であるが、凝然によると、「日域の諸本、皆不能請法戒と名く。法銑・伝奥、名を立つること、また同じ」ということである。これからすれば、やはり後者を重視し、当然そこに至らねばならないものと見たのであろう。

第七軽戒

若佛子。一切處有レ講二毘尼經律一。大宅舍中講法處。是新學菩薩。應下持二經律卷一至二法師所一聽受諸問上。若山林樹下。僧地房中。一切説法處悉至聴受。若不二至レ彼聴受一者。犯二輕垢罪一。

若仏子、一切の処に毘尼経律《びにきょうりつ》を講ずることあり。大宅舎の中に講法の処あらば、この新学の菩薩は、応に経律の巻を持して法師の所に至り、聴受諮問《ちょうじゅしもん》すべし。もし山林樹下、僧地・房中なりとも、一切の説法の処に悉く至りて聴受すべし。もし彼《かしこ》に至りて聴受せずんば、軽垢罪を犯す。

《毘尼経律》異本に多く「法毘尼経律」という。この数語の理解については異説多く、智顗は「毘尼経律と言ふは大乗の毘尼経律にして、三蔵中の毘尼にあらず。大乗の経は滅悪の義あるが故に毘尼と称す」といって、「大乗の経律」といった意に解し、法蔵は「毘尼とは、ここに滅と云ふ。謂く、身語意の悪、猛気炎熾なれば、戒能く防止するが故に称して滅と名く。謂く、この経律、毘尼を宣説するが故に毘尼経律と云ふ」として、『梵網経』そのものを指すと見ている。また法銑は「法」の字にも触れて「法は即ち経蔵、毘尼は即ち律蔵」といいつつ、結局は法蔵の説を取るが、また「法は即ち毘尼」とも言っている。勝荘は「法はこれ契経及び本蔵を顕し、毘尼経律は毘尼蔵を顕す」といい、小乗の律蔵をも含めるかのようである。慧因は法を三蔵の法とし、毘尼は律蔵、経律については「この経によれば経即律」だと説明している。総じて何とか説明しようとして苦しんでいる跡が窺えるが、智顗の大乗と、法蔵のこの経律とを合わせて、大乗律としての『梵網経』を考えるのが一番おさまりのつく解釈であろう。《経律の巻》さきの注釈より、『梵網経』を指すと解するのが妥当。《僧地・房中》僧地は結界内を指し、房中はそのなかの僧房内を指すと見られる。

すでに触れたように、この戒は前戒と密接な関係にある。これを智顗のような、「戒の制意、前と同じ」という極端な理解は別として、法蔵の「前は則ち大法を請ひ、今は則ち別して毘尼《びに》を聴く」は、ほぼ妥当な見解であろう。「毘尼」は注に記したように、法蔵では『梵網経』を指すと見てよいから、ここではつとに梵網戒について講じられる機会には、かならずこの『経』を持参し、たとえそれが山林・樹下で行なわれようと、寺域や寺院内で行なわれようと、その他どんな場所へも出かけて行って聴聞するよう、積極的な菩薩戒の聴受を強調したものと受け取られる。その意味では智顗がこの戒を呼んで「懈怠不聴法戒」といった、その「懈怠」という捉え方は注目されてよい。従って、聴受しないことは、僧俗男女のいかんを問わず、軽垢罪を犯すことになるが、ここではとくに「新学の菩薩」がその対象になっていることは、経の文に明らかである。「新学」のものはややもすれば、戒行ならびに欠け、邪小に堕ちいらないともかぎらないから、この制戒となったものであろう。

しかし無制限に軽垢罪とすることはできない。当然、いくつかの除外例が考えられるが、義寂はこれを『瑜伽論』の四十四軽戒中の第三十二軽の文に求めて、

無違犯とは、もしは覚知せず、もしは疾病あり、もしは気力なく、もしは倒説と知り、もしはかの説法者の心を護らんが為、……もしは自ら上品の愚鈍にして、その慧鈍濁なれば、所聞の法に於て受け難く持ち難く、所縁に於て心を摂して定《じょう》ならしめ難しと了知して、往いて聴かざる者は、皆《みな》無違犯なり。

と記している。参考にすることはできる。

第八軽戒

若佛子。心背二大乘常住經律一。言レ非二佛說一。而受二持二乘聲聞外道惡見一切禁戒邪見經律一者。犯二輕垢罪一。

若佛子、心に大乗常住の経律に背いて佛説に非ずと言ひ、しかも二乗声聞・外道の、悪見の一切禁戒・邪見の経律を受持せば、軽垢罪を犯す。

〈大乗常住の経律〉この常住について、これを「真理」と解して、それを説くものが経律であるとする釈と、大乗の経律は三世に変わらないものだから、これを常住の経律というとする釈との二つを掲げたのが法蔵で、太賢・法銑などはこの二説を取り、明曠は前説を取って、「大乗は実相の理を詮す」から常住と名づけるとする。智周はこれらと別に、大乗には随転大乗と常住大乗の二があり、後者は「一切衆生皆有佛性」の義を説く、『華厳経』を始めとする「般若・方等教・法花・涅槃等」であるというが、総括的な解釈ということができる。〈二乗声聞〉これについて異釈が多い。義寂は「縁覚の声聞・声聞の声聞とを二乗声聞と名く」とし、伝奥は「二乗は第二乗にして、縁覚を謂ふ」といい、与咸は二乗を挙げて、別にこれを声聞と言ったのだととる。おそらくは「二乗なる声聞」というように読むのが穏当だろう。また異本には「声聞」の二字を欠くものがあり、この方は理解に問題はない。また以下の読み方について、智顗では二つあると見て、前掲のほかに、「二乗声聞なる外道の悪見」という理解を挙げている。

ここでは大乗に背いて二乗・外道に向かうことを制しているが、ただ前戒で『梵網経』の修学が強調されたと理解できるように、さらに立ち入って、そうした大乗の戒学を捨てて、二乗・外道の悪見に基づいた戒法や邪見による戒に向かうことを制したもののようである。従ってその意味では法蔵の「背正向邪戒」といった捉え方では、いま一歩踏みこみをひかえた感があり、智顗の「背大向小戒」では「外道」の語を小乗に摩り替える一義に止まったようで、全体を捉えていない。

しかし呼称はともかく、この戒が背と向との部分に分けられることはすでに明らかである。

そこで、まず背の条について見ると、すでに注記したように、「大乗常住の経律」にはさまざまな理解があるが、いちおうこれを『華厳経』などの真実常住を説くものと解すると、これに背いて佛説でないと説くことは、大きな問題を含んでいるはずである。なぜなら、まかりまちがうと、三宝を誹謗する第十重戒に接触するからである。

これにいち早く注目したのは智顗であるが、智顗の釈に着目した義寂は「今謂く、心に大乗に背き、二乗を受持するは、設い法想を起すとも、いまだ必ずしも戒を失せず。謂く、人ありて、大心を発して菩薩戒を受くと雖も、しかもいまだ曾て大乗の深経を学ばず、ただ小乗を聞くのみにて、三劫修行して樹下の果を得て、忽ち大乗甚深の義を聞く時、心に信ぜずして佛説に非ずと言ふが如し。大心を退かざるが故に戒を失せず。法想を生ずるが故に重を犯さず」と論じて、第十重戒と異なることを明らかにしている。これはおそらく妥当な解釈であろう。太賢もこれを受けたか、大乗に背いて戒を失いながら、これが軽戒なのは、佛説でないと誹謗したものが「別教」であって、佛教すべてに背く「総背」ではないからだ、とする。ただし「総背」の概念内容はあまり明確ではない。とにかく、「佛説に非ず」として「大乗常住の経律に背」いても、心の片隅に大乗心を残していることが考えられねば、軽戒の条件は成立しない。

次ぎは向の部分である。ここでも「二乗声聞」をどう見るか、異説が分かれるが、いまは注記したように二乗に重点を置き、二乗と外道の二点について、それらの悪見と邪見を戒に焦点を当てて説いたものと理解して行きたい。

そのうえで、まず悪見について見ると、これについて法蔵は、二乗のそれは大乗を否定して小乗を肯定すること、外道のそれは一切の佛法を排することと解し、明曠は「二乗の空辺の悪と外道の有辺の悪」とに分ける。しかしこの悪見はいまは一切の禁戒の裏づけであるから、これを禁戒のうえで見る必要がある。これについては法蔵は「烏・鶏・鹿・狗戒など」が外道の戒で、いわゆる鶏狗戒《けいく》、小乗のそれは「大に乖く戒」だとする。後者はいわゆる小乗の律であろうが、鶏狗戒とは、終日、片足で立ったり、狗のように人糞を食べたりする苦行である。従って以上を整理すれば、結局、二乗の小乗戒や外道の苦行ということになる。

つぎは邪見である。これについても、法蔵を参照すると、二乗の邪見は「法空を信じ」ないこと、外道のそれは「因果を信じ」ないこととし、他にはあまり注目されるものがない。しかしここで注意されるのは、とくに「邪見の経律」といって、「悪見の一切禁戒」と区別されたものはなにを指しているか、ということである。要するに同じものを指してはいないか。一は戒で示し、他は経律で示し、一は悪見と形容し、他は邪見と形容したものではないかと思われる。戒や経律の誤った受け取り方の差を悪見・邪見と区別したのであって、その意味を強く出すときは、具体的になにを悪見の禁戒・邪見の経律といったか、明らかではない。

終りに法蔵は痴狂等を挙げて不犯とするが、智顗・義寂のいうように七衆同制であることも、論を待たない。

第九軽戒

若佛子。見二一切疾病人一。常應二供養如レ佛無レ異。八福田中看病福田第一福田。若父母師僧弟子疾レ病。諸根不レ具百種病苦惱。皆養令レ差。而菩薩以二悪心瞋恨一。不下至二僧房中城邑曠野山林道路中一。見レ病不レ救者。犯二輕垢罪一。

若佛子、一切の疾病《しつびょう》の人を見ては、常に応に供養することの佛の如くにして異ることなかるべし。八福田の中には看病福田は第一の福田なり。もし父母・師僧・弟子の、病に疾《なや》み、諸根具《そな》はらず、百種の病苦に悩むときは、皆養ひて差《い》えしむべし。しかるに菩薩、悪心・瞋恨を以て、僧房の中・城邑・曠野・山林・道路の中に至り、病めるをも見ず、救はずんば、軽垢罪を犯す。

《八福田》福田とは梵語 punya-ksetra の訳、福徳を生ずる田の意。一般に佛や僧など尊敬の対象を敬田《きょうでん》、師や父母など恩に報いなければならないものを恩田、病人・貧者など慈悲・救済の対象を悲田というが、これについて敬田に佛・聖人・僧の三、恩田に和尚・阿闍梨・父・母の四、悲田に病人の一を数えた、これら八つを八福田という。法蔵の注には二説を挙げ「ある人云く、一に曠路美井を造る、二に水路橋梁、三に嶮路を平治す、四に父母に孝事す、五に沙門に供養す、六に病人に供養す、七に危厄を救済す、八に無遮大会を設く、と。いまだ何の聖教に出づるを見ず。あるが云く、三宝を供養するを三となし、四に父母、五に師僧、六に貧窮、七に病人、八に畜生なりと。またいまだ教を見ず」と記している。このほか、智周・明曠にはまた別の説が見える。《諸根具はらず》眼・耳などの五根の機能が十分でないこと。《百種の病》病の多いこと。《悪心・瞋恨を以て……》異本によるに「悪心」の二字を欠き、つづいて「瞋恨を以て看ず。乃ち僧房の中……」とする。

この戒にいたって、いささか趣きがかわったことは、一読して明らかである。三聚でいえば、摂衆生戒の性格が顕著だからである。

　しかし法蔵によると、この戒は、前戒が「上、勝法に背」くのを制したのに対して、「下、病苦を捨」てることを制したのだとして、なんとか連絡をつけようとした腐心の跡があり、また「前は則ち法に於て背くことあり、今は則ち生に於て済《すく》はず」とも言っている。

　いずれにせよ、菩薩が大悲をもって体とする、その本質的な面が極めてよく現われているものである。もちろん病人に対しては、律にも、病比丘を看病することが語られているが、それは狭い僧団内のことであって、ここに言うように「一切の疾病の人」を対象としたものではない。そこに見る大きな根本的な差異はいなめない。

　しかも「疾病の人」を佛と同じように供養せよとしたことの意味は大きい。いわゆる福田としては、佛を大福田とも最勝福田ともするから、八福田の中、看病福田をもって第一とするこの戒には、いわゆる本来の価値を超えた、福田の新たな捉え方が認められよう。

これと関連していま注目されるのは、勝荘が福徳について示した二つの釈である。

一つは、「心の優劣に随いて福を得、福の多少は福〔田〕にあらず」というもので、例としては、舎利弗が佛にたてまつった一鉢の飯を、佛がそのまま犬に与えたことを挙げ、同じ物を施しても、佛と舎利弗とでは施心に差があるから、佛の布施の福徳が遙かに優っている、とするのである。佛が最勝福田ならば、舎利弗の布施こそ勝っていなければならないが、ここでは布施の対象の優劣ではなく、心に問題であるとされる。

もう一つはこの逆である。「布施の福は福田にあり。施心に由らず」といわれる。これによれば、当然、いわゆる福田の福徳が勝れていることになろう。

勝荘はこの二釈がそれぞれ一義によるもので、「相乖違」しないとしているが、いまこれを看病福田にあてはめるとき、看病はまさに慈悲心の発露であって、対象のいかんにかかわらないが、病人は佛にも等しい人として供養されねばならないとすれば、そのとき病人は佛という福田となると見ることができる。いってみれば、看病福田は勝荘のいう二つの意味を含んだものとして、まさに「第一の福田」なのである。

従ってこの意味において、病にかかって苦しみ悩むものには、だれかれの差なく救いの手を差しのべることが要請される。経には「父母・師僧」などといった言葉が見え、それに対応するかのように、「僧房の中・城邑」と記されているが、「曠野・山林・道路」とある、ここに「一切の疾病の人」

を対象とするという、その基本的な立場が語られているはずである。

しかし救いには当然、限度がある。また相手側の条件もある。自分が病気のとき、また人を遣わして看病させるといったことにもなろうし、相手側に看病人がいる場合もある。従って一概に看病を強調することはできない。経が軽垢罪になる条件として、「悪心・慎恨」を挙げているのもそのためである。そして、その故にこそ、菩薩の利他慈心がこの戒の中心を占めると考えられるのである。義寂はこの戒の注釈を結ぶにあたって『瑜伽論』の四十四軽戒のうち、「利生」を説く「十一事の第二戒」を引いているが、改めてこの戒の摂衆生戒としての性格をここに認めようとしたものであろう。

第十軽戒

若佛子。不レ得レ畜二一切刀杖弓箭鉾斧闘戰之具一。及惡網羅殺生之器。一切不レ得レ畜。而菩薩乃至殺二父母一尚不レ加レ報。況餘一切衆生。若故畜二一切刀杖一者。犯二輕垢罪一。如レ是十戒。應二當學一敬心奉持一。下六品中當二廣明一。

若佛子、一切の刀杖《とうじょう》・弓箭《ぐうぜん》・鉾斧《むふ》・闘戦《とうせん》の具《ぐ》を畜ふることを得ざれ。及び悪網羅《もうら》・殺生の器、一切を畜ふることを得ざれ。しかも菩薩は、乃至《ないし》父母を殺さるるとも、なほ報を加へざれ。いはんや余の一切衆生をや。もし故らに一切の刀杖を畜へば、軽垢罪を犯す。

かくの如き十戒、応当に学し、敬心に奉持すべし、下の六品の中に、当に広く明すべしと。

〈刀杖……〉法蔵の釈に「刀杖」以下「一切」までを殺具の十種と数え、「一切」を総結として、九種について、刀は割截するもの、以下、杖は捶打、弓は送箭、箭は中害、鉾は傷刺、斧は斫伐するもの、闘戦の具は甲弩《こうど》（甲はよろい、弩は大弓）など一切、悪網は魚鳥を捕える網、殺生の器は坑穽など、と説明する。七までは殺人の具で、後の二は畜生を害するもの。

また異本には「網羅」を「羅網」に作る。また『道燃鈔』依用のものには「罥繳羅網」とあったかに見える。《余の一切》「余」の字、異本に殺に作る。そのときは「いはんや一切衆生を殺さんをや」と読まれる。その後につづいて、また異本には「衆生を殺す具を畜ふることを得ず」とある。《一切の刀枚》異本に「一切」または「一切の刀杖」のないものがある。《六品》異本に「六度品」とある。明曠は「六六品」と名づけるのではないか、と推察を下している。

この戒には、殺生の道具となる一切の所有を制止する。菩薩は衆生に利益を与えるものでなければならない以上、このような損傷の具は慈愍に反するから、この制止は当然である。とくに前戒においては、積極的に一切のものの病を看病することが強調されたのであるから、その生命尊重がこうした形で説かれることも、必然的に要求されなければならないところである。法蔵は前戒とこの戒の関係に触れて、「前には、自身の、病を済《すく》ふあたはざるを制す。今は依報に就て非器を畜へざるが故に、次に制す」という。いわば、消極的な、畜えないという形での、衆生利益だというのである。

しかしここでは確かに「一切の刀杖」が畜えられるとき、「軽垢罪を犯す」として、畜えないことが強調されているが、それだけならば、このままでやり過ごしても、さして問題はない。しかしそれを拒否するものは、「しかも菩薩は、乃至父母を殺さるるとも」といって語られる、怨みに対する報復禁止の条項である。報復は「刀杖」など、殺生の具の有無にかかわりなく、しようとすれば、どんな形ででも可能であるから、この条項は一見、場違いの感じがしないでもない。

しかしとにかく、この条項が占める意味は軽視されない。怨みに対して怨みをもって報ずれば、これは止まるところを知らないからである。これをどこかで断ち切らなければならないとすれば、それがいまであることをこの戒は教える。

ただこの経にはさきにも示されたように「孝」の比重が極めて大きい。「戒」とは「孝」だとさえ言っている以上、「父母を殺さるるとも」という表現は、この孝とまったく相反するものをもっている。ここに法蔵がこの問題を提起した理由があるのだろう。とくに与咸の言によると、儒教では「復讐」が認められていたから、中国では重要な意味をもったに違いない。いま法蔵が提起した問題について、かれ自身にその答を語らせるならば、こういっている。

怨みて、もしいまだ害せざれば、自身を砕くこと、なお微塵の如し。無量劫を経て、要《かなら》ず当に孝行して以て護養を存すべし。その父母の如きは、已に害せられ訖《おわ》る。即ちこれ宿業かれに酬いたり。益なく更に大損を招かば、怨怨絶えず。瑠璃王の如く、釈種を害せし時、如来の神力も、これをいかんともするなし。この謂《いい》なり。

かれは報復しないことによって生ずる子の心の苦悩を取り上げ、これが孝にいつかはかなうと論じ、父母が殺されたのは父母が背負った宿業なのであって、殺されたことによってその宿業が解消したのだから、これをまた怨んで報復しても、父母にとってはなんの益もないというのである。報復もまた宿業だとしたら、宿業という一片の言葉で割り切ってしまえないものがあるが、とにかくここでは、報復しないことが、孝の名のもとにおいても言えるといっていることに注意したい。

さて、怨みに対する報復は、どんな形においても、この戒は誡しめているが、刀杖に対してはそれほど厳格ではない。「故らに」という言葉がそれを語る。つまり場合によってはそれが許されるとするのであって、これについては、太賢は『涅槃経』を証として示している。これを智周の注によって掲げると、『涅槃経』第三金剛身品に云ふが如し。末法の中に於ては、初め正法を護るには、優婆塞などに与へて刀杖を執持せしむ。しかも相《あい》随逐して、口に常に方等大乗の一切衆生皆有佛性と宣説す。当に知るべし、この人を破戒と名けず、護法の師と名くるなり、と」という。経にははっきり、これを「持戒」といっている。従って「護法」のためならば、たんに消極的に許されるのでなく、積極的に肯定されるわけである。

『大集経』には、第五の五百年には白法隠滞して闘諍堅固にはいる、という。末法がこのときにあたるとすれば、護法といっても、あるいは絵空事になりかねない。積極的に持戒と言えるには、その護法の意味が改めて問われるかもしれない。日本の僧兵は、それを語ってくれるだろう。

さて、以上で十軽戒が終った。これが一括された理由についてはさきに触れた。その言のようになっていたかどうか、改めてここで検討する必要はない。ただ経にはこれら十戒がさらに後の六品において、広く説明されるという。これを六度品とする異本もあり、六六品かという説もあるが、いまはその論議も無意味である。現存の『梵網経』にはそれがないからである。

第十一軽戒

佛言。佛子。不レ得下爲二利養惡心一故。通二國使命一軍陣合會。興レ師相伐。殺中無量衆生上。而菩薩不レ得下入二軍中一往來上。況故作二國賊一。若故作者。犯二輕垢罪一。

佛言く、「佛子、利養・悪人のための故に、国の使命《しみょう》を通じ、軍陣合会《ごうえ》し、師を興《おこ》して相伐《あいう》ち、無量の衆生を殺さしむることを得ざれ。しかも菩薩は、軍中に入りて往来することを得ず。いはんや故らに国賊と作《な》らんをや。もし故らに作らば、軽垢罪を犯す。

《国の使命を通じ》国使となって、両国の間を往還し、両国の命を通ずること。《軍陣合会し》交戦すること。法進によると、軍とは車が集まり群がっていること、陣とは列をなして相対することといい、また『僧祇律』によって、軍に象馬車歩の四種があり、象軍は四人がこれに従って一象軍を編成、戦力として最大、以下順次に、馬軍は八人が従い、車軍は十六人、歩軍は三十二人で編成する、という。また異説があり、与咸は軍とは一万二千人をいうとする。また師とは帥だともいう。《師を興して相伐ち》軍隊を編成して交戦すること。法進によれば、師とは兵一千、または一万を一師とするという。《国賊》智顗は、菩薩の本慈に乖くから、国賊といった、とする。慧因は多くの衆生を殺害させるから、とする。

この第十一軽戒以下の十戒は、後に経が説くように一括され、「滅罪品」で詳述される、といわれる。ここから、以下の十戒をまとめて三聚の上にあてはめようとする試みがなされるが、その一つは義寂の「初め四戒を自行の善に摂し、後の六は化他の善に摂す」という解釈に見られる。太賢はこれと同じである。これに対し、勝荘は十戒全部が「饒益戒を明す」ものと見、そのなかで、これらを四摂の愛語・同事および利行と対応させている。はたして二者の言う通りか、疑問は残るだろう。

さて第十一軽戒であるが、諸師がこの戒に与えた呼称からすれば、国使となって軍中に入ることを制したものと見られる。しかし問題なのはむしろその後のことであって、いわば交渉の決裂による交戦とその結果、必然的に起こってくる多数の死傷者にある。この戒が性罪とも重なるとされたのはそのためであり、また逆に和睦が成立したら、国使という使命のもたらす条件は半減する。従ってこの戒の焦点は「軍陣合会し」以下に置かれることになる。もっとも初めの条件が「利養・悪心のため」とあるから、国使としての使命を遂行する時点で、結果は予測されるとも考えられる。法蔵は、菩薩は理として諍いを止めるものであるのに、反って互いに侵害させることは、あやまちの甚しいものだから、これを制したものであるという、ごく一般的な捉え方と同時に、また三つの事態がここに生まれるからとして、相互に「譏嫌を生ずる」こと、「和行に乖く」こと、「相殺を成す」ことを理由として掲げている。智周ではこれにさらに三つを加え、六とするが、いまは触れない。

ただ凝然が言う、「三類罪」という罪の軽重に関する解釈には注目されるものがある。かれはこれについて

> この戒文の中に三類罪を結す。一に、軍中に入りて往来するはこれ小罪なり。二に、国賊と作るはこの戒が制する所の軽垢罪なり。三に、無量の衆生を殺すは、これ損する所の極にして、帯ぶる所の重罪は即ちこれなり。今この戒は、即ち第二の、国賊と作るを結するなり。

と説いている。かれはこの戒の所制の焦点を国賊になることにおいたのである。かれの言う国賊とは、「上に言ふ所の、国の使命を通ず」ることであるから、この最初の条件がこの戒の制意ということになろう。

以上、この戒の制意と合わせて、幾つか関連した問題にも触れたが、この戒が七衆にも適用されるという理解を取ると、当然、俎上にあがってくるのは、在家菩薩である。義寂はこれについて、もし武官として軍に所属している場合、武官としての勇気・威信を振うことは止むを得ないし、国を安んずるためには「身の往入を許」さなければならないが、害することは許されない、とした。かれはここで「往入」という表現を使っているが、これが「軍中に入りて往来する」ことなのか、両国間を往来することなのか、それがはっきりしない。あるいはかれでは二つは同じことと理解されたようにも

見える。とにかく在家にはこうした軍人の存在が可能であるから、「七衆同禁」といっても、おのずから出家とは差が生じてくる。そのために、義寂は「もし出家菩薩に喚招の因縁あらば、律に准じて応に二・三宿を許すべし」と、律制に判断を求めている。『四分律』によると、九十波逸提のなかに、観軍陣戒・軍中過三宿戒・観軍戦戒の三があって、まず特別の因縁があって、軍陣に出かけて行くほかは、これを禁じ、また軍中にあっても二晩は止まっても、三晩は許さないとし、また二宿・三宿して、軍陣の戦闘などを観戦してはならないとする。義寂はこれを適用して、出家の場合にあてようとしたのである。

さて最後に、すでに触れたことでもあるが、とくに義寂がこれを三聚の摂善に配したことと関連して、凝然が述べたところを記して、これを終えたい。かれはこういっている。

寂師の意、既にこれ摂善。しかれどももまた三聚に通ず。「使命」を止むる事はこれ律儀戒、「不放逸」に住するはこれ摂善法、諍《あらそい》を和《やわら》げて安穏ならしむるは即ち摂衆生なり。三聚に通ずと雖も、顕に就いてこれを言はば、これ律儀戒なり。これ殺生戒、深防の制なり。この故に経に云く「無量の衆生を殺す」と。これ所損を望み、荘厳して殺生戒を守護するが故に。

形式的機械的な判断はなかなかむずかしいことを語って、余りあるものがある。文中の「不放逸」は、義寂が経に「利養・悪心」とある、その意を捉えて「放逸」といったことを指している。

第十二軽

若佛子。故販㆓賣良人奴婢六畜㆒。市㆓易棺材板木盛㆑死之具㆒。尚不㆓自作㆒。況教㆑人作。若故作者。

犯二輕垢罪一。

若佛子、故らに良人《りょうにん》・奴婢《ぬび》・六畜を販売《ぼんまい》し、棺材・板木・死を盛《も》るの具を市易《しやく》すること、なほ自ら作すべからず。いはんや人を敎へて作さしむをや。もし故ら作さば、軽垢罪を犯す。

《良人・奴婢……》良人は奴婢に対し、一般の民人のこと。義寂は、自分に所属しない人と知って、いつわって売ることが良人を販売すること、他は自分に属するものを売ることという。従ってその意味では明曠のいうように盗戒に触れる。奴婢は奴隷の男女。六畜は牛・馬・犬・羊・豕《ぶた》・鶏の六。いわゆる家畜であるが、また一切の畜生に通ずると見られる。《棺材・板木》棺は屍体をいれるひつぎで、その棺を造る材木が棺。義寂は、棺材とは板木で、板木とは棺の外側などの木だというが、これでは意は分明でない。処行はこれを批判して、板木とは「別にあり、賤屍を葬するの板木なり」とし、埋葬にあたって別に用いるものを指すようである。あるいは道宣が、僧の死んだときの葬法として、絹棺といって棺を絹で包むが、木だけの棺を木棺というと伝える、その絹棺・木棺に相応するか。《死を盛る具》処行の注によれば、周囲に覆いがあって、中に横になれるねぐるま（輼・輬）や、棺を納める外ばこであるそとひつぎ（槨）・ひつぎ車（輀）などといったものを指すとする。《市易》売買交易すること。《なほ》この後、異本には「応に自ら故らに作すべからず」とある。《もし故らに》この後、異本には「自ら作し、人を教へて」とあり、また異本には「もし故らに作さば」がない。

この戒は販売について幾つか、してならない内容をその重い順にもりこんだものであるが、法蔵がいうような、前戒との関係はあまり認められない。かれは「前に国賊たることを止むと雖も、なお良・賤を劫掠することを恐るるが故に制す」というが、いささか牽強のようである。

ところで、ここには「良人」などの販売と、「棺材」などの市易という、前後いささか異質と見える行為が制止されている。法蔵の考えから窺えるところでは、前者は「自資して内に慈行に違」うこと、後者は「外に譏謗を招く」ことが認められるが、前者についてはすでに盗戒に触れるものがあり、家畜を売ることによって殺戒を犯すおそれはあるとしても、なぜ後者が「譏謗を招く」として制止されねばならないか、その辺が明瞭でない。法蔵は「棺材」などを売るのは「旃多羅《せんだら》の業」だというが、「旃多羅」でないものに、職業上の貴賤を分けたのであれば、それはかえって菩薩の精神にもとるものといわなくてはならない。

しかしこれはどうも職業蔑視ではないようである。それはすでに智顗が「呪いて人を死せしめ、棺材を售《う》ることを得んと欲す」といっているように、棺材を売ることには人の死を喜ぶ姿勢、太賢の言葉を藉れば、「必ず人の死を求」めているところがある、という点である。だから職業よりも、そのさきの、心根の卑《いや》しさ、それで口を糊そうとする嫌らしさが問題のようである。

もっとも殺生を禁ずる菩薩戒としては、屠殺などを生業とする旃陀羅（旃多羅。梵語 caṇḍala の音写）はそれとして否定されるのは当然である。ただ「棺材」を売るものが、旃陀羅にも等しい生業と考えられたことには、以上のような考え方が先行していたことを理解しておく必要がある。

しかしこれともう一つ「棺材」を売ることを禁ずるのは、律に火・林の二葬を明かすように、佛教では水・火・林の三葬を用いるとする解釈である。この考えは智周に見るものである。すなわち河江に投げて葬るのが水葬、火で焼くのが火葬、鳥や獣に食わせるのが林葬で、こうした葬法以外の仕方は佛教にはないとする。従って「棺材」などを売るのは、佛教以外の葬法を行なわせようとするものだということになる。

さて以上のごとく「良人」の販売は盗戒に触れる重罪にも等しいものであり、「奴婢・六畜」の販売も、「棺材」などの市易もまた、好ましくないことであるから、自分からやることはもちろん、人に勧めてやらせてもならないということはわかったが、ここで注意されるのは「故らに」とある言葉である。これは智周によって、「もし小乗の諸部経律には三宝の建立修持の為ならば、良人・奴婢・六畜等の使用を畜ふるを聴《ゆる》す。もし別の人ならば許さず。ただ出家五衆の、三宝の事の為を以て、直《なお》く買ひ、直く売りて、販易の心なければ、理通ず」という言葉を説明にかえることができるようである。つまり「三宝」のために、利益や打算を一切度外視した販売や市場ならば、許されるという意である。ただこの場合も出家には一切、販売や市易は許されない。それは義寂の「七衆不共」に見ることができる。

第十三軽戒

若佛子。以二悪心一故無レ事謗二他良人善人法師師僧國王貴人一。言レ犯二七逆十重一。於二父母兄弟六親中一。應レ生二孝順心慈悲心一。而反更加二於逆害一隨二不如意處一者。犯二輕垢罪一。

若佛子、悪心を以ての故に、事《こと》なきに、他の良人・善人・法師・師僧・国王・貴人を謗りて、七逆・十重を犯せりと言はん。父母・兄弟の六親の中に於いては、応に孝順心・慈悲心を生ずべし、しかるに反りて更に逆害を加へて、不如意の処に随《だ》せしめば、軽垢罪を犯す。

《事なきに》罪を犯した事実がないこと。事実無根のこと。明曠は「見・聞・疑を闕くことを名けて無根となす」という。律にいう見根・聞根・疑根の三根によって説をなしたもので、これは義寂・太賢・法銑にも見える。《良人・善人》良人は前戒に説く意と異なるとするのが一般。法蔵ではこの二人を白分と同位の人と見、義寂は「想の浄なるが故に良と名け、実の浄なるが故に善と名く」といい、太賢は俗に「己《おのれ》を知る者の為に」という、その「己を知る者」が良人だとし、明曠は「外相に悪なきを良と曰ひ、内心の調柔なるを善となす」とする。《七逆・十重》前出。《六親》太賢・明曠には父母・伯叔・兄弟とし、道凞・頂山には父母・兄弟・妻子とし、慧因には兄弟・姉妹・妻子とし、異説が多い。《不如意》明曠は「地獄の別名」といい、また「三途」ともする。義寂は「我慢に由るが故に意と違《たが》ふ処に堕するなり」という。

ここには一読して知られるように、まず誹謗の問題が指摘されている。それは、悪心を抱いた人が、善良な一般の人たちや、あるいは法師、または自分が師と仰いで来た僧、ないしは国王・貴人、さらにこれらの人たちに匹敵する父母・兄弟など六親について、事実無根のことをもって、これらが七逆・十重などの罪を犯した、と誹謗する場合である。従って、人を誹謗して陥れようとするものであるから、この制戒は僧俗のいかんを問わず、七衆に等しく適用されることは言うまでもないが、最初に気づくことは、これが第六重戒とかなり似通ったものを含む事実である。

智顗は、その誹謗がたとえ事実を突いた有根のものであっても、無根同様、佛教を信じない「異法人」に向かって吹聴された場合は、すべて重戒を犯したもので、それは第六の「説四衆過戒」に概当する、といい、「同法人に向ひて説」く場合がいまの戒に軽垢と制するものと同じだ、という。この説を追うものに勝荘があるが、かれはこの「異法人」に対して、「皆これ重にして軽にあらずと説く」という、新たな条件を加えて、その場合この十重中の第六になるとする。

ところがこれに対して、法蔵はこの軽戒における犯戒成立の条件を四つ数えて、そのうち、いま誹謗された人がまぎれもなく「良人・善人」などであること、さらに誹謗する当人がよく事実無根であると知っていること、というこの二つの条件を欠き、ただことさらに悪心を起こして、口に出して誹謗した場合、これは第六重戒を犯したものだ、と判断している。これによれば、智顗・法蔵の、両者の理解はまったく噛み合っていない。

ところで、これを詳細に論ようじとしたのは義寂である。かれは第六重との差を設問し、これに答えて、「旧人、二戒相を別たんと欲するが故に、有根・無根、おのおのに四句を作る」と述べ、有根・無根にそれぞれ四句分別を行なって、どれが重戒になるかを示そうとした。それによると、重戒に概当するのは、「無戒の人に向いて、有戒の人の過を説き、もし重罪を説」いた場合であって、それが有根であっても、無根であっても同じだと考えられたことを述べ、これ以外は、有戒の人に説こうが、無戒の人に説こうが、また有戒の人の重罪・軽罪を説こうが、無戒の人の重罪・軽戒を説こうが、有根・無根いずれでも軽垢罪で、ただこの第十三軽戒としては有根・無根いずれも、「有戒の人に向ひて、有戒の人の重罪・軽戒を説かば、悉く軽垢を犯す。この戒に正しく制す」としたことを記している。この「旧人」の説はだれのものか明瞭でないが、智顗に近い。

しかし義寂はこの旧説のうち、無根には異論があるし、また「ある人の説」を挙げて、第六重は「実の過を説くを制す」るが、いまの戒は「無根の謗を遮す」るもので、それがだれに向かって説かれようが、「向いて説く所の人を簡別せず。有戒・無戒、既に簡別なし」と説くことを示し、これをもって理にかなっているとして、賛意を表している。これは法蔵に似ている。

いずれにせよ、諸説が分かれているが、いまは義寂が「ある人の説」として挙げているものが極めて明解であるように思われる。

つぎに注目されるのは、「良人・善人」以下の文と、「父母」以下の文との関係である。これについて、智顗は明瞭を欠くが、明曠は「尊に孝順し、下に慈悲す。既に佛戒を師僧等に稟《う》くる類、六親の若《ごと》きが故に、父母等と云ふ。謂く、和上は父母に同じ、闍梨は伯叔兄弟等の如し」といい、「良人・善人」以下は「父母・兄弟」といった言葉で、「孝順心、慈悲心」との関連において、比喩的に説明されたかのような口吻が認められる。智顗は父母の言を、一切を含むものと解している。

また法蔵でもこの関係がはっきりしないが、ただかれでは、「父母・兄弟」も「これ所謗の数」とあるから、「良人・善人」と合わせて考えられたことがわかる。ただ文の立て前としては「父母」以下を「制すべき所由を明す」とする。これは智顗が全文を三分し、第二を「応」といったのに相応する。

第三は、「逆害を加えて、不如意の処に随せしめば」とあるものである。注記したように「不如意の処」の理解に差異があるが、この文が慧因の理解したように、「父母等をして怒恨の心を生じて悪道に随在せしめ」るという意味合いのものと解する（もちろん悪道と限るかどうかは別として）と、これは「随せしめ」たその結果を見とどけた上でなければ、軽垢罪かどうか明白にならない性質のことを語っているかに見える。はたしてそうなのか、その辺の疑問が残る。この戒はむしろ「随せしめ」るおそれがあるだけで、軽垢罪だとする意があるのではなかろうか。いわば「逆害を加へて」「怒恨の心を生じ」させたその時点で、軽垢罪になるのではないか。その意味では「不如意の処に随せしめ」るとは、そうした、予想もしなかった無根の誹謗に対して、怒りや恨みの心をおこさせることをいっているのではないかと思われる。

しかしこれらの誹謗が、痴人の狂乱の人などによる場合は、罪は問われない。法蔵はこのほかにとくに「地上の菩薩の逆行」を加えているが、これは勝荘によると、「初地以上の、機を見て、逆にこれを化するは、通ずべし」というものにあたる。菩薩の慈悲救済のはたらきは、はかり知れないものがあるから、これも可能な理解であろう。

第十四軽戒

若佛子、以二惡心一故。放二大火一燒二山林曠野一。四月乃至二九月一。放レ火若燒二他人家屋宅城邑僧房田木及鬼神官物一。一切有主物不レ得二故燒一。若故燒者。犯二輕垢罪一。

若佛子。悪心を以ての故に、大火を放ちて、山林《せんりん》・曠野《こうや》を焼くこと、四月より乃《いま》し九月に至り、火を放ちて、もしは他人の家・屋・宅・城邑・僧房・田木、及び鬼神・官物を焼かん。一切の有主物《うしゅもつ》は故《ことさ》らに焼くことを得ざれ。もし故らに焼かば、軽垢罪を犯す。

《四月より》一年のうち五月から八月までは雨期で、虫類などの発生・生育する期間であるから、その前後一か月ずつを含めたもの。《有主物》所有者のいるもの。ただし異本には「有生物」とあって、有情の意に解される。

ここでは火を放って損焼することが制止される。従って生類の損傷を主とたてたものではない。雨期を含めてその前後一か月ずつを加えたのは、生類を含めて、その間にはさまざまな山野の樹木も成長するから、それらの樹木に火を放って故意に焼くことを制したものである。おのずから十月以降、三月までの間に必要あって山野の樹木を焼くことは、その対象とならない。ただその場合、生類を殺せば、これは十重の一、殺戒に触れるから、別の罪を犯すことになる。

またこれら時期を限って樹木などを焼くことが許されるのは、それが所有者のない場合であって、所有者がいる場合は時《とき》を限らない。それは山林や曠野でも所有者が必ずいないとはいえないからで、「悪心を以て」「大火を放」つという条件のもとに山林・曠野を焼くことを制したこの条の前文は、所有者のない場合に対する規定と見られる。従ってこれにつづいて「火を放ちて、もしは他人の家」といった、所有者のある場合が規定されることになる。

しかしこの戒の禁止条項をまとめた一文では「一切の有主物」とあって、所有者のある場合だけが問題になっているように見えることは注意されるところで、これでは前文の所有者のない場合の規定は意味をなさないから、あるいはこの「一切の有主物」はその前の「官物」につづけて、「官物、一切の有主物を焼」くというように読むのかもしれない。

ただこの「有主物」については「有生物」が正しいとする説があって、智顗以下、天台系ではこの立場をとる。この理解では、この戒の制意は、虫などの生類の命を助けるというところに求められる。しかしおそらくはそうではあるまい。法蔵・義寂・太賢たちがとった「有主物」という理解が、正しいだろう。凝然はこれについて「性・遮」二戒の理解をあてはめ、放火による生類の殺生という理解はすでに性戒のそれに含まれるはずで、「いまの放火の辺は遮戒」であるといっているが、これが妥当であろう。

第十五軽戒

若佛子。自二佛弟子一及二外道人。六親一切善知識一。應三一一教受二持大乘經律一。應丁教解二義理一。使丙發二菩提心一十發心十長養心十金剛心。三十心中一一解乙其次第法用甲。而菩薩以二惡心瞋心一。横教二他二乘聲聞經律外道邪見論等一。犯二輕垢罪一。

若仏子、仏弟子より外道《げどう》の人・六親・一切の善知識《ぜんじしき》に及ぶまで、応に一一に教へて大乗の経律を受持せしむべし。応に教へて義理を解《さと》らしめ、菩提心を発して、十発心・十長養心《じようよう》・十金剛心の三十心の中において一一にその次第・法用《ほうゆう》を解らしむべし。しかるに菩薩、悪心・瞋心を以て、横《よこしま》に他の二乗声聞の経律、外道邪見の論等を教へば、軽垢罪を犯す。

《六親》父・母・妻・子・兄・弟、または父・子・兄・弟・夫・婦の総称。《善知識》善友《ぜんゆう》・知識などともいう。正しい道理を教えてくれる親友。《次第・法用》三十心の順序とその修行の内容。

この条は、大乗の教えを説いて、これに入らせることをしないで、かえって二乗の教えや外道の邪説を説いて、誤った道に導くことを制したものである。本来、菩薩としての自覚を抱いているものには、大乗の教えやその道理を説き、菩提心をおこさせて、以後は漸次、高度な修行に導いて行くのが当然であるから、方便として小乗の資質や外道の人などに二乗の教えを説くことは許されるとしても、悪心や怒りの心からこれを説くことは、菩薩の本旨に反する。従ってこの戒は菩薩戒としての性格をよく示した制戒である。

第十六軽戒

若佛子。應下好心先學二大乘威儀經律一。廣開中解義味上。見下後新學菩薩有丙從二百里千里一來求乙大乘經律甲。應二如レ法爲說二一切苦行一。若燒レ身燒レ臂燒レ指。若不下燒二身臂指一供中養諸佛上。非二出家菩薩一。乃至餓虎狼師子一切餓鬼。悉應下捨二身肉手足一而供中養之上。後一一次第爲說二正法一。使二心開意解一。而菩薩爲二利養一故應レ答不レ答。倒二說經律一文字無レ前無レ後。謗二三寶一說者。犯二輕垢罪一。

若佛子、応に好心をもて、先づ大乗の威儀・経律を学び、広く義味を開解すべし。後の新学の菩薩の、百里・千里より来りて大乗の経律を求むるものあるを見ては、応に法の如くために一切の苦行を説きて、もしは身を焼き、臂を焼き、指を焼かしむべし。もし身・臂・指を焼いて諸佛を供養せざらば。出家の菩薩にあらず。乃至、飢《う》ゑたる虎《こ》・狼《ろう》・師子《しし》、一切の餓鬼にも、悉く応に身肉・手足を捨てて、これを供養せしむべし。後に、一一次第に、ために正法を説き、心《こころ》開け意《こころ》に解らしめよ。しかるに菩薩、利養の為の故に、答ふべきに答へず、経律を倒《さかしま》に説いて、文字に前なく後なく、三宝を謗《そし》りて説かば、軽垢罪を犯す。

《好心》大乗菩薩の心をもって自行・化地を心がけること。《法の如く》佛の言葉、佛の教えを依りどころとして。《苦行》ここで苦行と指すものは、つぎに示す、佛を供養するための焼身・焼臂・焼指などで、外道などが行なった、裸形になったり、髪を抜いたり、身に灰を塗ったりする受苦の行ではない。『百論』には、自飢の法とか、投淵・赴火・自墜・寂黙・牛戒などといったことを善法として行なった外道のことを伝える。《一一に次第に》法蔵の『本疏』にはこれを、初心の行より十信位に入り、三賢などの位に一一、順序を追ってのぼらせることとする。《文字に前なく後なく》本文の読み方によっては、「文字」の二字を「経律」につけて「経律の文字を倒に説いて、前なく後なく」とするものもあるが、いまは前文は経律の本意をまげるものととり、後文は文字を勝手に動かし、前のものを後に、後のものを前において、意味を取りかえてしまう意、と解しておく。

この条はまず菩薩の自行と化他を説いたもので、化他としては当然、先輩の菩薩として新学のものを導く方向が示されることになるが、ここで佛の供養をするために焼身などの苦行が説かれ、さらには飢えた虎狼などのために身を投げだすことまでも説かれていることは注目されるところである。なぜなら、こうした教示はただたんに口先だけのものではなく、身をもって自ら示されなければ、教化の効果はないから、苦行を行なって供養させるためには、まず自ら捨身して供養しなければならない。従ってこの化他にはすでに自らの捨身の自行が先行していると見なければならない。

しかしひるがえって、このような捨身の自行や捨身の教示化他を説くことがはたしてこの条の意図するものであるかどうかは、問題の存するところである。なるほど大乗経典にはこうした事例が多い。たとえば『法華経』「薬王品」には、喜見菩薩がかつて佛を供養するために、「もろもろの香油を灌《そそ》ぎ、神通力の願を以て、自ら身を燃《とも》し、光明は遍く八十億恒河沙の世界を照」したといい、『最勝王経』「捨身品」には、薩埵太子が飢えた虎に身を投げ与えたことが記されている。しかしこのような捨身を自らも行ない、他にも教えて行なわせるものと、文字どおり解するとしたら、おそらくそれは死以外のなにものでもない。とくに新学の菩薩としては死は決定的である。ここに、この教示を菩薩の心がまえと取る解釈が生まれるのは当然である。

智顗はこれについて、「物（衆生のこと）を救」うことが菩薩として自覚されなければならないことを教えるものとし、またこれは「挙況の辞」であって、ぎりぎりの線を示したものとするが、また明曠では、「意はその、法を重じ生を軽んぜしむるにありて、即ち身命を捨て、身・臂・指を焼くを謂へるにはあらず。もし即ち身を捨てば、法だれのためにか説かん」と示している。義寂も、「その大志を知らんと欲するが故に苦事を説く」とする。いずれも妥当な解釈であって、こう解されるものだからこそ、この文を受けて、後に「正法を説き、心開け心に解らしめよ」とつづけられるわけである。

従って菩薩はこのようでなければならないから、自らの利養のために、新学に対して先輩としての本分を忘れ、問いに対してまったく無関係なことを答えたり、経律の本意をまげ、文字を錯雑させたりすることは当然、誡しめられねばならない。ただここで「三宝を謗る」ということの意をどう解するか、すでに波羅夷罪の第十に「三宝を謗る」ことが重罪とされているから、別の意を示すものと知られる。これについていくつかの解釈があるが、注目されるのは、義寂や太賢が『涅槃経』の説くところとして、「もし、衆生定んで佛性あるに、定んで佛性なしと説かば、みな佛法僧を謗るなり」という文を掲げていることと、慧因が「佛、かくの如く説きたまわず、法、かくの如く詮さず、僧、かくの如く伝へずと、みな自ら妄談する」ことだと説明していることである。いずれにしても、このような理解がいちおう穏当なところであろう。

第十七軽戒

若佛子。自為㆓飲食銭物利養名誉㆒故。親㆓近國王王子大臣百官㆒。恃作㆓形勢㆒。乞索打拍牽挽。横取㆓銭物㆒一切求㆑利。名為㆓悪求多求㆒。教㆓他人㆒求。都無㆓慈心㆒無㆓孝順心㆒者。犯㆓輕垢罪㆒。

若佛子、自《みずか》ら飲食《おんじき》・銭物《せんもつ》、利養・名誉の為の故に、国王・王子・大臣・百官に親近《しんごん》して、恃《たの》みて形勢《ぎょうせい》を作し、乞索《こっさく》し、打拍《ちょうはく》・牽挽《けんめん》して、横《よこしま》に銭物を取り、一切に利を求むるを、名づけて悪求《あくぐ》・多求となす。他人を教へて求めしめ、都《す》べて慈心なく、孝順心なくば、軽垢罪を犯す。

《銭物》お金や物品。金品のこと。異本には物を財に作る。《形勢》いきおいの意で、他人の権力をたのんで、自らも他を威圧すること。《乞索し……》乞索は乞い求めること。ここでは強要すること。打拍は打も拍もともにうつこと。牽挽は牽も挽もともに引くこと。打ったり、引っぱったりすること。《悪求・多求》貪り取ることが悪求、求め得ても厭きることなく、さらに求めるのが多求。

この戒は自利のために権勢をたのんで、財物などを強要することを制したものであるが、いくつかの焦点にこの戒の制意を窺うことができる。

その一つは権勢をかさにきて、欲望をとげようとする姿勢であって、これは在家・出家ともに菩薩としては遠ざけることが望まれるものである。たとえば『法華経』「安楽行品」に、「いかなるを、菩薩摩訶薩の親近処《しんごん》と名くるや」という問いに答えて、「菩薩摩訶薩は、国王・王子・大臣・官長に親近せざれ」と説いているように、名聞《みょうもん》利養や権勢に対しては、つねに拒否する否定的な立場を取ってきた。これは大乗の菩薩として一貫したものであったといえる。つぎは財物などその他一切の利を強要する姿勢で、一面では波羅夷罪である盗戒に触れる可能性をも含んでいる。ここでは軽垢罪としてこれを制しているものであるから、その強要の度合を軽く低いところに置いたことがわかるが、その度合の程度はかなり判断が困難であろう。ただ広く一般的に言えば、盗戒は法律的には強盗・窃盗の類であろうし、この軽戒は恐喝といったものにあたるかも知れない。第三は他人をして、教えて、自分と同じような態度や行為を取らせることである。他の軽垢罪の言をかりていえば、自らなすことに加えて、他を教えて同様のことをさせることは、さらに罪過を加重したものであって、軽戒としては、いっそう罪は重いということになる。

この戒について、いま法蔵の説によって軽重を見ると、かれはこれに「十」を数え、「一に所窺の名利に約し、深あり浅あり。二に所附の官に約し、尊あり卑あり。三に所用の威勢に約し、厚あり薄あり、四に所悩の苦に約し、軽あり重あり。五に能悩の情に約し、尅あり慢あり。六に所得の名利に、多あり少あり。七に上に説ける六を合して、倶軽・倶重あり。八に或は重多く軽少なるあり。九に或は軽多く重少なるあり。十に或は軽重斉等にして並に軽重あり」と記している。いささか煩瑣《はんさ》ではあるが、参考にはなる。

第十八軽戒

若佛子。學二誦戒一者。日夜六時持二菩薩戒一。解下其義理佛性之性上。而菩薩不レ解二一句一偈戒律因緣一。詐言二能解一者。卽爲三自欺誑亦欺二誑他人一。一一不レ解二一切法一。而爲二他人一作レ師授レ戒者。犯二輕垢罪一。

若佛子、戒を学し誦《じゅ》せん者は、日夜六時、菩薩戒を持《たも》ちて、その義理・佛性《ぶっしょう》の性《しょう》を解《げ》せよ。しかるに、菩薩、一句・一偈、戒律の因縁をも解せずして、詐りて能く解せりと言はば、即ち自ら欺誑《ごおう》し、また他人をも欺誑すとなす。一一に一切の法を解せずして、しかも他人の為に師と作《な》りて戒を授けば、軽垢罪を犯す。

《学し》異本に「応に十二部経を学し、戒を誦せん者」とある。ただしこれを用いるものは明曠の『刪補』、与咸の『註』など、一二に限られている。《日夜六時》異本に「日夜」を「日日」に作る。一昼夜を六分して、晨朝・日中・日没・初夜・中夜・後夜とする。《菩薩戒を持ち……》「持」つとは菩薩戒を記した文を記憶すること。「義理」については、注釈に差異があるが、法蔵は「持犯等の義、及び真理等の義」といい、義寂は「開遮軽重」ととり、智周は「義とは十重八万所詮の義、理とは凡聖本源清浄の理」と解し、合わせてこの義理が「佛性の性」の意だとする。しかしまた「佛性の性」についても、法蔵は「成佛の因」とし、義寂は「当現（凝然は観とする）の因果の佛性」という。明曠では「佛性の性とは、理を解すとは即ち佛性にして、佛性は即ちわが性なるが故に、云へるなり。戒の本源なるが故に偏《ひとえ》に挙げしのみ」とある。要するに、菩薩戒というものがもつところの本来の意味とか目的とかいったことを理解し、またそれが成佛の因としての佛性にかなうものであって、戒そのものの本源にもかなうということを理解せよ、というのであろう。《戒律の因縁》十重戒に、たとえば殺生戒を記して「殺の因、殺の縁」とあるような因縁を指すか、または制戒の縁起と見るか、あるいは受戒において、授けるものは慈悲を因とし、受けるものは菩提心を因とし、師資相互の証明や啓白を縁とするか、種々の解釈が考えられるが、これらを一括して因縁といったものと見ることはできる。

この戒は一読して明白なように、菩薩戒を習学し誦持して、その義理などを正しく理解することもないくせに、自らを欺き、人を欺いて、人の師となり、授戒することを制したものである。従って、智顗はこれをもって出家菩薩を対象とするとし、在家は師とはなれないとするが、義寂・勝荘らは道俗ともに制する。義寂では夫婦でもたがいに師となることができるというのが、その理由である。菩薩戒本来の精神としては義寂の説が正しい。

またこの戒は、ひとを欺いて授戒師となることを指摘しているように、一面では波羅夷の妄語戒に触れるところがある。しかしここでは無知にして師となることに重点を置いて、軽垢罪としたものであろう。

第十九軽戒

若佛子。以㆓悪心㆒故。見㆘持戒比丘手捉㆓香爐㆒行㆗菩薩行㆖。而闘㆓搆両頭㆒謗㆓欺賢人㆒無㆓悪不㆑造。若故作者。犯㆓輕垢罪㆒。

若佛子、悪心を以ての故に、持戒の比丘の、手に香爐を捉り、菩薩行《ぎょう》を行ずるを見て、両頭《りょうず》を闘ひ構へしめ、賢人を謗欺《ぼうご》し、悪として造らざる無し。もし故らに作らば、軽垢罪を犯す。

〈香爐を捉り……〉行道の威儀をいう。香爐を手に行道して、佛に供養するさま。〈両頭を闘ひ構へ〉両頭は双方のこと。双方に告げて、たがいに闘い、相構えさせること。ただしここで「闘ひ構へ」と読んだ『経』の「闘構」の二字は、智顗や義寂などでは「闘過」に作り、従ってこの部分の解釈も差異を生じている。智顗は「この過を持って彼に向ひて説くが故に、両頭と言ふ。……過の字、或は過の字に作る。……或は遘に作るべし」といい、義寂は「闘過両頭とは、此彼の過を聞きて、彼此に向ひて説くが故に、闘過と云ふ。或は経に遘の字に作る。謂く、彼此、言い闘ひて相《あひ》遘ふるなり。或は経に過に作る。義また同じ」と記している。ちなみに与咸では『経』には、過や遇といった字はないとして、古本の誤りとしている。〈謗欺〉造ってもいない悪を造ったと言いたてること。または二枚舌を使って、仲違いさせること。

この戒は、悪心をもって、和合の人を仲違いさせることを制したもので、無根の誹謗といった点からいえば、第十三軽戒と似通ったものがある。義寂はこれについて、心の在り方が違うとし、第十三戒の悪心は「陥没の心」(相手をおとしいれる心)、この戒は「離間の心」(仲違いさせる心)というように区別する。

ただここで注意されるのは、この文の理解としては、「悪心」による行為の対象が、「持戒の比丘」と「賢人」とに分かれていると見ることができ、その比重はどちらかといえば「菩薩行を行ずる」ものに置かれているのが一般であるから、この点からも、第十三戒とは差異がある。

またこの戒は在家・出家の別なく、制せられたものであり、二枚舌を使うという点では、十悪の一つとも相応する。

第二十軽戒

若佛子。以二慈心一故行二放生業一。一切男子是我父。一切女人是我母。我生生無レ不三從レ之受二レ生。故六道衆生皆是我父母。而殺而食者。即殺二我父母一亦殺二我故身一。一切地水是我先身。一切火風是我本體。故常行二放生一。生生受レ生常住之法。教二人放生一。若見三世人殺二畜生一時。應下方便救護解二其苦難一。常教化講二説菩薩戒一救中度衆生上。若父母兄弟死亡之日。應下請二法師一講二菩薩戒經一福資二亡者一。得レ見二諸佛一生中人天上上。若不レ爾者犯二輕垢罪一。如レ是十戒應二當學敬心奉持一。如三滅罪品中廣明二一一戒相一。

若佛子、慈心を以ての故に放生《ほうじょう》の業《ごう》を行《ぎょう》ぜよ。

一切の男子はこれわが父、一切の女人はこれわが母、我生生《われしょうしょう》に、これに従って生を受けざることなし。故に六道の衆生は皆これわが父母なり。しかうして殺して食《じき》するは、即ちわが父母を殺し、またわが身をも殺すなり。一切の地・水はこれわが先身、一切の火・風はこれわが本体なり。故に常に放生を行じ、生生に生を受くる常住の法をもて、人を教えて放生せしめよ。もし世人の、畜生を殺すを見たる時は、応に方便して救護《くご》し、その苦難を解《と》き、常に教化して菩薩戒を講説し、衆生を救度《くど》すべし。もし父母・兄弟の死亡《しもう》の日には、法師を請《しょう》じ、菩薩戒経を講ぜしめて、福をもて亡者を資《たす》け、諸佛を見ることを得て、人《にん》・天上《てんじょう》に生ぜしむべし。もし爾《しか》らずば、軽垢罪を犯す。

かくの如き十戒は、応当《まさ》に敬心《きょうしん》に奉持《ぶじ》すべし。滅罪品の中に、広く一一の戒相を明すが如し」と。

《放生》捕えられている魚・鳥など、生きものを池・海や山・野に放つこと。これが法会として固定したものが放生会《え》である。《しかうして》そうなると、の意。《一切の地・水……》この地・水・火・風はいわゆる四大で、物質的存在の依りどころとしての元素または要素を指す。ただここで、地・水を先身、火・風を本体とすることの理由については、明白な説明を注釈書に求めることはできない。おおよそ四大によってわが身もひとの身も構成されていると見る。惟賢の『補接鈔』には、「此事不審」として「四大共ニ先身也、四大同本体也」とする。《常住の法》法銑の説によれば、身は分散するが、四大は相続するから、常住といい、また身は壊滅しても、「神識」はつねに存するから、常住というとも述べて、後者の解釈の方が勝れているとする。ただし異本には「常住の法」以下「放生せしめよ」までの八字のないものがある。《死亡の日》慧因はこれを「初の亡日、或は年年の忌日」と解している。『経』の第三十九軽戒にも「亡滅の日、及び三七日、乃至七七日」に大乗の経律の講説を勧めている。《滅罪品》いまの『梵網経』は「盧舎那佛説菩薩心地戒品第十」という形になっているから、この品は実はない。

この条は放生を行なうことを積極的に勧めたもので、いままでの制戒とは少しく趣を異にするが、またこれと合わせて父母・兄弟などの死亡にあたって、その追善供養を行なうよう規定したことも、同類である。しかしそのうち、放生の理由は殺生と食肉という視点から捉えられているから、この戒は殺戒と食肉戒と関連し、もし放生にさからえば、自動的にこの二戒を犯すことになる。つまり菩薩の三聚浄戒としては、摂善法戒的性格を表とし、摂律儀戒的性格が裏づけになった制戒ということになる。

　しかしこの戒でもっとも注目されることは、「六道の衆生は皆これわが父母」という理解である。この捉え方は、たとえば『央掘摩羅経』巻四に、「一切衆生は無始の生死より生々輪転し、父母・兄弟・姉妹にあらざるなし。……自肉・他肉は則ちこれ一の肉なり。この故に諸佛は悉く肉を食せず」といい、『楞伽経』巻四には、肉を食べない理由を挙げたその最初に、「一切の衆生は本より已来《このかた》、展転の因縁を以て、常に六親たり。親想を以ての故に、応に食すべからず」といっていることなどと同様、佛教の一般的な理解であるが、これがさきの殺戒や食肉戒で触れられないで、ここで説かれたことには、どのような理由があったものか。あるいはこの戒が追善供養を説いて最後を結んだ、その辺に、理由があるのかも知れない。死者の亡日、三七日ないし七七日などの追善は第三十九戒にも触れているが、それは実はその戒全体としては末梢的な内容に属するから、追善供養はここに中心を置くと考えられる。そしてもしこの戒が放生とともにこれを勧めることを目的とするなら、これはまた報恩を鼓吹したものと解することも可能である。勝荘がこれを注釈して、『瑜伽論』巻四一に説く四十三軽戒の第三十七不知報恩戒の文を引いているのも偶然ではないし、義寂がこの戒を「放救報恩戒」と呼んで、「慈を行じて恩に報ずるの善行の故に制す」としていることも、注目してよい。

　恩の思想は佛教ではさまざまの経に説かれ、また総括して四恩を説く場合でも内容は多軌にわたっているが、それがここではこうしたかたちで説かれていることを注意しなければならない。ただこれについて、受戒のさいに剃髪にあたって、「流転三界中　恩愛不能断　棄恩入無為　真実報恩者」という偈を誦え、「恩を棄てて無為に入る」ことが「真実の報恩の者《ひと》」であるとすることも忘れることはできない。従ってここからすれば、この戒の報恩はいささか世俗的な感情に引かれすぎ、また死という超克しなければならない事象にこだわりすぎているとも言えなくはない。

またここではそうした死者への追福によって、亡者をして「人・天上に生」じさせることが説かれているが、伝奥の注釈では、これを「浄土に生」まれるものと解し、だから「諸佛を見る」のだとしている。このことは、たとえば聖武天皇の没年（天平勝宝八年、七五六）、孝謙天皇の勅に、「聞道《きくならく》、菩薩戒を有《たも》つことは、梵網経を本とす。功徳巍々として、能く逝者を資《たす》く。……この妙福無上の威力を以て、冥路の鸞輿を翼《たす》け、華蔵の宝刹に向はしめんと欲す」と説き、翌年の忌日には諸国で『梵網経』を講じさせていることと相応する。この戒はこうした伝燈を生みだす根拠として重要な意味を担ったものと考えられる。

第二十一軽戒

佛言。佛子。不レ得二以レ瞋報レ瞋以レ打報一レ打。若殺二父母兄弟六親二不レ得レ加レ報。若國主爲二他人一殺者。亦不レ得レ加レ報。殺レ生報レ生不レ順二孝道一。尚不下畜二奴婢一打拍罵辱上。日日起二三業一口罪無量。況故作二七逆之罪一。而出家菩薩無レ慈報レ讎。乃至六親中故報者。犯二輕垢罪一。

佛言《のたまわ》く、「佛子、瞋《いかり》を以て瞋に報《むく》い、打《だ》を以て打に報ゆることを得ざれ。もし父母《ぶも》・兄弟・六親を殺さるるとも、報《むくい》を加ふることを得ざれ。もし国主、他人のために殺さるるも、また報を加ふることを得ざれ。生を殺して生に報ゆれば、孝道に順ぜず。なほ奴婢《ぬび》を畜へて、打拍《ちょうはく》・罵辱《めにく》せざれ。日日《にちにち》に三業を起して、口罪《くざい》無量なり。いはんや、故《ことさ》らに七逆の罪を作らんをや。しかるに、出家の菩薩、慈なくして讎《あだ》に報い、乃至、六親の中に故らに報ゆれば、軽垢罪を犯す。

《国主、他人のために……》勝荘の釈によれば、これには二通りの理解があって、一つは「国主、他のためにその父母を殺す」と読み、いま一つは「国主、他人に殺さるる」と読むとする。いまは後者の読み方に従った。

「佛言く」以下、述べられるところは、ここでも十戒で、第二十一戒より第三十までが一括して説かれる。

ところで、この以下の十戒について、これを「和敬《わぎょう》の善を摂することを明」かしたものと解したのは義寂で、かれはこの立場から十戒を六和敬に配当し、初め三戒は身業同・口業同・意業同（これらは身口意の行為において和《なご》み柔らぎ、敬愛することをいう）の三に、つぎの一戒を見同に、つぎの四戒は利同に、最後の二戒は戒同（以上、見同・利同・戒同の三は同見・同施・同戒ともいい、同見は正しい智恵による見解を施すこと、同施・同戒は清らかな行・戒によってえた徳を施すこと）に合するものとした。この考えは太賢でもまったく同様である。

従ってここから、これら十戒をとくに摂善法戒と見る理解を生じているが、勝荘はこれらを摂善法戒と饒益《にょうやく》有情戒とを明かすものと、さらに解釈を展開させている。

しかしこうした解釈は理解の方法としては形式的には便利であるが、いささか牽強に走るきらいがあるようで、凝然もこれについて細説し、六和敬については、「今の疏（義寂の本疏を指す）、いまだ必ずしも六和に配対せず」と論じ、摂善・饒益二戒については、「しかれどもまたこの十、摂律儀に配すること、義理なきにあらず。……即ちこれ共門摂律儀の故に」と論じている。穏当な解釈と考えられる。

さて、この第二十一戒は、報復を禁ずることを主とし、合わせて、奴婢を畜えて、これを打擲《ちょうちゃく》することを制したものである。従って在家・出家の別なく、七衆すべてに禁じられたものと見てよい。智顗・義寂などが七衆同禁としたのも、当然であるが、またある異本には、最後の結びにいう「出家」の二字を欠くものがあったといわれることも注意されてよい。

しかし七衆同禁と見ながら、「奴婢」に関しては、在家がこれを畜えることは許されるとした智顗や勝荘の理解には、問題がある。これについて凝然は与咸の説を掲げているが、「奴婢」については第三十一戒にも触れるところがあるから、菩薩戒としては『経』に説くとおり、畜えることは七衆ともに禁じたものと解するのが、妥当であろう。ただ総じていえば、法蔵の理解のように、「在家・出家の二位、同犯なりと雖も、然れども出家の、この過失を作すこと、尤《もっと》も深し。故に別に重ねて（終りの「出家」の二字を指す）挙ぐ」とするのは、穏当な線である。

またこの戒は、すでに怒りに対する報復を禁じたのであるから、もし父母などの殺害といった条件を欠くときは、波羅夷罪との差異を失うが、その報復が相手を死にいたらせるときは、これまた波羅夷罪になる。従ってこの戒は「打拍・罵辱」といった形での報復行為を禁じたものと見られる。

若佛子。初始出家未レ有レ所レ解。而自恃ニ聰明有智一。或恃ニ高貴年宿一。或恃ニ大姓高門大解大福饒財七寶一。以レ此憍慢而不レ諮ニ受先學法師經律一。其法師者。或小姓年少卑門貧窮諸根不具。而實有レ德一切經律盡解。而新學菩薩不レ得レ觀ニ法師種姓一。而不ニ來諮ニ受法師第一義諦一者。犯ニ輕垢罪一。

若佛子、初《はじ》始めて出家して、いまだ解《げ》する所あらざるに、しかも自ら聡明有智《うち》を恃《たの》み、或は高貴・年宿を恃み、或は大姓《だいしょう》高門・大解《だいげ》・大福・饒財《にょうざい》七宝を恃み、これを以て憍慢《きょうまん》して、先学の法師に経律を諮受《しじゅ》せず。その法師は、或は小姓・年少・卑門・貧窮《びんぐ》・諸根不具なりとも、実に徳ありて、一切の経律、尽く解《げ》す。しかうして新学の菩薩、法師の種姓《しゅしょう》を観ることを得ざれ。しかるに来りて法師に第一義諦を諮受せずんば、軽垢罪を犯す。

〈いまだ解する所……〉まだ大乗の教えを習学することもなく、また戒律についてもじゅうぶんな理解がないのに。〈有智〉世俗的な智恵。こざかしいずるさ。〈年宿〉年長であること。僧の場合は出家受戒以後の年数の多いこと。〈大姓高門〉インドでは波羅門・刹帝利《せっていり》などは生まれの貴さを示すとされるが、一般的には門閥・家柄などの立派なこと。〈大解〉世俗的な知識・学問に通じていること。〈大福〉かつて行なった多大な福徳の行、善根功徳。〈饒財七宝〉豊かな財物と金・銀などの七宝。〈小姓〉インドでは農工商など平民階級の毘舎《びしゃ》や奴隷階級の首陀《しゅだ》羅などであるが、一般には生まれの卑賤なこと。下にいう卑門もほぼ同様の意。〈諸根不具〉眼などの五根が満足に備わっていないこと。たとえばひどい近眼や乱視、難聴など。あるいは姿・形や容貌などの醜いこと。〈種姓〉出身や生まれ。ここでは、さとりを開くための種である、もとから備わる素質としての種姓を意味しない。〈第一義諦〉涅槃とか真如といった、世俗の真実・真理を超えた、最高真実の真理のこと。

この戒は、一読して明らかなように、俗世間にあったときの、出自や身分・地位・富財産、知識・学問など、そうした世俗的な誇りをもって、僧の在家のときと比較してこれを軽蔑し、あるいは年長であるということをもって年少の僧を軽んずるといった、憍慢の心を制したものである。その意味では、「惰心・慢心・痴心・瞋心を生じて」と説く第一軽戒とも相応するものがある。また智顗はこの戒をもって「前の第六戒と同じ」とし、「不請法を制して、心を以て異となす。前は懈怠にして請はざるを制し、これは憍慢にして請はざるを制す」と説いている。

ところで、この戒は「初始めて出家して」と記しているように、出家を対象として制したことが明白であるが、智顗・法蔵・義寂などとともに等しく出家・在家に共通したものとする点は注目される。法蔵が「且《しばら》く出家を挙ぐるも、理は実に在家もまたこの制に同じ」というところは、それを示している。このように拡大解釈する必要があるかどうか、問題はあるとしても、この戒の焦点をあえて曖昧にしたものとはならないだろう。

第二十三軽戒

若佛子。佛滅度後。欲心好心受菩薩戒時。於佛菩薩形像前自誓受戒。當七日佛前懺悔。得見好相便得戒。若不得好相。應二七三七乃至一年。要得好相。得好相已。便得佛菩薩形像前受戒。若不得好相。雖佛像前受戒不得戒。若現前先受菩薩戒法師前受戒時。不須要見好相。何以故。以是法師師師相授故。不須好相。是以法師前受戒即得戒。以生重心故便得戒。若千里内無能授戒師。得佛菩薩形像前受戒而要見好相。若法師自倚解經律大乘學戒。與國王太子百官以爲善友。而新學菩薩來問若經義律義。輕心惡心慢心。不一一好答問者。犯輕垢罪。

若佛子、佛滅度《めつど》の後、心に好心をもて菩薩戒を受けんと欲する時は、佛・菩薩の形像《ぎょうぞう》の前に於て、自ら誓って戒を受けよ。当《まさ》に七日をもて佛前に懺悔《さんげ》し、好相を見ることを得ば、便《すなわ》ち戒を得べし。もし好相を得ざれば、応《まさ》に二七・三七、乃至、一年なりとも、要《かなら》ず好相を得べし。好相を得《え》已《おわ》らば、便ち佛・菩薩の形像の前にして戒を受くることを得《う》。もし好相を得ざれば、佛像の前にして戒を受くと雖も、得戒せず。もし現前《げんぜん》に先に菩薩戒を受けし法師の前にして、戒を受くる時は、要ずしも好相を見ることを須《もち》ひず。何を以ての故に。この法師の、師師相《あい》授くるを以ての故に、好相を須ひず。ここを以て、法師の前にして戒を受くれば、即ち得戒し、重心を生ずるを以ての故に、便ち得戒す。もし千里の内、能く戒を授くる師なくんば、佛・菩薩の形像の前にして戒を受くることを得るも、しかれども要ず好相を見よ。もし法師、自ら経律・大乗の学戒を解《げ》するに倚りて、国王・太子・百官の与《ため》に以て善友《ぜんう》となり、しかも新学の菩薩来りて、もしは経の義・律の義を問はんに、軽心・悪心・慢心をもて、一一に好《よ》く問に答へずんば、軽垢罪を犯す。

《滅度》涅槃に同じ。ただしここは釈迦佛が世を去ったことを指す。《心に》異本には心を以に作る。そのときは「好心を以て」と読む。好心とは菩薩としての抜苦与楽の利他心といわれる。《自ら誓って……》いわゆる自誓受戒のこと。自然受ともいう。この受戒法は『占察善悪業報経』にも説き、菩薩の受戒法として極めて特異なもので、とくに日本ではこれがことあるごとに注目された。《懺悔》太賢では佛前の懺悔に憶念する頌を掲げ、「佛誓㆑度㆓群生㆒　我入㆓一生数㆒　遍知助㆓我善㆒　一切罪滅除」と記している。『心地観経』巻三には、上根の人の求戒の懺悔のさまを記し、血の涙を流すなどという。《好相》これについては、第四十一軽戒に「好相とは、佛来りて頂を摩《な》で、光を見、華を見る、種種の異相」だと説く。弘賛の『略疏』には、これを夢中また禅定にあって得るものとする。《一年》法蔵は一年を過ぎても好相を得ることができないひとを「障重の者」とし、ついに得戒しないと説く。ただし慧皎は『高僧伝』巻二、曇無《どんむ》讖《しん》の条に、弟子道進が曇無讖に菩薩戒を受けたいと申し出たとき、しばらく悔過《けか》することを教え、悔過七日七夜を終えた道進が受戒を乞うて師の怒りにあい、ついに力を勠すこと三年、定中に佛・菩薩を見ることができ、師より菩薩戒が授けられたことを記している。これからすればあながち年数を限ることはできない。《現前に……》いま現に実際、すでに菩薩戒を受けた僧がいて、その人から受戒する場合は……。《師師相授……》師資相承の戒師であるから。たとえば最澄は「天台円教菩薩戒相承師師血脈譜」に「蓮華台蔵世界赫赫天光師子座上盧舎那佛」より以下、最澄にいたるまでの相承系譜を記している。《重心》異本に「至重心」に作る。《形像の前にして》異本にはつぎに「自誓」の二字がある。《学戒》六波羅蜜の修行を完成するために行なう、いわゆる六事成就の一としての学戒で、これにより持戒波羅蜜が成就する。あるいは、たんに学問と戒律の意とも、とれる。

この戒は、釈迦佛滅後のひとが菩薩戒を受けるときの、その受戒の方法について規定し、それに自誓受戒と授戒の師を得て行なう従他受の二があることを示して、自誓には好相を得る必要があることを強調しているが、この戒の本来の制意は、すでに経律や大乗の学戒についてよく知り修行した法師が、新学の菩薩を軽んじたり、あるいは悪意や慢心を抱いて、問いに対して丁寧に答えてやらないことを禁じたところにある。従って、これは出家だけを対象にしたようであるが、しかし『経』にいう「法師」という制約は余り重視する必要はないと見たか、智顗・義寂・太賢など、等しく七衆同犯と理解している。またここには「悪心・慢心」などが指摘されているから、性罪とも連絡するところがある。

しかしこの戒の制意がどこにあったとしても、この戒が注目された部分は、受戒方法を説いた箇所で、とくに自誓受はもっとも関心を引いてきたところである。それは、他の経論との関係において菩薩戒の独自な性格を端的に表わしているからであるが、とくに日本では大乗としての律宗が時代の推移により興亡を繰り返した特異な事情や、天台宗が円戒をこの梵網戒に求めたことなどにもあったことはまぎれもない事実である。

ところで、まずこのように自誓受を許した経典は他に『占察善悪業報経《せんさつぜんまくごつほう》』(略して『占察経』)がある。そこでは三聚戒を自誓することによって、比丘・比丘尼の戒も得られるとし、「未来世のもろもろの衆生等、出家を求めんと欲して已に出家に及ぶに、もし善好の戒師、及び清浄僧衆を得る能《あた》はずして、その心《こころ》疑惑し、如法に禁戒を受くることを得ざる者は、ただ能く学して無上道心を発し、また身口意をして清浄なることを得しめ已《おわ》るも、その未《いま》だ出家せざる者は、応当《まさ》に剃髪して法衣を被服し、上の如く願を立つべし。自ら誓って菩薩律儀の三聚戒聚を受くれば、則ち具《つぶさ》に波羅《はら》提木叉《だいもくしゃ》の出家の戒を獲《う》と名《なづ》け、名けて比丘・比丘尼となす」と説いている。従ってこの経文からも、菩薩戒の自誓受が許されることは明らかである。ただここにははっきり三聚の名を説くが、梵網戒にはそれが明瞭ではないし、とくにいま掲げた文につづけて、「即ち応に声聞の律蔵、及び菩薩所習の摩《ま》徳《とく》勒伽蔵を推求し、受持・読誦・観察・修行すべし」と記している点には、小乗の律との関係が微妙である。しかしそうした小乗律との関係を匂わす口吻《こうふん》はあるけれども、菩薩の三聚戒の自誓を認めている点は、梵網戒に重なると同時に、さらにその不備を補足するものである。従って天台宗では円仁以後、この『経』が注目され、またさかのぼっては、律宗の祖、鑑真渡来以前では、この『経』に比丘・比丘尼の身分の、法にかなった根拠を求めたのである。自誓受はこのほか『菩薩瓔珞本業経』にも見えるが、ところがこれに制限を加えたものは『瑜伽師地論』（瑜伽論）巻五三の所説である。そこには

律儀を受くるに堪ふることあらば、方《まさ》に受くることを得べし。この中、或は他に由り、自に由りて、律儀を受くることあり。或はまた一あり、ただ自然受《じねんじゅ》なり。苾芻《ひっしゅ》律儀を除く。何を以ての故に。苾芻律儀は、一切の、受くるに堪ふるものにはあらざるが故に。もし苾芻律儀、要ずしも他より受くるものにあらざらば、もしは出家に堪ふるも、もしは出家に堪へざるも、ただし出家を欲すれば、便ち応に一切、その欲する所に随って自然に出家すべし。かくの如きは聖教に便ちなし。軌範もまたなし。……この故に、苾芻律儀には自然受の義あることなし。

と説かれている。ここでは自然受、すなわち自誓受は在家にのみ許され、出家の比丘・比丘尼においてはかならず従他受でなければならないとする趣意が、極めて明白である。

ここに、自誓受を許す『梵網経』や『占察経』を採るか、『瑜伽論』の立場に従うかによって、菩薩戒をどういうものとして捉えるか、その理解の分かれ目が生じてくるが、しかしこのような明らかな所説の対立も、鎌倉時代に律宗の復興が叫ばれた時点では、いちおう問題の外に置かれて、かえって『占察経』を援用して、自誓受による復興を正当化するにいたっている。

第二十四軽戒

若佛子。有㆓佛經律大乘正法正見正性正法身㆒而不㆑能㆓勤學修習㆒。而捨㆓七寶㆒反學㆓邪見二乘外道俗典。阿毘曇雜論書記㆒。是斷㆓佛性㆒障㆑道因緣。非㆑行㆓菩薩道㆒。若故作者。犯㆓輕垢罪㆒。

若佛子、佛の経律、大乘の正法《しょうぼう》・正見・正性《しょうしょう》・正法身《しょうほっしん》あらんに、しかも勤学《ごんがく》・修習《しゅじゅ》するあたはず。しかも七宝を捨てて、反つて邪見の二乘・外道・俗典・阿毘曇《あびどん》・雑論《ぞうろん》・書記を学するは、これ佛性を断じ、道を障《さ》ふる因縁なり。菩薩道を行ずるものにあらず。もし故らに作さば、軽垢罪を犯す。

〈大乗の正法……〉正法とは大乗の教法、正見はその正しい理解と実践、いわゆる解行、正性はその理法、すなわち解行によってさとられねばならない理法、正法身は理法の顕現として果をいう。法銑はこれを整理して、「即ち教へに依りて解を生じ、解に依りて理を見、理を見て果を成ず」と示している。〈七宝〉大乗の法を七宝に喩え、以下の「邪見の二乗」などを瓦礫に比したもの。〈邪見の二乗……〉邪見は以下の「二乗」などすべてにかかる総句。「二乗」について、法蔵では「二乗は、十地論の七種の邪見中に、異乗の邪見に名く。楞伽の二十種の外道中には、小乗の外道に名く」といい、いささか細説に走っているが、要するに大乗に乖く小乗と見てよい。外道はいわゆる九十五種の異学異見。俗典は世俗の典籍で凝然は

「天竺」の俗典には、世俗の風芳・声明・医方・祭祀・歴代帝王の史籍記録・礼楽・文道。震旦には、三玄儒宗・五経九経・記伝史籍・易玄虚玄談玄等の書」と注釈している。阿毘曇は阿毘達磨、すなわち対法で、小乗の論書。雑論は小乗・外道、および世俗の典籍などに説くところをいろいろとまぜ合わせてなったもの。書記は書と記で、書は文字の書き方、いわゆる筆勢などによる美しさをいい、世俗の大芸であり、記は算数で、数を記録すること。

この戒は一読して、大乗を捨てて、小乗など外道・俗典、あるいは俗学・俗芸に走ることを戒めたものであることが明らかである。従って大乗菩薩の僧俗を共通の対象としたものであると見られるが、智顗がこれを「七衆同犯」として、声聞にも適用できると見たことは注目される。かれはその理由を、声聞は具足戒を受けた後、五年間は依止師によって律学を修めると律に規定してはいても、その後のことは制しないから、という点に求めたもので、これは中国の受戒の実状からしても、大小兼学の立場に立っていたからである。このことは日本でも、最澄が創めた円戒以外は、同様である。ここには三聚浄戒をどう理解するかという問題があるわけで、十重四十八軽をどこに位置づけるかによって、理解がかわってくることになる。

しかしいずれにしても、こうした小乗以下のことを学ぶのは――正見の小乗などが認められないかぎり――「邪見」に走るものとされるから、「佛性を断じ、道を障ふる因縁」であって、「菩薩道を行ずる」ものとはならない。その意味では、経意は「七衆同犯」を考えてはいないと見られる。

第二十五軽戒

若佛子。佛滅後。爲二說法主一爲二僧房主敎化主坐禪主行來主一。應丁生二慈心一善和二鬪訟一。善守二三寶物一莫丙無レ度用如乙自己有甲。而反亂レ衆鬪諍恣レ心用二三寶物一者。犯二輕垢罪一。

若佛子、佛滅後、説法の主となり、僧房の主・教化の主・坐禅の主・行来《ぎょうらい》の主とならんには、応に慈心を生じて善《よ》く闘訟《とうしょう》を和《わ》し、善く三宝物を守りて、度なく用ひて自己の有《う》の如くすることなかるべし。しかるに反って衆を乱して闘諍《とうじょう》せしめ、心を恣《ほしいまま》にして三宝物を用ひば、軽垢罪を犯す。

《説法の主》この文のつぎに、諸本には多く「行法の主となり」の一句がある。これについて、智顗は「行法の主」をもって始めの「説法の主」を開いて二つにしたもので、実は「説法の主」および「僧房の主」以下を合わせた「五種人」を説くのが本筋だとし、法蔵も「主の義、多しと雖も、略して五種を挙ぐ」として、「行法の主」をはぶく。ただし義寂はこれをとって「六主」とし、明曠・勝荘も六と数える。ちなみに、義寂は「行法の主となるとは、謂く、施行教法の主なり」といい、太賢は「行法の主となるとは、経蔵等を守る」という。《僧房の主……》法蔵の説明を借りて言えば、「僧房の主」とは、寺房の綱維《こうい》として衆のために堅く財物を守護するものであり、「教化の主」とは、檀信徒を教え導き、寺塔を修治して、その財を守り、衆を悩まさないもの、「坐禅の主」とは、よく止観《しかん》の修行を教えて、煩悩がおこらないようにさせるもの、「行来の主」とは、多くのものを率いて諸方に伴ない、見たり聞いたりすることによって、戒律を破ることのないように導くもの、とする。あえて異を説く必要はないが、ただ義寂は最後の「行来の主」について、「一食の処を施して供給するが如きは、行来の主」であるとし、勝荘も客人の送迎にあたるものとしている点、共通した解釈と見られる。《度なく用ひて……》三宝物を用いるにはそれに応じたきまりがあるが、それを無視して、節度なく、度はずれに、自分のもののように用いてはならない。太賢は「自己の有の如くする」とある文について、二義があるとし、自分のもののように勝手気ままに使用することと、必要なときに物おしみすることとであるとする。

この戒は、衆人の主となったものに対して、衆人を争いに堕しいれることと、三宝物を私用することとを制したものであるが、闘争と三宝物の私用とは直接の結びつきがあまり明瞭ではない。あるいはこの争いの原因を三宝物に求めることができるとすれば、争いは三宝物をめぐった争いに限定される。その意味では、智顗が「彼我をして利を獲しめて、反って闘乱を起」こさせることを制した、とする理解は当を得たものといえる。従ってこの戒を「不善和衆戒」と称したものであるが、法蔵・義寂ではこの二つの扱いが並列的で、明瞭を欠く。また太賢ではかえって三宝物の私用に焦点が置かれているかに見える。

もし三宝物に重点を与え過ぎると、この戒は一種の盗戒になり、性戒として波羅夷罪に摂することが可能になる。凝然が利渉の注釈を引いて言っているところは、この点で、争いという点では、これは軽垢罪、ほしいままに三宝物を用いるという点では重罪であるとする。しかしもしこの戒の積極的な作善に重点を求めるとすれば、智顗のように、前者にこの戒の本意があると見る方が妥当のようである。

ところで、この戒に対する見方の差はさらに出家・在家の二者をともに対象とするか、どうか、といった問題に対しても差異を生じている。智顗では出家の比丘・比丘尼だけがこの対象になり、沙弥以下の三衆および在家の男女二衆には適用できないとし、かれらは「衆を持たない」からと説くが、義寂は在家にも「衆を御する義あり」として、これに反対している。しかしここでは、義寂の理解の方に分があるようで、在家といえども、とくに菩薩という意を重視するかぎり、けっして衆主となれないとはいえないからである。

ただこの戒を大小の二乗にともに制するところだとする解釈が一般であるが、ここに律が規定するような「七滅諍」を引き合いにだすことがどの程度、可能か、疑問である。律では争いを鎮めることができなかった衆主は突吉羅《ときら》の罪になり、罪としてはもっとも軽微なものとされる。

第二十六軽戒

若佛子。先在㆓僧房中㆒住。後見㆔客菩薩比丘來㆓入僧房舍宅城邑國王宅舍中。乃至夏坐安居處及大會中㆒。先住僧應㆓迎㆑來送㆑去。飮食供養。房舍臥具繩床。事事給與㆒。若無㆑物。應㆘賣㆓自身㆒及以㆓男女㆒供給。所須悉以與㆖㆑之。若有㆔檀越來請㆓衆僧㆒。客僧有㆓利養分㆒。僧房主應㆘次第差㆓客僧㆒受㆖㆑請。而先住僧獨受㆑請不㆑差㆓客僧㆒。僧房主得㆓無量罪㆒。畜生無㆑異。非㆓沙門㆒非㆓釋種姓㆒。若故作者。犯㆓輕垢罪㆒。

若佛子、先に僧房中に在りて住し、後に客菩薩比丘《かくぼさつびく》の、僧房・舎宅・城邑・国王の宅舎の中、乃至、夏坐安《げざあん》居《ご》の処、及び大会《だいえ》の中に来り入るを見ば、先住の僧、応に来るを迎へ、去るを送り、飲食《おんじき》供養し、房舎・臥具・縄床、事事に給与すべし。もし物なくば、応に自身を売り、及び男女を以て供給《くきゅう》し、所須《しょしゅ》悉く以てこれを与ふべし。もし檀越《だんのつ》の来りて衆僧を請ずること《しょう》あらば、客僧にも利養の分あれば、僧房の主、応に次第に客僧を差《つかわ》して、請を受けしむべし。しかるに先住の僧、独《ひと》り請を受けて客僧を差さずんば、僧房の主、無量の罪を得ん。畜生と異《こと》なることなく、沙門にあらず、釈種《しゃくしゅ》の姓にあらず。もし故らに作さば、軽垢罪を犯す。

〈菩薩比丘〉一般に比丘の称は声聞僧を指すと見られるが、ここでは菩薩の比丘が明示された点、注目されるものがある。

〈夏坐安居〉夏安居と同義。安居は梵語 varṣa または vārṣika の訳語で、雨期を意味する。インドの雨期三ヵ月（一夏《いちげ》九旬《ヴ》、）一般には四月十六日より七月十五日までをいい、この間は虫類などの発生期であるため、出家は不用意な殺生を避けるため、一定の場所に集まり住して、禅定や経典研究など修行に努める。『大唐西域記』巻二に安居に二種があることを説いて、「五月十六日より九月十五日に至る、雨時也。……夏三月とは、頞沙荼月・室羅伐拏月・婆羅鉢陀月を謂ふ。ここ（中国）に当つれば、四月十六日より七月十五日に至る。……故に印度の僧徒、佛の聖教によりて両安居に坐す、或は前三月、或は後三月あり。前三月は、ここに当つれば、五月十六日より八月十五日に至る。後三月は、ここに当つれば、六月十六日より九月十五日に至る」という。《大会》たとえば、一切の沙門・婆羅門・外道、ないしは貧窮・下賤・孤独・乞人などに供養する無遮《むしゃ》大会、釈迦の誕生を祝う佛生日大会、成道を祝う菩提大会、初転法輪を記念する転法輪大会、あるいは五年に一度行なう無遮大会である五年大会（ただしこれは一説）、ないしは阿難大会・羅睺羅《らごら》大会などがある。《縄床》この下、異本には「木床」の二字がある。縄床、木床ともに坐禅のときの坐具。《男女を以て……》この箇所、異本には「以」の一字を欠くものが多く、また「男女」の下に「身」または「身応割自身肉売」の七字を加えるものなどがある。その一例を智顗に見ると、そこでは「自身、及び男女の身を売り、自身の肉を割きて売り」とあり、「応」の字はない。このほかにも異本により多少前後に異動がある。《檀越》梵語 dānapati の訳語。布施を行なう人で、施主のこと。《沙門》梵語 śramaṇa を音訳した沙門那などの略。桑門《そうもん》・喪門などとも書き、勤《ごん》息・貧道などとも訳する。出家修行者の意で、佛教だけに限らない。《釈種の姓》釈種は釈迦族の意であるが、転じて佛弟子の意。姓は性と同じで、本性のこと。ここでは佛弟子としての本性をもったものを指す。

この戒は出家の僧尼だけを対象にし、先住のものと後から訪れて来たものとの関係について、それがどのようになければならないかを規制したものである。

内容はほぼ二つに分けられ、一は客僧に対する供養、二は檀越の招待があった場合、客僧をもその招待に与《あずか》らせるということである。

このうち客僧に対する供養については、先住の僧と客僧との、法臘（具足戒を受けたその後の年数）などによる差は問題になっていない。客に対して上下の差なく、等しく手厚いもてなしが要求されている。ただしそのもてなしの程度については、いささか過激な表現に及んでいることはすでに知られるとおりである。ここで「身を売る」とか「男女を以て供給」するなどといわれることが、どの程度にそのまま受け取ってよいかは、問題である。智顗はこれを「挙況の辞」とし、例を挙げてたとえたものとするが、法蔵はこれをその言葉どおりに理解したもののようで、「如来の制意、重きこととここに至る」と述べている。ただ「身、及び男女を売る」ということには「異釈」があるとし、また「男女はただ在家」のことであると解している。従ってここからすれば、この戒は出家だけが対象でなく、在家をも兼ねることになり、義寂はこの理解に立つが、ここはやはり智顗の解釈が穏当であり、この戒を出家だけのものとする方が、全文の構成をくずさないだろう。

つぎは招待の際の客僧の扱いであるが、ここで問題なのは、経文に「次第に」とあることの理解の仕方である。これについては、凝然も言うように、義寂・勝荘の二釈があり、ともに詳細にわたって論じている。しかしこれらを細説することは煩雑であって、かえって律制のなかに埋沈することになるから、いまいくつかの説明を紹介するに止める。

まず客僧が破戒・無戒のものではないことである。もし律制に言う僧残罪を犯したものである場合は、たとえ法臘は上でも、沙弥よりも下に位置することになるから、請を受ける次第はこれによって変わる。しかしこうしたことがなければ、おのずから法臘の多い上座から下座へと順序に下って、請に与《あずか》るのは当然である。ただ請ぜられるところがどういう性質のものか、たとえばただの斎会か、あるいは安居の説法か、講席か、といった差異があれば、これに応じた順序次第が必要で、一般的な僧次はここでは適用できない。

またここにはもう一つ大小二乗の僧の差が考えられるが、ただ大乗としては、小乗のものをのけものにして大乗のものだけを請に差《つかわ》すのは、大乗の精神に反するとしてしりぞけられる。当然、大小の差なく、招待されることになるが、大小の僧次をどう調整するかは、とくに日本のような場合は問題である。それは、日本では最澄の開いた天台宗が、菩薩戒を受けただけで菩薩比丘になれるとした新たな制度の成立と密接に関連しているからで、後に道元が入宋して席次のことで、中国僧との間に思わぬ困難を味わったのも、このことによる。

第二十七軽戒

若佛子。一切不レ得下受二別請一利養入上レ己。而此利養屬二十方僧一。而別受レ請卽取二十方僧物一入レ己。八福田諸佛聖人一一師僧父母病人物自己用故。犯二輕垢罪一。

若佛子、一切、別請《べつしょう》を受けて、利養を己《おのれ》に入るることを得ざれ。しかもこの利養は十方僧に属す。しかるに別に請を受くるは、即ち十方僧の物を取りて、己に入るるなり。八福田の、諸佛・聖人・一一の師僧・父母・病人の物を自己に用ふるが故に、軽垢罪を犯す。

《別請》特定の個人だけが名指しで招待されること。《十方僧》一切の僧の意。四方僧ともいう。《僧の物》僧衆の共有物を「僧物《そうもつ》」というが、これに現前《げんぜん》僧物・四方僧物など、その他の分類法がある。このうち、四方僧物は一切の僧が共有できる寺や田園などを指し、現前僧物は、現に眼の前にいる、いわゆる現前僧が用いるとされているもので、施主から施された衣類や食物など、その他がある。《八福田》福田とは梵語 puṇya-kṣetra の訳語で、福徳を生む田の意。その意味では佛が最大のものであるから、佛を大福田・最勝福田などという。いわゆる敬田・恩田・悲田の三福田のほか、種々の数え方があり、八福田は佛・聖人・和上・阿闍梨・僧・父・母・病人の八を数える。

この戒はさきの戒で説かれた在家よりの招きについて、とくに名指しで招待される「別請」・「利養」の問題を扱ったものであり、出家だけに適用される制戒であることは、さきの戒と同じである。しかし考えようによっては、請ずる側の在家にも係わるが、その問題はつぎの第二十八戒に譲られたものと見られる。

ところで、ここで別請が制止されたのは、実はその別請による「利養」が焦点のようで、その意味で、「利養は十方僧に属す」る、といった「物」が問題になっているものと考えられるが、義寂のように、「菩薩は一向に別を遮す」として、「別請」と「利養」の一切を禁じたととる見方もある。経文がはじめに掲げた言葉は明らかにこの二点にあるから、当然そうなければならないが、ただ後には「僧物」が強く打ち出されていることも明白である。

おそらくこのあたりに理解の分かれ目があると見え、智顗はこれに関して、「もし受戒説法に請じては機を見、或は比智もて、この人、無我なれば、則ち功徳を営まずと知らば、かくの如き等は制せず」と言い、また「四人より已上にして、一の僧次あらば、不犯」と言っているのも、「別請」といっても、その内容には差があると考えたことを語っている。また法蔵が、僧次に則った請を僧次に則って受けた場合と、別請を僧次に即して受けた場合とを「不犯」としたのも、ほぼこの線を認めたものと考えられる。また太賢は、さきに第六軽戒に「常に法師を請じて三時に説法せし」める、とあることをここに想起したのであろう、あるひとが、「法を説かんと欲する等、別して化する所あり、僧次に関らず、別請を受くることを得」と説くものを「勝と為す」とし、「前に説法者を供養すと説くが故に」と記している。

そしてこうしたなんらかのかたちで別請を認めようとする姿勢は、勝荘では『瑜伽論』巻四一の、施に関する軽戒の第四の引川となったと見られる。そこでは、「菩薩の浄戒律儀に安住」している菩薩は、他から請ぜられたり、あるいは在家の家や他の寺に招かれて、飲食・衣服その他、生活を支えるものの布施にあずかる場合、「憍慢」や「嫌恨」や「恚悩」の心を抱いて、その請に応じなければ、かえって罪を犯すことになる、と述べられている。ここでは「憍慢」など心が問われるために、梵網の軽戒とはいささか性格が異なってきているが、別請を受ける側としては、いちおう予想される条件である。従ってその心さえなければ、別請は許されるわけである。ただやはりここでも制約は多々あって、とくに梵網戒との関係では、その別請が「余のものの先に請」じられたものであるときは、それを受けなくても、「違犯」にはならないとされ、僧次の問題が前提にあることを語っている。

以上は、別請について条件づきで認めようとした傾向に着目したものであるが、「利養」という点では、経文は一読して、これを制止したことが明らかである。これは贅言の余地を残さないといってよい。「十方僧の物」を自分だけのものにすると見るのであるから、まさに盗戒に準ずることになる。

戒相に見える別請のことは『比丘応供法行経』や『涅槃経』「聖行品」によるものと言われている。

第二十八軽戒

若佛子。有二出家菩薩在家菩薩及一切檀越一。請二僧福田一求レ願之時。應下入二僧房一問中知事人上。今欲二次第請一者即得二十方賢聖僧一。而世人別請二五百羅漢菩薩僧一。不レ如二僧次一凡夫僧一。若別請レ僧者。是外道法。七佛無二別請法一。不レ順二孝道一。若故別請レ僧者。犯二輕垢罪一。

若佛子、出家の菩薩・在家の菩薩、及び一切の檀越《だんのつ》ありて、僧福田を請じて、願を求むる時は、応に僧房に入りて、知事人に問ふべし。今、次第に請ぜんと欲せば、即ち十方の賢聖《けんじょう》の僧を得ん。しかれども世人、別して五百の羅漢・菩薩僧を請ずるは、僧次の一凡夫僧に如《し》かず。もし別して僧を請ぜば、これ外道の法なり。七佛に別請の法なし。孝道に順ぜず。もし故《ことさ》らに僧を別請せば、軽垢罪を犯す。

《僧福田》僧は、さきに説かれたように、八福田の一。僧田ともいう。つまり福田としての僧という意。《知事人》僧物の保管・分配をしたり、請僧の指定などの役目を掌るもの。《今、……》異本には「今」の下に「欲二請レ僧求一レ願。知事報言、次第請者」の文が見え、太賢の『古迹記』など一・二を除いて、他はほとんどこの表現を取っていて、その方が意味も取りやすい。これに従えば、「今、僧を請じ、願を求めんと欲す、と。知事報《こた》へて言へ。次第に請ぜば、……孝道に順ぜず、と。」と読むことになろう。《賢聖》小乗では三賢（五停心・別相念住・総相念住の三）・四善根（煖《なん》法・頂法・忍法・世第一法の四）を七賢といい、七聖（随信行・随法行・信解《しんげ》・見至《けんじ》・身証・慧解脱・倶解脱の七）と合わせて、賢聖と総称する。佛道を修行して、煩悩を去った智慧を得て、佛教の四諦を正しく捉えることができる境地に達するとき、これを見道《けんどう》と言うが、ここにいたったものを聖といい、それ以前の、悪を離れることができたものを賢という。大乗では三賢・十聖を説き、十住・十行・十廻向の段階を三賢、十地を十聖とする。《世人、別して……》明曠の説明によれば、『優婆塞戒経』に説くとして、鹿子母の別請を挙げているが、『経』巻六、五戒品には、「この故に、我、鹿子経の中に於て、鹿子母に告げて曰く、また佛及び五百阿羅漢を請ずと雖も、なほ故らに請僧の福と名くることを得ず。もし能く僧中の一似像極悪の比丘に施すも、なほ無量の福徳果報を得、と」とある。「似像」はいわゆる「えせ（似而非）」の意である。《羅漢》羅漢は阿羅漢（梵語 arhat の音写）の略称。応供（供養にふさわしいものの意）、殺賊などと訳する。佛の別称ともされるが、ここは小乗の最高のさとりを得たものを指す。《七佛》いわゆる過去七佛。釈迦佛を含めて、釈迦以前の佛を七人数えたもの。毘婆尸《びばし》佛・尸棄《しき》佛・毘舎浮《びしゃぶ》佛・拘留孫《くるそん》佛・拘那含牟尼《くなごんむに》佛・迦葉《かしょう》佛・釈迦牟尼佛の七。

さきの戒が「別請」よりも「利養」に重点を置いて、この二つを含めて制止したのに対して、ここでは「別請」は「七佛」の教えにかつてないところとして、「僧次」によって請じられねばならないことが明示される。従ってこれは請ずる側の僧俗すべてに対する「七衆同制」の戒である。

ここでは、僧を請ずる申し出でに対する知事人の説明によって、「請」は僧次に従ってなされるとき、たとえその結果が一凡夫僧の「請」に止まっても、五百の阿羅漢・五百の菩薩僧を「別請」するよりは勝れている、と説かれているから、別請の意義や功徳はないと知られるが、さらに別請をもって「外道の法」とし、「七佛に別請の法なし」とも説かれていて、別請はどんな場合も禁止されたものと見なければならない。

ところが、律文には別請をゆるす明文があって、『四分律』巻四二に、佛が波羅㮈の居士、耶輸伽の父の別請を受けたとき、佛に従侍した耶輸伽が、「佛はわたしたちに別請を受けることをお許しになっておられない」として請を受けなかったため、佛は「二種の請があって、これは受けてもよい。一つは僧次による請、もう一つは別請である」と説いた、とされている。これは釈迦佛が別請を許したことを示すから、必ずしも「外道の法」とし、「七佛に別請の法なし」とは言えないはずである。

これについて、義寂は「諸佛の本懐は、等遍を主となす。この故に本《もと》より別請の法なし。設《も》し律教の中に別請を許すことあるは、曲《ま》げて世情に順じ、権《かり》に教門を施したるなり」と言い、真実を示すための「漸制」であるとし、また明曠はこの「外道の法」について、「佛法の外を外道と名けしにて、外外にはあらざるなり。律には声聞に約して別請を開受す。故に知んぬ、七佛並びに、菩薩には別請の法なきに約す」（明曠のいまの末文には、「七佛並、約レ聞二菩薩一無二別請法一」とあるが、一本には「聞」がなく、その方が意味が通ずるので、それによった）と解し、いまの「外道」は外外道ではなく、内外道、すなわち佛教内の声聞などを指すととっている。これからすれば、少なくとも菩薩戒の立場では、別請は一切、制止される、と説くこの戒条の意はよく保たれることになろう。まただからこそ「出家の菩薩・在家の菩薩」という書き出しの言葉も、それを指示したものであろう。また「七佛」を引き合いにだしたのは、その意を強調するためで、「七佛」の一一の律制や行履の上で確かめたものではなく、また確かめるすべはない。

この戒相も『仁王経』「嘱累品」『比丘応供法行経』によるとされている。

第二十九軽戒

若佛子。以二悪心一故爲二利養一故。販二賣男女色一。自手作レ食自磨自舂。占二相男女一。解二夢吉凶一。是男是女。呪術工巧調二鷹方法一。和二合百種毒藥千種毒藥蛇毒生金銀蠱毒一。都無二慈心一。若故作者。犯二輕垢罪一。

若佛子、悪心を以ての故に、利養の為の故に、男女《なんにょ》の色《しき》を販売《ぼんまい》し、自らの手にて食《じき》を作り、自ら磨《す》り、自ら舂《うすつ》き、男女を占相し、夢の吉凶、これ男・これ女を解し、呪術し、工巧《くぎょう》し、鷹の方法を調へ、百種の毒薬・千種の毒薬、蛇毒・生金銀蠱毒を和合せば、都《すべ》て慈心なし。もし故らに作さば、軽垢罪を犯す。

《男女の色》男女をしてその身体を売らせることで、男が女に、女が男にその性を売る場合のほか、またいわゆる衆道（男色）も加えることができよう。《自らの手にて……》律の「薬犍度《けんど》」では、饑饉のときを除くほかは、手ずから料理する自煮《じしゃ》などは禁止されている。《男女を占相》男女の結婚についてその相性などを見たり、または手相などで是非を占うこと。《夢の吉凶……》夢で吉凶を占ったり、胎児の性別を占うこと。《呪術》呪は呪咀で、のろいをかけること、術は邪術で、符書・厭禱、あるいは幻術のこと。《工巧》書画・彫刻などに上達すること。《鷹の方法を調へ》ここにいう「調鷹」について、法蔵は「調鷹法者《とは》、眼を縫ふ等既に調熟し已りて、衆生を殺さしむ」と注釈し、明曠は「調鷹の下、次に悪伎を列す。鷹眼を縫合し、氈毛等を喫せしめ、それを調順ならしめて、以て畋猟に擬す」と説明しているが、両者にいささか不同があるようで、余りその意は明白でない。また智顗ではこれを「調医」と書いているから、あるいは異本に「調医」とするものがあったのかも知れない。了恵の『見聞』には、前文との関係から、これは四邪命のなかの「下口食」にあたると見、田を耕したり、薬を調合したりして、生活をたてることがそれである、と解している。あるいはもとにもどって、たんに鷹をかいならすことなのかもしれない。《生金銀蠱毒》異本には「銀」の下に「毒」の一字を加えたものがあり、生金銀毒と蠱毒との意とされる。法蔵は「生金銀者《とは》、仮に金銀を合せ、以て人を誑惑す」と説明し、太賢もこれに従っているが、これを明曠は「毒の名」と取っていて、この方が穏当のように見える。また「蠱毒」については、法蔵は蛇や猫・鬼などによって人を害することとし、太賢もほぼこれと同じであるが、明曠は、世に伝えるように、百種の虫や蛇を一つ甕《かめ》の中に入れて勝ち残った強いものが「蠱」であるといい、円琳は『頂山記』を挙げて、その「蠱」を乾して粉末にしたものが蠱毒だとする。また伝奥はその甗に入れるものについて、七月七日の蜘蛛、五月五日午時の蛇、十二月の猫の子の三を挙げている。

ここでは、悪心を抱いて、利養のために行なうさまざまな邪行が挙げられているが、ものによって殺生に連なるものもあり、波羅夷罪と紙一重である。おのずからこの殺生との関係を重視するとき、この戒をもって法蔵のように「悪伎損生戒」と呼ぶことになり、利渉のように「邪命害生戒」となる。しかし智顗は「邪命自活戒」と呼び、包括的な理解に止まっている。戒としては当然、総括的には七衆すべてが該当し、小乗ともほぼ牴触《ていしょく》しない。

ただ内容の理解はかなり面倒で、とくに後半の部分に関して、注釈家の間で異説が分かれていることは、注記の項にすでに明らかなところである。

またこの内容の分類や整理の仕方、ないしは数え方にも種々の説がなされ、一・二の例を挙げれば、たとえば法蔵は機械的に十三を分けるが、義寂は、十に整理し、「一に男女の色を売り、二に自らの手にて食を作り、三に自ら磨り、自ら舂き、四に男女を占相し、五に夢の吉凶を解き、六に呪術、七に工巧、八に調鷹の方法、九に毒薬を和合し、十に蠱毒」と記して、その一一については、「初めの一と後の三は道俗倶に禁じ、第二・第三は道を制して俗を開き、第四・第五は、一には道俗倶に制すと云ひ、一には俗人は活命をなすにあらざれば、犯さずと云ふ。第六・第七は俗に於て制せず。出家菩薩は、もし活命にあらずば、身を護らんが為には、律に准じてまた許すべきなり」と述べ、かなり考察が細部にわたっている。これに対し、智顗は少しく簡潔で、全体を七つに分けて僧俗に配し、「一の、女色を販売すると、二の、手に自ら食を作るとは、道を制して俗を開く。三の、吉凶を相するは、俗人、相の如く以て自活するは不犯、道は一向に制す。四の呪術、五の工巧、六の調医の方法、この三事は物に於て侵すことなく、如法の自活なれば、在家には制せざるも、出家には悉く断ず。もし浄治の医、悕望する所なければ、不犯にして、出家もまた開く。毒薬を和合して人を殺さば、罪を犯すなり」と説いている。

第三十軽戒

若佛子。以㆓惡心㆒故。自身謗㆓三寶㆒。詐現㆓親附㆒。口便說ㇾ空行在㆓有中㆒。爲㆓白衣㆒通㆓致男女㆒交會婬色縛著。於㆓六齋日年三長齋月㆒。作㆓殺生劫盜破齋犯戒㆒者。犯㆓輕垢罪㆒。如ㇾ是十戒。應㆓當學敬心奉持㆒。制戒品中廣解。

若佛子、悪心を以ての故に、自身に三宝《さんぼう》を謗《そし》り、詐《いつわ》りて親附《しんぶ》を現ず。口には便《すなわ》ち空を説いて、行《ぎょう》は有《う》の中にあり。白衣の為に男女を通致して交会《きょうえ》婬色《いんしき》し、縛著せしめて、六斎日と年の三長斎月とに於て、殺生・劫盗・破斎・犯戒を作なば、軽垢罪を犯す。

かくの如き十戒、応当に学し、敬心に奉持《ぶじ》すべし。制戒品の中に広く解せん」と。

《親附を現ず》親しそうな素振りを見せる。《白衣》在家、俗人のこと。《縛著》異本に「作諸縛著」とあり、「もろもろの縛著を作し」と読まれる。《六斎日》在家信者が出家と同じように身心を慎む日を斎日といい、それは毎月の八日・十四日・十五日・二十三日・二十九日・三十日の六日なので、六斎日という。この日はとくに八斎戒を守る。いわゆる在家の五戒のうち、不邪淫を不戒淫戒（一切の性交を禁ずるもの）に改めて守るほか、(内)高く広いゆったりしたベットで横にならないとか、(七)香油や装身具を身につけないとか、音楽や踊りなど観たり聴いたりしないとか、とくに(八)正午を過ぎてからは食事をとならい（離非時食戒）といったもの。この戒は早朝より翌日の早朝まで、二十四時間、守るものであるが、経によっては、斎日の夜は、禅をしたり読経したり、また一時、横になることも許されるとする。《三長斎月》八斎戒をまもる特定の月で、正月・五月・九月をいう（ただし月の前半十五日）。正月は生類出現の初めであり、五月はその繁殖の月、九月は生殖の月であるため、この三月を斎月とするという。また勝荘の注によると、三長斎月は、正月後半より二月前半が初月、五月後半より六月前半が中月、九月前半より十月前半が後月、と解されるといい、また正月十四日より十七日まで、四月八日より十五日まで、七月一日より十六日まで、九月十四日より十六日まで、と日を限って守る「四長斎」があることを伝えている。《破斎》八斎戒中の、第八「離非時食戒」を破ること。

ここにはすでに十波羅夷罪と交錯するものが明白に読み取れる。三宝を謗ることは第十重戒が説くところであり、口に空を説いて、行動は有に執している点は、第四重戒の妄語と連絡を持つようである。また在家男女の交りのなかだちをすることは第三重の淫戒と少しく距たりがあるとしても、殺生・劫盗はまさに第一重と第二重に重なる。

しかしそれにもかかわらず、あえて新たな一軽戒としてこれが説かれたゆえんは、どうも六斎日と三長斎月とにあるようである。智顗がこの戒を「不敬好時戒」と名づけ、「三斎・六斎、並びにこれ鬼神、力を得るの日なり。この日、宜《よろし》く善を修して、福、余日に過ぐべし。しかるに今《いま》好時に於て、虧慢して更に犯さば、所犯の事に随って、篇に随って罪を結す。この時・この日、応に知らざるべからず」として、ここに「一戒を加」えたとすることはそれを語っている。

しかしそうとすると、ここで注目されるのは、この戒に「白衣の為に」とあるように、これが出家にもかかわっていることである。一般に八斎戒は在家のためのものであり、出家としては八斎戒は沙弥戒に類するばかりでなく、とくに六斎日・三長斎月という限られた日や時節だけが、身心をつつしまなければならない月でもないから、この戒は在家二衆を対象とするはずであるが、それがこんな形で、出家とかかわっているところに、この戒の不明確さがある。

その上、この戒は文章の理解の上でも、「白衣」以下の部分を出家に対するものととると、どこまでをこの出家にかかわらせることができるかということも、はっきりしない。「交会婬色せしめ」で切るか、下まで続けて「縛著せしめ」まで出家のこととするか、ないしは「犯戒を作さしめば」と、全部を出家にかかわらせるか、かなり訓《よ》み方がむずかしい。いまは前掲のように解したが、ただしこう解した場合、意味の取り方は、「縛著」までが出家、「六斎日」以下は在家を対象としたものと受け取ることになる。しかも戒条の書き出しは出家・在家に共通するはずである。

ただしここで一つだけ、六斎日・三長斎月について、これも出家・在家共通とする一説があることを記して置く。これについて述べるものは義寂で、「一に云く、また出家に通ず。時（六斎日や三長斎月という特定の時をいう）を敬する為の故に、常戒ありと雖も、斎日に当りては、応に更にこれを受くべし。『薬師経』に准ずるに、出家の五衆もまた八戒を受く。けだし善法を増長せんが為の故に」と伝えている。『薬師経』によって、出家はすでに八斎戒以上の戒をたもつことを要求されているが、この特定のときはとくにつつしまなければならないときと受け取ることが語られている。義寂は、この日は鬼神が勢力を得る日だから、鬼神の害を免れさせるため、「劫初の聖人」がこうした「斎法を制」したのだとする。これは『大智度論』巻六五の説によったもので、明曠にはさらに詳細な説明が見られる。

最後に以上の十戒について、経はこれを「制戒品」に詳しく説明するというが、さきと同様、そのような品は現存しない。

第三十一軽戒

佛言。佛子。佛滅度後於二悪世中一。若見下外道一切悪人劫賊賣二佛菩薩父母形像一販二賣經律一。販二賣比丘比丘尼一亦賣二發心菩薩道人一。或爲二官使一。與二一切人一作中奴婢上者。而菩薩見二是事一已。應下生二慈心一方便救護處處敎化。取レ物贖中佛菩薩形像。及比丘比丘尼發心菩薩一切經律上。若不レ贖者。犯二輕垢罪一。

佛言《のたまわ》く、「佛子、佛の滅度の後、悪世の中に於て、もし外道・一切の悪人・劫賊《こうぞく》の、佛菩薩なる父母の形《ぎょう》像《ぞう》を売り、経律を販売し、比丘・比丘尼を販売し、また発心の菩薩道人を売りて、或は官使《くわんし》をなし、一切の人に与へて奴婢《ぬび》と作すを見ては、しかも菩薩、この事を見已りて、応に慈心を生じて、方便救護《くご》し、処処に教化し、物を取りて佛菩薩の形像、及び比丘・比丘尼・発心の菩薩・一切の経律を贖《あがな》ふべし。もし贖はずんば、軽垢罪を犯す。

《佛の滅度の後》佛の滅度後を正像末の三時に分けるのが一般で、正法のときは教えも修行もその果としてのさとりも行なわれるとされるが、つぎの像法にはもはやさとりは得られないとし、末法には修行さえも行なわれないとする。ここでは「悪世」はそうした像法の末や末法のときを指すと見られる。ただしこの三時のうち、初め二時の年数計算には異説があり、また佛滅度の年をいつとするか、問題がある。日本では永承七年（一〇五二）を末法の始めとする。《父母の形像》これには二説があり、父母を言葉どおりの意とする説と、佛菩薩を大悲の父母という意で、父母と言ったとする説である。これについて凝然はとくに道璿の説を引き、「佛菩薩を呼びて父母となす。能く我法・慧命を生ずるを以ての故に、名けて父母となす。もしこれ生身の父母ならば、何人かこれ買はん」と記しているが、あるいは穏当の説であろう。この戒の後文には「父母」の二字をはぶいている。また異本には、この後「販売」を「及売」に作っている。これに従えば「及び経律を売り」と読むことになる。《比丘・比丘尼を販売し……》以下、売る対象を示したもので、比丘・比丘尼、および発心の菩薩としての、在家・出家の四をいう。《官使》官職を与えて使用すること。

改めてここからまた以下に九軽戒が説かれるが、その第一である第三十一戒は、自らが尊崇しているものの売られようとするのを見た場合、それを買い取って救わなければならないと規定したものである。当然、僧俗の七衆に対して制したもので、人の厄難を見ては生命を賭《と》しても救おうとするのが菩薩の心であるから、在家・出家により手段・方法に差はあっても、これを積極的に行なわなくてはならない。まして僧宝ばかりでなく、佛・法の二宝に及ぶ以上、なおさらのことである。

その方法・手段については、この戒の後文に触れているが、ただ人に能力や条件の差があることはやむを得ないだろう。従って、勝荘はこれについて、つぎのような場合は軽戒を犯したことにはならないといっている。㈠自らが病気の場合、㈡気力がない場合、㈢売られた人が自身でことを解決できる、とわかった場合、㈣贖うことがかえって道理に逆う結果になり、非法を招くとわかった場合、㈤ちょうど修行にはげんでいて、暫くも中止することができない場合、㈥性愚鈍であって、教えられたことをよく理解して記憶していることができない場合、㈦さらにより以上、多くの人を護ろうという心を持っていた場合、などがそれで、意のあるところは汲むことができる。

第三十二軽戒

若佛子。不レ得下畜二刀仗弓箭一。販二賣輕秤小斗一。因二官形勢一取二人財物一。害心繋縛破二壞成功一。長中養猫狸猪狗上。若故作者。犯二輕垢罪一。

若佛子、刀仗《とうじょう》・弓箭《くぜん》を畜へ、軽秤《きょうひょう》・小斗《しょうと》を販売《はんばい》し、官の形勢《ぎょうせい》に因りて人の財物を取り、害心もて繋縛し、成功を破壊し、猫《め》・狸《り》・猪《ちょ》・狗《く》を長養《ちょうよう》することを得ざれ。もし故らに作さば、軽垢罪を犯す。

《転秤・小斗》秤《はかり》の分銅を軽くした偽の秤と、量が少ししかはいらないようにした斗《ます》。《官の形勢に因りて》この表現は、以下、「成功を破壊」するまでにかかる。「成功を破壊」するとは、他人の成功を奪って、逆に自分のものにすること。《猫・狸……》猪はいのしし。太賢はこれらを養って財を求める具と解するが、智顗はこれらを「損傷」をなすものとし、義寂もいつかは人を「侵害」するものと解する。後者の理解が妥当であろう。

この戒には幾つかの雑多な内容が説かれ、その焦点がどこにあるのか、かなり不明確なことは事実である。たとえば「刀仗・弓箭を畜へ」ることは、すでに第十軽戒が制しているし、「官の形勢に由」る、云云も、第十七軽戒に見えるといってよい。してみると、これらを除いて他に重点を置くのが正しいとも見られるが、しかしそうとも考えられなかったことは、たとえば「刀仗・弓箭を畜へ」るとあるものを、「売る」と解した与咸や法銑の解釈にも明らかであるし、事実、智顗の依用したものには、はっきり「刀杖・弓箭を販売し、軽秤・小斗を畜へ」とある。

従って重点の置き方いかんによって、智顗はこの戒を「損害衆生戒」と呼び、法蔵は「畜作非法戒」、太賢は「横取他財戒」といった、区々な捉え方になったのであろう。

しかしいずれにしても、この戒が七衆同犯とされる点では、異論はないようである。

戒相は『涅槃経』「聖行品」や「邪正品」「金剛身品」によるところがある。

第三十三軽戒

若佛子。以二悪心一故。觀二一切男女等闘。軍陣兵將劫賊等闘一。亦不レ得レ聽二吹貝鼓角琴瑟箏笛箜篌歌叫伎樂之聲一。不レ得三摴蒲圍碁波羅賽戯彈碁六博拍毱擲石投壺八道行城爪鏡蓍草楊枝鉢盂髑髏。而作二卜筮一。不レ得レ作二盗賊使命一。一一不レ得レ作。若故作者。犯二輕垢罪一。

若佛子、悪心を以ての故に、一切の、男女等の闘《たたかい》、軍陣の兵将・劫賊等の闘を観、また吹貝《すいばい》・鼓《く》・角《かく》・琴《きん》・瑟《しつ》・箏《しょう》・笛《てき》・箜篌《くご》・歌叫・伎楽の声を聴くことを得ざれ。摴蒲《ちょぼ》・囲碁《いご》・波羅賽戯《はらさいぎ》・弾碁《だんご》・六博《ろくはく》・拍毱《はくきく》・擲《ちゃく》石《しゃく》・投壺《とうこ》・八道行城《ぎょうじょう》・爪鏡《そうきょう》・蓍《き》草《そう》・楊枝《ようじ》・鉢盂《はつう》・髑髏《どくろ》もて、しかうして卜筮《ぼくぜい》を作すことを得ざれ。盗賊の使命を作すことを得ざれ。一一に作すことを得ざれ。もし故らに作さば、軽垢罪を犯す。

〈吹貝……〉吹貝は螺貝で、法螺貝《ほらがい》のこと。鼓はつづみ、角はやはり楽器で、角笛。琴・瑟・箏はともに絃楽器で、琴は五絃または七絃、瑟は二十五絃。箏は十三絃で、琴に似、寺の四隅や塔に懸っている、風が吹けばなる風箏のこと。箜篌は二十四絃の楽器で、ハープに似ている。歌叫は歌声のこと。伎楽は以上の音楽を総括した言葉。〈摴蒲……〉摴蒲はすごろくの類といい、法進の注によると、長さ四寸ばかりの五本の木を投げて、占いをして遊ぶもので、その木に刻みが四つあるものから順次数をへらして、なにもないものがあって、刻みの多いものが出たら吉、一つまたはないものを凶とする、という。波羅賽戯は兵士が好んで行なった、象や馬による戯法といい、二人の兵士がそれぞれ十頭ないし二十頭の象・馬を走らせ、上手に道を見つけて目的地に達したものを勝とするもの。弾碁は、異本に碁を棊に作る。手の指で碁子を弾《はじ》いて、遠くまでとどいたものを勝とする遊び。または板上に玉を置き、石を弾いて玉に当て、多く板上より落したら勝とした宮人・士女の遊び。六博はすごろくの類で、骰子《さいころ》を振って遊ぶもの。拍毬は、まりを打ったり、投げ上げたり、けったりして遊ぶこと。擲石は、ある距離をおいて相対したものが大石を一つの目標に向かって投げ、力を競うもの。投壺は、壺に十二本の矢（これを寿という）を三歩離れたところから投げ入れる遊び。八道行城は、異本には八を牽に作り、行を八に作り、また城を道に作る。おのずからどれを取るかによって解釈がかわる。一説に八道行城は、碁上の八画に作った道を碁子でたどって行く遊び、これを「牽道」ともいい、行城法に似るという。ただし法進はまったく異なった説明をしている。《爪鏡……》爪鏡は爪に薬を塗って、これに呪術を行ない、これによって鏡を見るように吉凶などを見るものという。また一説には爪と鏡は別で、爪はいまいったようなこと、鏡は薬で鏡を作って吉凶を見ることという。また他に異説がある。蓍草は、異本に芝草に作る。蓍草は草の名で、「めどぎ」といい、易を占うのに用いたもの。後に竹で作り、筮竹といった。楊枝は、五月五日に柳の枝を取って人形《ひとがた》を作り、これに呪《のろ》いをかけること。または柳の枝で病人をうち、鬼気を除くことという。鉢盂は、器や盤を用いて呪いをかけることで、器が右にころがれば吉、左ならば凶と判ずるという。髑髏は、髑髏（頭蓋骨）をたたいて、その音を聞いて吉凶を占ったり、あるいはこれに呪いをかけること。ほかにも異説がある。《卜筮》うらない。

この戒は、闘戯や争いごとを観て楽しみとすることと、音楽を聴いて楽しむこと、および「樗蒲」以下の遊びごとと、吉凶禍福などの占いや呪術など、四つの項からなり、これらを禁ずることを中心とする。そしてそれに付属して「盗賊の使命」の一が加えられているが、最後の一はすでに第十一軽戒によって推測できるていのもので、ここでとくに重視することを要しない。法蔵はこれらを五種戒と数え、「一に観闘戒、二に聴楽戒、三に博戯戒、四に妖術戒、五に賊使戒」と名づけている。

これらの五種には、ほぼ七衆同犯という解釈が共通して見られるが、これについて義寂は異説を立て、第一は「道俗倶制」、第二は「道俗倶制」であって、もし三宝に供養すれば、「道俗倶開」で、自分でこれをなす場合は、「道を制して俗を開く」とし、第三・第四も「道俗倶制」だけれども、第四が「如法の指示」に随うときは、「俗人に開く」としている。このうち、第二は経典に多く見えるように、三宝の供養にはほとんど欠くことのない性質の事柄であって、たとえば『法華経』「序品」の偈に、「もろもろの天・竜神　人及び非人の　香・華・伎楽を　常に以て供養するを見る」とあるのを見ても明らかである。また八斎戒では歌舞観聴などを制するが、在家では音楽は日常の娯楽であるから、これも在家には許される。この意味で義寂の説明は妥当といえるが、第四の卜占は問題があろう。「如法」といっても、それをどう捉えるか、疑問は解けない。

戒相は『涅槃経』「聖行品」に負うている。

第三十四軽戒

若佛子。護㆓持禁戒㆒。行住坐臥日夜六時讀㆓誦是戒㆒。猶如㆓金剛㆒。如㆘帶㆓持浮嚢㆒欲㆖度㆓大海㆒。如㆓草繫比丘㆒。常生㆓大乘善信㆒。自知㆓我是未成之佛。諸佛是已成之佛㆒。發㆓菩提心㆒。念念不㆑去㆑心。若起㆓一念二乘外道心㆒者。犯㆓輕垢罪㆒。

若佛子、禁戒を護持し、行住坐臥、日夜六時、この戒を読誦すること、猶し金剛の如く、浮嚢を帯持して大海を度《わた》らんと欲するが如く、草繫《そうけ》比丘の如くせよ。常に大乗の善信を生じて、自ら我《われ》はこれ未成《みじょう》の佛、諸佛はこれ已成《いじょう》の佛と知り、菩提心《ぼだいしん》を発《おこ》して、念念に心を去らざれ。もし一念だも二乗・外道の心を起さば、軽垢罪を犯す。

《日夜六時》昼夜六時に同じ。昼夜をそれぞれ三時に分け、昼は晨《じん》朝・日中・日没の三時、夜は初夜・中夜・後夜の三時とする。《浮嚢を帯持して……》『涅槃経』巻一〇（南本）に、「既に出家し已らば、禁戒を奉持し、威儀欠かず、進止安祥《しんしあんじょう》として触犯する所なし。ないし、小罪も心に怖畏を生じ、護戒の心、猶《なお》し金剛の如し。善男子、譬へば、人ありて、浮嚢を帯持して大海を渡らんと欲す。その時、海中に一羅刹あり」として、この羅刹の乞いより、その浮嚢の「微塵」を与えたばかりに、ついに途中で溺れ死んだ例を掲げている。この文はこの戒の文に似ている。《草繋比丘》草繋比丘のことは『賢愚経』第五「沙弥守戒自殺品」に見えるが、詳しくは『大荘厳論経』巻三に、「我、昔曾て聞く。もろもろの比丘ありて、曠野の中を行くに、賊の為に剽掠せられ、衣裳を剝脱せらる。時にこの群賊、もろもろの比丘の、往いて聚落に告げんことを畏れ、尽《ことごと》く殺害せんと欲す。賊中の一人、先に曾て出家せしもの、同伴に語りて言く、今は何ぞ尽く殺害せんと欲することをなさんや。比丘の法は草を傷くることを得ず。今もし草を以てもろもろの比丘を繋がば、彼、傷つけんことを畏るるが故に、終に四向して馳せ告ぐるを得ること能はず、と。賊即ち草を以てこれを繋縛し、これを捨てて去る。もろもろの比丘等、既に草に縛せられ、禁戒を犯さんことを恐れ、挽絶するを得ず。身に衣服なく、日に炙られ、蚊虻蠅蚤の唼嬈する所となる」などと記している。《一念》一瞬・一刹那のこと。《二乗・外道》智顗の釈では「外道とは、二乗を指して外道となす」とある。従って「二乗外道の心」は「自度の想」であるとする。

この戒の理解には、ほぼ二つの立場がある。一つは智顗のように、「大乗」とある言葉に着目して、「背大向小」をいましめるとするもので、その点、さきの第八軽戒と相関すると考えられているが、第八は小行をいましめ、いまは小心をいましめたものとする。他は法蔵のように、「菩提心」に着目し、これは大乗の菩提心として「大菩提心」であり、成佛の因であり、これなくしては一切が失われるから、この心を堅持することを強調したものとする。一事を両面より見たものだから、大差はないが、後者に大菩提心に対する積極的な姿勢が窺えるようである。

従って後者によれば、前文の菩薩戒護持に対する、一分もゆるがせにしない態度、「浮嚢を帯持して大海を度」ろうとするような、あるいは「草繋比丘」のような、死を賭しても守ろうとする例も、よく生きてくるようである。

ところで、この戒で注目されることは、「我はこれ未成の佛、諸佛はこれ已成の佛」という認識と自覚であろう。ここには、この「大乗の善信」を経とし、大「菩提心」を緯とした、成佛への期待、確信が改めて姿をのぞかせている。それは、この経の初めに述べられた、「金剛宝戒はこれ一切佛の本源、一切菩薩の本源、佛性種子なり」という表現を想起させ、「衆生、佛戒を受くれば、即ち諸佛の位に入る　位、大覚に同うし已れば、真にこれ諸佛の子《みこ》なり」とかかわるものではない。従ってその意味では、これが戒として定められたことの意味は重要である。大乗菩薩戒の受持においては、出家・在家の別なく、これを出発点とし、これを基盤として、その完成に向かわなければならないからである。

しかしこれと相俟って、もう一つ注目されるのは、「一念だも二乗・外道の心」を起こしてはならないということである。いま外道は別として、二乗の心を制止することは、さきの第八軽戒との関連において、中国・日本に通じた戒律上のもっとも重要な問題とかかわりを持っているからである。これについてはすでに触れたから、再言を要しない。

戒相はこれも『涅槃経』「聖行品」に負うている。

第三十五軽戒

若佛子。常應丁發二一切願一。孝二順父母師僧三寶一。願レ得四好師同學善友知識。常敎三我大乘經律。十發趣十長養十金剛十地一。使乙我開解。如レ法修行堅持二佛戒一。寧捨二身命一念念不甲レ去レ心。若一切菩薩不レ發二是願一者。犯二輕垢罪一。

若佛子、常に応に一切の願を発《おこ》し、父母・師僧・三宝に孝順し好師・同学・善友《ぜんう》・知識の、常に我に大乗の経律と、十発趣・十長養・十金剛・十地とを教へて、我をして開悟せしめ、法の如く修行し、堅く佛戒を持《たも》ち、むしろ身命を捨つるとも、念念に心に去《す》てざらしむることを得んと願ふべし。もし一切の菩薩、この願を発さずんば、軽垢罪を犯す。

〈三宝〉異本にこの二字のないものがある。〈身命を捨つ〉『菩薩瓔珞本業経』巻下に、十波羅夷罪を受け終って、法師を供養することを述べ、「弘通の法師は、当に佛を敬ふが如く、父母に事ふるが如く、……父母・師僧に日日三時に礼敬して、法の為に身を捨て命を没せよ」とある。不惜身命の精神を強調したもの。

この戒は、願を発さないことを制したものであるが、さきに掲げた読み方とは別に、解釈の上から、もう一つ異なった文の区切り方がある。前掲のものは法蔵などの取るところで、これを智顗・太賢などに従えば、「堅持佛戒」で一たん切って、改めて「寧捨身命」以下を独立させているから、読み方は「堅く佛戒を持たんと願ふべし。むしろ身命を捨つるとも、念念に心に去《す》てざれ」と読まれる。つまり法蔵は全文を二つに分け、初めに制しして大願を発させ、つぎは違制の犯戒を示したものと解するが、智顗では、初めに願を立てることを示し、つぎはその発願にかなった相応のあり方、最後はその不相応のすがたであるとする。解釈上の差としても、内容的に大差はないが、ただ智顗は上のように読むことによって、願を整理して「十事」とし、これを受けた勝荘が「十大願」と呼んだことは注目される。なぜなら、これを「十大願」と呼ぶとき、つぎの第三十六軽戒の「十大願」とあえて摩擦を起させるからである。勝荘の解釈はその意味で行き過ぎであると言わなくてはならない。ちなみに法蔵は初制の大願を五つに分類しているが、太賢はこれを四種に数え、「好師を得る等は親近善士の願、常に我に教ふる等は聴聞正法の願、我をして開悟せしむるは如理作意の願、法の如く修行するは、法随法行の願」と述べている。ただここで、いわゆる四弘誓願がどう関係を持ってくるか、注意されるところであるが、それについては説かれない。しかし大乗の出家・在家に共通した戒であることは異論はない。

第三十六軽戒

若佛子。發十大願已。持佛禁戒。作是願言。寧以此身投熾然猛火大坑刀山。終不毀犯三世諸佛經律與一切女人作不淨行。

復作是願。寧以熱鐵羅網千重周匝纏身。終不以破戒之身受信心檀越一切衣服。

復作是願。寧以此口吞熱鐵丸及大流猛火經百千劫。終不以破戒之口食信心檀越百味飲食。

復作是願。寧以此身臥大猛火羅網熱鐵地上。終不以破戒之身受信心檀越百種床座。

復作是願。寧以此身受三百鉾刺經一劫二劫。終不以破戒之身受信心檀越百味醫藥。

復作是願。寧以此身投熱鐵鑊經百千劫。終不以破戒之身受信心檀越千種房舍屋宅園林田地。

復作是願。寧以鐵鎚打碎此身從頭至足令如微塵。終不以破戒之身受信心檀越恭敬禮拜。

復作是願。寧以百千熱鐵刀鉾挑其兩目。終不以破戒之心視他好色。

復作是願。寧以百千鐵錐遍劖刺耳根經一劫二劫。終不以破戒之心聽好音聲。

復作是願。寧以百千刃刀割去其鼻。終不以破戒之心貪嗅諸香。

復作是願。寧以百千刃刀割斷其舌。終不以破戒之心食人百味淨食。

復作二是願一。寧以二利斧一斬二斫其身一。終不下以二破戒之心一貪中著好觸上。

復作二是願一。願一切衆生悉得二成佛一。而菩薩若不レ發二是願一者。犯二輕垢罪一。

若佛子、十大願を発し已りて、佛の禁戒を持ち、この願を作して言ふべし。

「むしろこの身を以て、熾然《しねん》たる猛火《みょうか》・大坑・刀山に投ずとも、終《つい》に三世諸佛の経律を毀犯《きぼん》して、一切の女人と不浄の行を作さず」と。

またこの願を作すべし。「むしろ熱鉄の羅網《らもう》を以て、千重に周匝して身を纏《まと》ふとも、終に破戒の身を以て、信心の檀越《だんのつ》の一切の衣服《えぶく》を受けず」と。

またこの願を作すべし。「むしろこの口を以て、熱き鉄丸、及び大流《だいる》の猛火を呑みて、百千劫を経《ふ》とも、終に破戒の口を以て、信心の檀越の百味の飲食《おんじき》を食《じき》せず」と。

またこの願を作すべし。「むしろこの身を以て、大なる猛火の羅網・熱鉄の地上に臥すとも、終に破戒の身を以て、信心の檀越の百種の床座を受けず」と。

またこの願を作すべし。「むしろこの身を以て、三百の鉾《きっさき》を受けて刺され、一劫・二劫を経とも、終に破戒の身を以て、信心の檀越の百味の医薬を受けず」と。

またこの願を作すべし。「むしろこの身を以て、熱き鉄鑊《てつくわ》に投じて、百千劫を経とも、終に破戒の身を以て、信心の檀越の千種の房舎・屋宅・園林・田地を受けず」と。

またこの願を作すべし。「むしろ鉄鎚を以て、この身を打ち砕き、頭より足に至るまで微塵《みじん》の如くならしむるとも、終に破戒の身を以て、信心の檀越の恭敬・礼拝を受けず」と。

またこの願を作すべし。「むしろ百千の熱鉄の刀鉾《とうむ》を以て、その両目を挑《えぐ》るとも、終に破戒の心を以て、他の好き色を視ず」と。

またこの願を作すべし。「むしろ百千の鉄錐を以て、遍《あまね》く耳根を剜《え》り刺して、一劫・二劫を経とも、終に破戒の心を以て、好き音声《おんじょう》を聴かず」と。

またこの願を作すべし。「むしろ百千の刃刀を以て、その鼻を割《き》き去るとも、終に破戒の心を以て、もろもろの香を貪り嗅がず」と。

またこの願を作すべし、「むしろ百千の刃刀を以て、その舌を割《さ》き断つとも、終に破戒の心を以て、人の百味の浄食を食せず」と。

またこの願を作すべし。「むしろ利《するど》き斧を以て、その身を斬り斫《き》るとも、終に破戒の心を以て好触《こうそく》を貪著せず」と。

またこの願を作すべし。「願はくは一切の衆生に悉く成佛を得しめん」と。

しかるに菩薩、もしこの願を発さずんば、軽垢罪を犯す。


《十大願》これがなにを指すかは異説があって、にわかに結論は出せない。凝然はこれを四類に整理できるとしている。細説は後に譲る。《猛火・大坑・刀山》地獄の様相を説くときに好んで用いられる表現。たとえば、『華手経』巻九に「内外倶に燋然たり　遥かに大灰河を見　これ清冷の泉と謂ひ　奔走して自ら身を投じ　……　刀山及び火坑　この苦を輪転す」などという。以下もほぼ地獄の様相をかりたもの。《熱鉄の羅網》羅網は普通、宝珠を連ねて網にしたてたものであるが、ここではそれが熱い鉄でできているもの。《刺され……》異本に「刺身」とあり、これによれば、「身に刺され」と読む。《鉄鍑》鉄のなべ。鍑は足のない大がなえ。

この戒が十三の願を発すことをその主眼としたことは、一読して明らかなところである。ところがこれに対して法蔵は「不起十願戒」の称を与え、智顗が「不発願戒」の名を与えていて、それは、一見して両者の捉え方の差異を語るように見えるが、実はこの戒の初めに「十大願」とあるのをどう見るかによって生じた差異のようである。というのは、智顗ではあまり明瞭ではないにしても、さきの第三十五戒の、願の内容を十に整理して「十事」と呼び、それを明曠・勝荘らは「十願」と呼び、そしてこれによって、いまこの戒の「十大願」を指して、「前の十願」と受け取ったのに対して、法蔵はここに「十願」というのは、後に細説する「十三願」そのものを指したと見たからである。「十願」がなぜ「十三願」と同じなのか、細説はないが、この戒全体を二つに分け、「先に制して十誓を立て、後に故違に結犯す」とし、その前文をまた二つに分けて、「先に総じて願意を標して、謂《いわ》く、先に十願を発し已りて、方に佛戒を能く解し、堅く持つと。二にこの願を作す」といっていることから、それが明らかである。この解釈は法銑・利渉なども取ったというが、「十願」と「十三願」の結びつきは、なお明白とは言えない。たとえば、法銑はこれを「誓」と「願」の言葉の違いによって説明しようとし、「心に在るを願となし、心に発すを誓となす。故に云く、この願を作して言ふべし、と」いっているけれども、この考えによれば、「十三願」は「十三誓」といわなければならない。しかしさきの法蔵の言葉でもわかるように、法蔵はむしろ「十誓」を開いて「十三願」と見ているようで、しょせん、こうした言葉だけでは説明はつかない。

　ところが、これを、「十三願」の最初に説く「女人と不浄の行を作さず」と説く点に着目して、このような婬戒をはじめとする、いわゆる「十戒」を守ろうという発願が「十大願」で、その「十戒」として「十願」にさらに一々、「十三願」を発したものだ、とする説をなしたのは、凝然によると、伝興（おそらく伝奥の誤り）だといわれる。この説は、さきの安易な「十願」＝「十三願」よりは、まだ納得がいくようである。

しかし考えて見ると、ここで「十戒」護持の発願を改めて想起して、その戒の一一に十三の願を発すというのも、取ってつけたような理解である。しかもここでなぜ「婬戒」を代表に立てるのか、梵網の菩薩戒はすでに殺戒を第一にあげ、そこに大乗として、小乗律との差異のあることを説くのが一般であってみれば、この解釈にも疑問は残る。

してみると、やはり「十願」は「十願」として、その内容を他に求めるのが妥当のように見える。その意味で、『発菩提心経』の「十大正願」と見る義寂・太賢の説、『華厳経』の「十無尽蔵願」と見る智周の説、あるいは『大乗修行菩薩行門諸経要集』巻上「勝義諦品」に説く、初学の菩薩のための「十願」なども注目されてよい。

ただこれらのうちから、どれを取っていまの「十願」にあてることが可能か、その辺の疑問は依然として解けないままである。

そこで、いま想起するのは、日本浄土教における千観（九一八―九八三）の『十願発心記』や、源信（九四二―一〇一七）の『十大願』である。これらに示された内容が、どう「十大願」に相応するかどうかは、いま細説の暇がないけれども、ひょっとしたら、この戒の「十大願」が不明なだけに、ひとはそれぞれ自らにふさわしい「十大願」を作ったのではないか、と思われる。これを証するにはこれらの新作の十大願が戒とどう結びついているか、その他多くを明らかにしなければならないだろう。いまわずかに推察の域を出ないことをお断りしておく。

さて、十三願の一々についてであるが、全体を五つに分けて、最初の一願は身業を制するものとし、つぎの五は身口二業、第七は身業、つぎの五は意業、そして最後の一は身口を総《す》べ、等しく佛道を成ずることを願うものとするのは、明曠の考え方である。また十三を二分して、前の十二は護戒の誓い、最後の一は証果の誓いとするのは、義寂・太賢の取るところで、このほかにも別の角度から細説を試みている。いずれも妥当な解釈と考えられる。

ところで、この十三願について、いま想起されるのは、最澄が具足戒を受けて間もなく叡山に遁身し、その後、数ヵ月たってものしたといわれる『願文』のなかに、「いまだ浄戒を具足することを得ざるより、以還《また》、檀主の法会に預らず」と誓われていることである。直接、どれとあてることはできないものであるにしても、無関係だとは考えられないところに、興味あるものがあると言えよう。

終りに、この戒も出家・在家に共通していることは論を待たない。

第三十七軽戒

若佛子。常應二二時頭陀。冬夏坐禪。結夏安居一。常用二楊枝澡豆三衣瓶鉢坐具錫杖香爐漉水嚢手巾刀子火燧鑷子繩床經律佛像菩薩形像一。而菩薩行二頭陀一時及遊方時。行二來百里千里一。此十八種物常隨二其身一。頭陀者從二正月十五日一至二三月十五日一。八月十五日至二十月十五日一。是二時中此十八種物常隨二其身一。如二鳥二翼一。若布薩日。新學菩薩。半月半月布薩。誦二十重四十八輕戒一。時於二諸佛菩薩形像前一。一人布薩卽一人誦。若二人三人乃至百千人亦一人誦。誦者高座。聽者下坐。各各披二九條七條五條袈裟一。結夏安居一一如レ法。若頭陀時莫レ入二難處一。若國難惡王。土地高下草木深邃。師子虎狼水火風難。及以劫賊道路毒蛇。一切難處悉不レ得レ入。若頭陀行道乃至夏坐安居。是諸難處悉不レ得レ入。若故入者。犯二輕垢罪一。

若佛子、常に応に二時には頭陀し、冬夏には坐禅し、結夏《けつげ》安居《あんご》すべし。常に楊枝《ようじ》・澡豆《そうず》・三衣《さんね》・瓶《びょう》・鉢《はつ》・坐具・錫杖《しゃくじょう》・香爐・漉水嚢《ろくすいのう》・手巾《しゅきん》・刀子《とうず》・火燧《かすい》・鑷子《にょうし》・縄床《じょうしょう》・経・律・佛像・菩薩の形像を用ひよ。しかも菩薩、頭陀を行ずる時、及び遊方《ゆうほう》の時、百里千里を行来《ぎょうらい》せんに、この十八種物《しゅもつ》を常にその身に随へよ。頭陀は、正月十五日より三月十五日に至り、八月十五日より十月十五日に至る。この二時の中に、この十八種物を、常にその身に随ふこと、鳥の二翼の如くせよ。

もし布薩《ふさつ》の日は、新学の菩薩、半月半月に布薩し、十重四十八軽戒を誦すべし。時にもろもろの佛菩薩の形像の前に於て、一人の布薩には、即ち一人誦し、もし二人・三人、乃至《ないし》、百千人なるも、また一人誦すべし。誦者は高座に、聴者は下坐せよ。おのおの九条・七条・五条の袈裟を披《き》るべし。結夏安居には一一法の如くせよ。

もし頭陀の時は、難処に入ることなかれ。もしは国難・悪王・土地の高下・草木の深邃・師子虎狼・水火風難、及以び劫賊・道路の毒蛇、一切の難処には悉く入ることを得ざれ。もし頭陀行道し、乃至、夏坐安居せば、このもろもろの難処には悉く入ることを得ざれ。もし故らに入らば、軽垢罪を犯す。

《二時に頭陀》二時は後文に言う、春と秋の二季。頭陀は梵語 Dhūta の音写。抖擻《とそう》とも訳する。衣・食・住にわたって貪著の心を捨てる身心の修錬することで、これに十二を数える。人家を遠ざかった静寂な場所に住するとか、常に乞食を行ずるとか、三衣（後に述べる）以外を所有しないとか、ただ常に坐って、横にならないなど。《冬夏》さきの春秋二季に対するが、十月十六日より正月十四日までを冬、三月十六日より八月十四日までを夏とし、冬は三ヵ月、夏は五ヵ月とする。この期間は主として坐禅修行を行なう。《結夏安居》この夏の期間、とくに三ヵ月、九十日を限って行なわれるものが安居で、これを夏坐とか夏行《げぎょう》、またはたんに夏《げ》といい、そこからこの安居を始める最初の日を、とくに結夏とも結制ともいう。結制は安居の制度を開始するという意である。またこの安居の制を解いて終了することを解夏《げげ》という。安居は梵語 varṣa, vārṣika の訳で、雨期を意味し、この期間は生類の生成期で、諸方に出かけて修行するにも不便なため、僧は一定の場所に集まって修行研究したもので、一般に四月十六日から七月十五日までの三ヵ月とする。《楊枝……菩薩の形像》楊枝以下の十八を十八種物《しゅもつ》、または十八物といい、大乘の僧が頭陀や諸方に遊行《ゆぎょう》するさい、必ず携帯しなければならないとされるもの。楊枝は歯木《しもく》ともいい、歯を磨き、舌をかくための木片。澡豆は大豆や小豆の粉で、手を洗うためのもの。三衣は九条・七条・五条の、三種の衣服で、このうち九条は最大限、二十五条でも作られるから、大衣といい、請《しょう》に応じて街などに出かけるさい着用する。僧伽梨《そうがり》（梵語 saṃghāṭi）という。七条は鬱多羅僧《うったらそう》（梵語 uttarāsaṅga）のことで、中衣ともいい、布薩（後出）などのとき着用する。五条は安陀会《あんだえ》（梵語 antarvāsa）のことで、日常の着衣。条とは小さな布片を細長く縫い合わせたものを指し、これを五枚縫い合わせたのが五条。ただし衣の截断や裁縫など、製法には細かな規定がある。瓶は飲み水をいれる器。鉢は食器。坐具は坐ったり、臥したりするとき、敷く布。錫杖は杖で、頭の所に鐶のついたもの。漉水嚢は水をこして、虫などを除く布嚢。以上の三衣・鉢・坐具・漉水嚢の六を六物《ろくもつ》といい、律ではこれらを生活必需品とする。手巾は手拭。火燧は火を出す道具。鑷子（ちょうすとも読む）は鼻毛を抜く毛抜き。縄床は縄製の床。以上、十八の数え方については諸説があり、法蔵・勝荘などは、三衣をそれぞれ一つと数え、「経律」と「佛菩薩像」をそれぞれ合わせて一つとするが、法銑・与咸は三衣を一つと見、経以下を一つずつ四つに分け、義寂では「楊枝・澡豆」をまったくはぶいて三衣を三つに、経以下を四つに数えて、全体を十八とする特殊な説が説かれている。《布薩》梵語 upoṣadha, Poṣadha, upavasatha などの音写。僧たちが月に二回集合し、その過去半月間を反省しあう集まり。戒本を読み上げるので、説戒ともいう。日本では大乘の布薩と小乘の布薩を分け、『東大寺要録』巻四によると、「毎月十四日、廿九日、於二講堂一行レ之。大乘布薩也」とあり、十五日・三十日を小乘布薩の日としたというが、しかし同巻九には十四日・二十九日を小乘布薩とする。珍海の『菩提心集』巻下によると、十五・三十の両日が大乘布薩だったらしい。《時にもろもろの……》異本には「時に」の前に「もし戒を誦せん時は」とも、「もし戒を誦ふ時は」ともある。《一人布薩》おり悪しく一人だけで布薩を行なわなければならない場合を指す。《九条……袈裟》前出、（十八物、参照）。《国難・悪王……》法蔵は以下「十二難処」を挙げたものとするが、「国難悪王」を一つに見、明曠は「十二」と数えても、「国難・悪王」と二つに分ける。与咸の注した経には「もしは悪国界、もしは悪国王」とあったという。国難は洪水・飢餓・兵災など。悪王は佛教を信じない王。土地の高下は山や谷の高く深く、危難の多いこと。草木の深邃は草木が繁茂して居住に耐えないこと。法銑は土地の高下・草木の深邃を一つに数えて「十一難」とする。水火風は、湿地やすぐ水につかる処、失火や野火などの多い処、風の強くあたる高所など。一切の難処を法蔵は以上十一の総結として第十二と数えるが、明曠はこれを数に入れない。

この戒は「冒難遊行戒」とか「故入難処戒」などといわれるように、頭陀や遊行にあたって、あえて危険な箇所に踏みこむことを禁止したものと見られる。その意味において、頭陀のおりの携帯品である「十八物」のことや、その時期、あるいは平常の布薩のおりの作法や、安居のことなどは、まったく付けたりに過ぎない。戒としてまことに散慢な戒というほかないが、しかしこれはこの戒の始めに「二時には頭陀し」とある、このわずかな数語が実は重要な条件であったことを示していたものである。二時の頭陀が説かれることによって、それに関する付随的な説明がなされ、また二時以外の夏安居やその他、常時の布薩も説かれたにほかならない。

しかしここでは、そうした付随的な説明も実は重要な意味をもっている。たとえば、「十八種物」はこの経だけが説くところである。律では「六物」を説くが、それらより遙かに多い携帯品がここに示され、そのなかには、佛像や菩薩像がはいっていて、まことに意味深いものがある。このことは菩薩僧たちがつねに佛・菩薩像を携帯してなにをしようとしたか、それを窺わせるが、それはただたんに太賢が「尊像は信を起す」といった、教化にあたって、これを材料に用いて、信仰に導くだけでなく、やはりこれらを觀想の対象として、真実の佛に触れることを目的としたものではないか、と思われる。義寂は経・律・佛像・菩薩像の四を「出世の勝軌」と言っているが、ここに佛道修行の目標を見たのであろう。

しかしこの戒にも説かれるように、布薩にはこれらの像が用いられたし、後の第四十一軽戒では受戒においてもこれらの像の前で懺悔するよう説かれているから、ことごとにさまざまな役目を果たしたことは推察にかたくない。またここで、大乗佛教と佛像の関係を強調するのは、いささか無理だとしても、その関係がこんな形で説かれていることは注意してよい。

第三十八軽戒

若佛子。應ニ如レ法次第坐一。先受戒者在レ前坐。後受戒者在レ後坐。不レ問ニ老少比丘比丘尼貴人國王王子乃至黄門奴婢一。皆應ニ先受戒者在レ前座。後受戒者次第而坐一。莫レ如ニ外道癡人一。若老若少無レ前無レ後。坐無ニ次第一兵奴之法。我佛法中。先者先坐。後者後坐。而菩薩不ニ次第坐一者。犯ニ輕垢罪一。

若佛子、応に法の如く次第に坐すべし。先に受戒せし者は前にありて坐し、後に受戒せる者は後にありて坐すべし。老少と、比丘・比丘尼と、貴人《きにん》・国王・王子、乃至、黄門《おうもん》・奴婢とを問はざれ。みな応に先に受戒の者は前にありて坐し、後に受戒の者は次第にして坐すべし。外道・痴人《ちにん》の如くなることなかれ。もしは老、もしは少、前なく後なく、坐して次第なきは、兵奴《ひょうぬ》の法なり。わが佛法の中には、先の者は先に坐し、後の者は後に坐す。しかるに菩薩、次第に坐せずんば、軽垢罪を犯す。

《兵奴の法》兵奴は軍隊のこと。また兵奴を兵・奴と解する。兵は戦闘に強いものが尊ばれ、奴も礼譲がなく、強いものが尊ばれる。異本には「兵如の法の如し」と、「如」の一字のあるものがある。《しかるに菩薩》この後、異本に「一一法の如く坐せずんば」とある。

この戒は如法の坐次を示したものである。そこでは、世間一般で言われるような、年長者とか、社会的な地位とか、生まれの貴いことなどは、まったく問題にならない。さきに受戒したものと、後から受戒したものとの差異だけがその規準だというのである。まことに菩薩戒らしい性格をよく打ち出したものといえるが、ただここで問題なのは、具体的な事実として、受戒には菩薩戒のほかに小乗戒があって、これによって比丘・比丘尼など出家の身分が確定すると考えられてきた以上、この二つの戒の受戒年次の差が、これにどう関係するか、ということである。

法蔵の釈を見ると、かれは「ある人の釈に云く、四衆などをして雑合通坐せしめ、以て長幼を明らかにせよ、と。いまの解はしからず。比丘衆の中に自ら尊卑を弁ずること、余衆もみなしかり。これ則ち大小宛然として男女道俗、相和雑せざればなり」といっている。かれにおいては僧俗男女に尊卑の別があり、大乗・小乗の差があって、僧は俗より尊く、戒では大乗より小乗の受戒を尊いと見たかの如くである。しかしここに「ある人」の説があるように、はたして法蔵のようにきめてかかってよいか、これは異論のあるところである。

これについていま義寂の紹介を参照すると、三説があったことがわかる。

一つは、菩薩戒の受戒だけを規準する説である。ここでは、百歳の比丘も一歳の菩薩戒を受けたひとより、菩薩戒を後に受けたかぎりは、後に坐ることになる。これは男とか女とかに関係ないし、社会的な地位などとも関係ない。もとがどうあろうと、菩薩戒の受戒の前後がすべてを決定すると見るのである。梵網戒が菩薩戒を標榜するかぎりにおいて、これはもっとも簡明直截な、この戒の意を汲んだものということができる。勝荘はこれを取ったようである。

つぎは、菩薩戒を受けない間は、受けたものよりも下に位置するが、受けたときは、それまでの上下関係は解消して、本来の上下関係にもどるとする説である。従って百歳の比丘の例をもっていえば、菩薩戒を受けない間は受けたものの下にいるが、いったん受けるときは、当然、上に坐ることになる。これを奴婢と貴人といった、社会的な貴賤に持ち込むと、両者とも菩薩戒を受けたときは、奴婢はたとえさきに受けていても、やはり下に坐る理である。この考え方はかなり俗っぽいものであって、菩薩戒の平等性といった点に欠けるようにも見えるが、明曠や法銑の説はこの立場をとったと見られている。

第三は、すべてを小乗声聞の法に求める説で、声聞の比丘が法臘十歳であれば、菩薩の比丘の九歳よりは上位にあるとするものである。その理由は『大智度論』に、諸佛は多く声聞をもって僧とし、別に菩薩僧というものを立てなかったから、弥勒や文殊などの菩薩も声聞僧の中にはいって、その坐次に従って坐った、とあることを証とするという。

しかし以上の説のうち、どれを取るか、ということになると、一般は第三を取るかのようである。ここには第二説の尊卑の考えも僧俗の間に導入されているから、一番妥当な線と受け取られたであろう。

坐次はなかなかむずかしい問題である。これが在家だけで論じられるときは、第一説は理想的である。しかしここに出家が加わると、どうしても出家優位の線が生まれる。ここに在家出家、一切平等の精神が打ち出せれば、まさに、黄門・奴婢をも問わないという、この戒の本旨が生きてくるだろうが、どうもそうはいかなかったのが過去の実情である。

ところで、この戒と関連して、いま想起されるのは、最澄による天台宗が梵網の菩薩戒を受けただけで菩薩比丘になるという制度を建てたことによって、従来の声聞戒による比丘との関係が問題になることである。最澄はこれを考慮して、十二年の比叡山籠山《ろうざん》を終えた久修業の僧に対して、「利他のために小戒を受ける」ことを定め、これによって、南都の声聞の比丘戒を受けた僧との間に生ずるに違いない坐次の問題を解消しようと計った。しかし現実には、最澄も他宗から天台宗に転ずる、いわゆる「廻小向大」の僧もあり得ると考えたから、ここですでに、天台以外の僧が天台僧になることによって生ずる問題が胚胎《はいたい》していたのであるが、これが具体化したのは、最澄の没後で、最澄の提唱した新制度が公認された以後のことである。

このとき、これを問題にして坐次を争ったのは、恵暁・徳善という二人の僧で、恵暁は声聞戒は上臘で、菩薩戒では下臘、徳善はその逆の関係にあったといわれる。この問題は、最澄の考えとしては当然、天台宗では菩薩戒による戒臘によって年数の多いものを上とし、たとい声聞戒の臘数が多くても、菩薩戒の臘数が少なければ、下位と考えていたに違いないが、最澄没後、このことにあたった弟子光定《こうじょう》にはこれを解決する力がなく、結局は政治的な形で解決を見たものである。すなわち、廻心の僧も、まだ菩薩戒を受けないときは、たとえ声聞戒の上臘でも、始めから天台僧になったものの下に坐し、一たん、菩薩戒を受けた後は、声聞戒の臘数によって、坐次を決定するというものである。この解決は、大乗には小乗を包括して、これを生かすことができるが、小乗にはそれがないという基本的な理解がはたらいたものであろう。とにかく、この政治的な解決は、また当然起こると予想される他宗との関係にも触れ、他宗の僧は東大寺で受戒した日によって、天台宗の僧次に坐し、天台宗の僧は比叡山での受戒の日によって、他宗の僧次に坐す、とした。以後、この問題はまったく姿を消したものである。

第三十九軽戒

若佛子。常應下教二化一切衆生一。建二立僧房一山林園田立中作佛塔上。冬夏安居坐禪處所。一切行道處。皆應レ立レ之。而菩薩應下爲二一切衆生一講中說大乘經律上。若疾病國難賊難。父母兄弟和上阿闍梨亡滅之日。及三七日乃至七七日。亦應四讀二誦講三說大乘經律一。齋會求レ福行來治生。大火所レ燒大水所レ漂。黑風所レ吹二船舫一。江河大海羅刹之難。亦應四讀二誦講三說比經律一。乃至一切罪報三報七逆八難。杻械枷鎖繫二縛其身一。多レ婬多レ瞋多二愚癡一多二疾病一。皆應四讀二誦講三說此經律一。而新學菩薩若不レ爾者。犯二輕垢罪一。如レ是九戒。應二當學敬心奉持一。梵檀品當レ說。

若佛子、常に応に一切の衆生《しゅじょう》を教化《きょうけ》し僧房を建立し、山林・園田《おんでん》に佛塔を立作《りゅうさ》すべし。冬夏《とうげ》の安居《あんご》・坐禅の処所、一切の行道の所に、皆応にこれを立つべし。しかうして菩薩は、応に一切の衆生の為に、大乗の経律を講説すべし。もし疾病《しつびょう》・国難・賊難、父母兄弟・和上・阿闍梨の亡滅《もうめつ》の日、及び三七日、乃至、七七日にも、また応に大乗の経律を読誦《どくじゅ》・講説すべし。斎会《さいえ》して福を求め、行来《ぎょうらい》して治生《ちしょう》し、大火に焼かれ、大水に漂《ただよ》はされ、黒風に船舫《せんぼう》を吹かれ、江河・大海・羅刹《らせつ》の難にも、また応にこの経律を読誦・講説すべし。乃至、一切の罪報、三報・七逆・八難、杻械枷鎖《ちゅうかいかさ》の、その身を繋縛し、婬多く、瞋多く、愚痴多く、疾病多きにも、みな応にこの経律を読誦・講説すべし。しかるに新学の菩薩、もししかせずんば軽垢罪を犯す。かくの如きの九戒、応当《まさ》に学し、敬心に奉持すべし。梵壇品に当に説くべし」と。

〈佛塔〉いわゆる窣塔婆《そとば》（梵語 stūpa の音写。塔婆と略称する）で、佛の遺骨である佛舎《しゃ》利を蔵めた塔のこと。〈冬夏の安居〉夏の安居に対して冬に行なうものを冬安居という。『大唐西域記』巻一に覩貨邏《とから》国の安居を伝えて、「冬末春初、霖雨相継ぐ。故にこの境已南、濫波《らんば》已北、その国の風土、並びに温疾多し。しかうしてもろもろの僧徒、十二月十六日を以て安居に入り、三月十五日安居を解く。これ乃ちその雨多きに拠る」とあるものはこれを語る。《斎会》僧たちの集まり会しているおりに、食事を施与すること。《治生》養い育てるの意。《羅刹》梵語 Rākṣasa の音字。速疾鬼など訳する。悪鬼の総称で、地獄の獄卒を意味することもある。一般に男は醜悪で、女は美しいが、いずれも猛悪とされる。《三報》勝荘の注には、現報・生報・後報の三、あるいは三途の報とする。前者ならば、現在の業によって現在に果報を受けるのが現報で、その果を次生に受けるのが生報、さらに二生以上を経て受けるのが後報。ただしこの「三報」を異本には「三悪」とする。「三悪」ならば三悪道のこと。《七逆・八難》前出。(第五軽戒、参照)。《杻械枷鎖》杻はてかせ、械はあしかせ、枷・鎖はくびかせ。ともに刑具。

ここには大別して二つのことが示される。これを智顗は「福・慧」と捉え、「鳥の二翼の如し。修せざるべからず。出要の道に乖くが故に、制は七衆同犯」としているが、福と指摘されたものは佛塔の建立であり、慧は読誦・講説である。

しかし前節の修福は当然、物的財的な経済力を必要とし、とくに出家で、しかも新学のものには、これをなしとげることがかなり困難である。もしこれを建てないときは、罪を犯したことになるとなれば、いささか菩薩戒の本旨にもはずれることにならないだろうか。学問・修行も進み、在家信者の協力が得られるような僧としての徳も備わって初めて、佛塔の建立も可能になるはずである。従ってこの戒の終りに「しかるに新学の菩薩、もししかせずんば」と説くかぎりでは、このような佛塔建立はこの戒の重要な条件と数えられない。おのずから智顗も「力もし及ばざるも不犯」と説いている。その意味ではこの戒を「応講不講戒」と称した法蔵や「不行利楽戒」と名づけた太賢の捉え方が当を得ているようである。もっとも『法華経』第二「方便品」に、「もし曠野の中に　土を積みて佛廟《ぶつみよう》を成し　乃至、童子の戯れに　沙《すな》を聚めて佛塔を為《つく》れる　かくの如きもろもろの人等《ら》　皆已に佛道を成じたり」とあることをもってすれば、その塔の大小などとかかわらないから、作れないとはいえないが、しかし佛舎利のない佛塔はないという点も考慮されねばならないとすれば、そう簡単には考えられないだろう。

ところで、この戒の焦点を読誦・講説と捉えると、ここには、最初の「一切衆生の為に、大乗の経律を講説すべし」という提言に立って、以下、三種の講説の条件が考えられる。それは、第一に「疾病」以下のことが語られている一文、第二は「斎会」以下、第三は「乃至」以下であって、それぞれ「講説すべし」で終っているから、いってみれば機械的であるが、それぞれそれなりのまとまりはある。なぜなら、第一はすでに降りかかった厄難、または降りかかったものとしての、死後の三悪道などへの転落、こうした、いちおう決定的と思える状態の回避を語っているように見えるし、第二は、このさき、襲って来るかもしれない危難に対して、これを回避する方法を説いたもののようであり、第三は、業報という視点から、自己を反省して、おりに触れて講説することを示したように見えるからである。しかしこうした整理はもちろん、概括的なものだから、そうばかり言えない面もあり、このほかにも別の見方があって、けっしておかしくはない。明曠もやはりこのように三分して三障に配しているが、かれの分類法では、「初《はじめ》に報障に対す」とし、「次に斎会の下、利衰の境に於て、即ち煩悩障に対す」とし、「乃至の下、第三に業障に対す」としている。

しかし凝然もいっているように、ここに説かれている内容は多岐多端にわたっていると見るのが、一番穏当な受け取り方であることはいなめない。おのずから、三か所の「講説すべし」という結びの言葉にかかわりなく、これを理解しようという解釈も生じ得るわけである。法蔵がこれらを五つに分け、義寂が十に分け、勝荘が十七に分けたのも、そうした理由による。凝然の伝えるところでは、道璿は、三障といっても、分ければ二十余種になるといい、法進は二十一種と数えているし、凝然自身も別にこれを十三に分類している。参考のためにこれを挙げると、「一に大乗を授与す、二に病時、三に国に厄難ある時、四に諸方に賊起る時、五に先亡追福の時〈この救、もしは難中の四〉、六に治生不利の時、七に火災、八に水災、九に風災、十に海の羅刹〈この救は災厄中の五〉、十一に罪報を救ふ、十二に牢獄の難を救ふ、十三に三毒等の難を救ふ」以上十三が、大乗の経律を講ずるときだとしている。

さて、内容が多岐にわたっているから、これを一々細説する煩は避けたいが、いまとくに注目したいのは、父母兄弟などの亡滅の日、三七日、ないし七七日に経律を読誦・講説する、とある一事である。中国の制では、七七日後は、百日・一周・二周などが行なわれたことを知るが、いまこれをこの『梵網経』が注目されだした天平勝宝年間（七四九―七五七）に眼を向けるとき、聖武天皇の崩御後、天平勝宝八年十二月三十日、東大寺・大安寺など多くの寺々に勅して、『梵網経』を講説させたことがとくに注意を引く。その勅には、実に明白に、「聞道《きくならく》、菩薩戒を有《たも》つことは梵網経を本《もと》とす。……ここ巍々として、能く逝《ゆけるもの》者を資《たす》くと。仍《よっ》て六十二部を写して、将に六十二国に説かしめんとす。功徳を以て使《つかわ》を差して、敬ひて請屈せしむ。願はくはもろもろの大徳、摂受《しょうじゅ》を辞することなかれ。この妙福無上の威力を以て、冥路の鸞輿を翼《たす》け、華《け》蔵《ぞう》の宝刹に向かしめんと欲す」と綴られていて、まさにこの第三十九軽戒に基づいて、この経の講説が計画されたことを知るのである。これからすれば、読誦・講説は他のどの経でもない、『梵網経』そのものを読誦・講説することと解され、これが死者の罪障をすべて断ち切って、さとりの世界に向かわせると信じられたことがわかる。以後、『梵網経』

をして重視させるようにしたものは、この軽戒だったともいえるかも知れない。

しかしこれとともにまた、この戒には国難などさまざまな危難災厄が示されていることも注目されてよい。このことは、天平勝宝三年以後、正月にこの経を説く国家的行事が行なわれるようになったことに関連があると推定される。この経典は護国経典としての性格ももっているといえるからである。

第四十軽戒

佛言。佛子。與㆑人受㆑戒時。不㆑得㆑簡㆓擇一切國王王子大臣百官。比丘比丘尼信男信女婬男婬女。十八梵天六欲天子無根二根黄門奴婢。一切鬼神㆒。盡得㆑受㆑戒。應㆔教身所㆑著袈裟。皆使㆓壊色與㆑道相應㆒。皆染使㆓青黄赤黒紫色㆒。一切染衣。乃至臥具盡以壊色。身所㆑著衣一切染色。若一切國土中國人所㆑著衣服。比丘皆應㆘與㆓其俗服有㆖異。若欲㆓受戒㆒時師應㆓問言㆒。汝現身不㆑作㆓七逆罪㆒耶。菩薩法師不㆑得㆘與㆓七逆人㆒現身受㆖戒。七逆者。出㆓佛身血㆒。殺㆑父。殺㆑母。殺㆓和上㆒。殺㆓阿闍梨㆒。破㆓羯磨轉法輪僧㆒。殺㆓聖人㆒。若具㆓七遮㆒即現身不㆑得㆑戒。餘一切人盡得㆑受㆑戒。出家人法不㆘向㆓國王㆒禮拜㆖。不㆘向㆓父母㆒禮拜㆖。六親不㆑敬。鬼神不㆑禮。但解㆓師語㆒。有㆓百里千里來求㆑法者㆒。而菩薩法師。以㆓惡心㆒而不㆔即與㆓授一切衆生戒㆒者。犯㆓輕垢罪㆒。

佛言く、「佛子、人の与《ため》に戒を受けしむる時は、一切の国王・王子・大臣・百官、比丘・比丘尼・信男・信女、婬男・婬女、十八梵天・六欲天子、無根・二根・黄門・奴婢、一切の鬼神を簡択《けんちゃく》することを得ざれ。尽く受戒することを得しめよ。応に教へて身に著《つ》くる所の袈裟《けさ》は、皆《みな》、壊色《えじき》にして道と相応せしめ、皆染めて青《しょう》・黄《おう》・赤《しゃく》・黒・紫《し》色《しき》ならしめ、一切の染衣《ぜんね》、乃至、臥具も尽く以て壊色とし、身に著くる所の衣も一切染《ぜん》色《しき》ならしむべし。もし一切の国土の中に国人の著くる所の衣服あらんに、比丘は皆応にその俗服と異《ことな》りあるべし。

もし受戒せんと欲する時は、師《し》応《まさ》に問ふて言ふべし。「汝、現身に七逆罪を作さざるや」と。菩薩法師は、七逆の人の与《ため》に現身に戒を受けしむることを得ざれ。七逆とは、佛身より血を出《いだ》すと、父を殺すと、母を殺すと、和上を殺すと、阿闍梨を殺すと、羯磨《こんま》転法輪僧《てんぼうりんそう》を破すと、聖人を殺すとなり。もし七遮を具せば、即ち現身に戒を得ず。余の一切の人は尽く戒を受くることを得。出家の人は法として国王に向って礼拝せざれ。父母に向って礼拝せざれ。六親《ろくしん》を敬せざれ。鬼神を礼せざれ。ただ師の語を解《げ》して、百里千里より来りて法を求むる者あるに、菩薩法師、悪心を以て、しかも即ち一切衆生の戒を与授《よじゅ》せずんば、軽垢罪を犯す。

《無根・二根》無根は男女それぞれの性器のないもの、二根は両方の性器を具えているもの。《壊色》正しくは「袈裟」（梵語 Kaṣāya の音写）の訳語。袈裟は色のことを意味し、不《ふ》正色《しょうじき》とか壊色とか訳する。たとえばここで青などといっても、いわゆる原色の（つまり正色の）青ではなく、ほかの黄や赤などをまぜてにごらせた青をいう。《青・黄……》律では青・黒・木蘭（赤）の三を如法の色とするが、『舎利弗問経』には黄・赤・皂《そう》（黒）木蘭・青の五つは小乗五部の衣の別で、たとえば摩訶僧祇部は黄衣を着用したという。この五色は中国でも用いられ、『唐六典』では道士の衣服も「木蘭・青碧《しょうひゃく》・皂・荊黄・緇環（黒）」の五色と定められている。日本の「僧尼令」には「木蘭・青碧・皂（皂カ）・黄、及び壊色等の衣」とある。《七逆罪》いわゆる五逆罪に、和上と阿闍梨を殺す二を加えたもので、『梵網経』独特のもの。無間地獄に堕ちる行為として無間業といい、これを行なった人には受戒を許さないから、この罪を七遮罪という。内容は経に説くとおりである。《羯磨転法輪僧を破す》義寂の釈に「一解に、ただ法輪僧を破するは、これ逆、もし羯磨僧を破するも逆にあらず。羯磨僧を破する時は、諍作して異見を起さんと欲せざるが故に。しかれども法輪を破する時は、羯磨して壊《え》するが故に、破羯磨転法輪僧と云ふ」と述べるように、提婆《だいば》が佛の教えに違逆して、衆僧の間で、羯磨の作法を行なって法輪を破し、教団を混乱に陥れたから、これをもとに破羯磨転法輪僧というので、ただ羯磨を破っただけでは逆罪にはならないことをいう。《一切衆生の戒》法蔵の釈には、これに二義があるとして、「一に、かの一切の、戒を求むる衆生の戒を与へざるなり。

二にこれはこれ戒の名、謂《いは》く菩薩戒を名けて、一切衆生戒となす。これはこれ一切衆生の、得べき所の戒なるを以ての故に、云ふなり」という。いまは第二の解釈を取りたい。

この戒は、菩薩戒の受戒について、受戒にたえる器のものに対しては、上下貴賎の差なく、たとえ鬼神といえども、これを拒否してはならないことを述べたものである。従って菩薩戒の平等の精神をもっとも端的に語ったものとして注目される一条である。すでにさきに一々の戒条を説く前に、「もし佛戒を受けん者は、……畜生、乃至、変化人まで、ただ法師の言葉を解すれば、尽く戒を受得」する、と説かれた、この戒の本旨を戒条の上に止めて、これを明示した点、重要な意味をもつ。

しかしそれだけならば、この戒の意味はその半面だけに止まり、全体の見失われるおそれがある。その意味では、これを「不択堪受戒」と呼んだ義寂や、「為師简択戒」と名づけた明曠の捉え方よりも、法蔵の「受戒非儀戒」の理解の方に分があるようである。なぜなら、ここにはまず授戒にあたって、受戒者はその衣服や臥具などをすべて壊色として、染色したものを用意することや、授戒には戒師が受者に七遮罪の有無を問い、この遮罪のまったくないことを確かめたうえで、戒を授けるといった手順が語られているからである。そしてこのなかで、受戒者が僧俗の差なく、壊色の袈裟を身につけるとした点、また七逆という、この経だけに見られる遮罪が説かれている点、とくに注意されるものがある。

しかしいまこう書いたことのうち、前者の壊色の袈裟を僧俗ともに着るということについては、異論がある。なぜなら、経はこれに触れたあと、「比丘は皆応にその俗服と異りあるべし」と、はっきり「比丘」とことわっていることが知られるからである。これについては義寂が「既に比丘と言ふ。俗には通ずべからず。旧説、道俗皆、壊色を須《もち》ふとするは、非なり」と論じて、比丘だけに壊色を着ることを強調している。しかしかれが「旧説」に道俗共通とするものがあったことを認めているように、この経が前文に説くところは、明らかに僧俗共通のこととして語られ、後文にいたって、突如として「比丘」の言を掲げているのであって、前文を重視するとき、僧俗共通と見る解釈があったとしても、いささかも不思議はない。この「旧説」は凝然の言によると、智顗が掲げた二説のうち、「一に云く、道俗の受戒は皆、須らく壊色を服すべし。二に云く、これ壊色を可とする処には、道俗同じく制す」と記した、その第二説を指すというが、その当否はともかくとして、この第二説には耳を藉すに価するものがあろう。ただし智顗はこの説を取らない。

　しかしひるがえっていま、「比丘」の言を掲げる一文を改めて些細に読むとき、「一切の国土の中に国人の著くる所の衣服あらんに」とは、いったいどういうことか、はなはだ不明瞭な表現であることに気づかざるをえない。これはおそらく、衣服の作り方と関係があるのではなかろうか、と思われる。比丘の衣は割截衣《かっさいえ》であるから、色は壊色として俗と同じになっても、裁断法ははっきり俗服と異ならせることを言ったのではないか。そうとらなければ、この舌足らずな表現の意味は、どうも解けないように思われる。

　しかし比丘のような割截衣でなかったかどうかはともかく、俗人が壊色の袈裟を身に着けて受戒するということは、きわめて特異なことである。これは銘記されてよい、この戒条の特色であり、まさに僧俗平等の真価を見せた部分であろう。

つぎは七逆であるが、これについては贅言を要しないだろう。受戒には当然、なんらかの条件が伴うのは、たとえ菩薩戒でも止むを得ないところであるから、このような内容のものが問われておかしくはない。ただこのなかには、現実と遊離したものがあって、それだけに形式的な条件になりかねないところに問題はある。中国の慧思・湛然などの『受菩薩戒儀』にもこれを問う部分が一項をなしている。

しかしここで忘れてならないのは、もし七逆を犯した場合、そのものは、なにをしても許されないのか、という問題である。これには二説あって、一は懺悔すれば受戒できるとするもの、他は懺悔の有無に関係なく、この世にあるかぎりできないとするものである。これについて、後者はいま問う必要がないが、前者については、勝荘がかなり細かに論じていて、注目されるものがある。ただ細説は避け、要を取っていえば、「もし先に五逆を犯すとも、後に諸佛菩薩の前に於て至心に懺悔すれば、また受戒することを得。しかうしてこの経に現に得ず、受けずと云ふは、いまだ懺悔せず、いまだ好相を得ざるに拠るが故に、この説を作すなり」という、懺悔して好相を得れば、受戒できるとする考え方である。この解釈は他の第二十三軽戒や第四十一軽戒などとの係わりにおいて、抵抗はあるかもしれないが、菩薩戒の解釈としては妥当な見解を打ち出したものとして賛成される。

さて、最後に注目されるのは、出家は国王、父母・六親などに対して敬礼してはならないという点である。律ではきわめて一般的なところであるが、菩薩戒にもこれが説かれた意味は大きい。中国には慧遠の「沙門不敬王者論」といった伝統があって、それにはこの菩薩戒の精神が汲まれているが、しかし父母を敬礼しないということには難点があったと見え、絹斉の『頂山記』には「或は云く、訳者の過、と」といっているように、これを肯定しない説のあったことを伝えている。ただしここでいう敬礼は身体的な行為であって、心に崇敬の念を抱くことを禁じたものではない、と見るのが穏当だろう。

第四十一軽戒

若佛子。教二化人一起二信心一時。菩薩與二他人一作二教誡法師一者。見下欲レ受レ戒人上。應三教請二二師一。和上阿闍梨。二師應二問言一。汝有二七遮罪一不。若現身有二七遮一。師不レ應二與受戒一。無二七遮一者得レ受。若有レ犯二十戒一者應二教懺悔一。在二佛菩薩形像前一。日夜六時誦二十重四十八輕戒一。若到二禮三世千佛一得レ見二好相一。若一七日二三七日乃至一年要見二好相一。好相者。佛來摩頂。見光見レ華。種種異相。便得レ滅レ罪。若無二好相一雖レ懺無レ益。是人現身亦不レ得レ戒。而得二增受戒一。若犯二四十八輕戒一者。對首懺罪滅。不レ同二七遮一。而教誡師於二是法中一一一好解。若不レ解二大乘經律若輕若重是非之相一。不レ解二第一義諦一。習種性長養性不可壞性道種性正性。其中多少。觀行出入。十禪支。一切行法。一一不レ得二此法中意一。而菩薩爲二利養一故。爲二名聞一故。惡求多求貪二利弟子一。而詐現レ解二一切經律一。爲二供養一故。是自欺詐亦欺二詐他人一。故與レ人受レ戒者。犯二輕垢罪一。

若佛子、人を教化して信心を起さしむる時、菩薩、他人の与《ため》に教誡の法師と作らば、戒を受けんと欲する人を見ては、応に教へて二師を請はしむべし。和上と阿闍梨《あじやり》となり。二師応に問ふて言ふべし。「汝、七遮罪ありやいなや」と。もし現身に七遮あらば、師《し》与《ため》に受戒せしむべからず。七遮なくんば、受くることを得。もし十戒を犯ぜしことあらば、応に教へて懺悔せしむべし。佛・菩薩の形像の前にありて、日夜六時、十重四十八軽戒《きょうかい》を誦し、もし三世の千佛を礼するに到らば、好相を見ることを得しめよ。もし一七日、二・三七日、乃至、一年、要《かなら》ず好相を見るべし。好相とは、佛来りて摩頂《まちょう》し、光を見、華を見る種種の異相にして、便ち罪を滅することを得。もし好相なくば、懺《さん》すと雖も益《やく》なし。この人、現身にまた戒を得ず。しからして増して受戒することを得。もし四十八軽戒を犯さば、対首懺《たいしゅさん》して罪滅《つみめつ》す。七遮に同じからず。しかも教誡の師は、この法の中に於て一一を好く解《げ》せしむべし。

もし大乗の経律、もしは軽、もしは重、是非の相を解せず、第一義諦を解せず、習種性・長養性・不可壊性・道種性・正性、その中の多少、觀行・出入、十禅支、一切の行法、一一この法の中の意を得ざるに、しかるに菩薩、利養の為の故に、名聞の為の故に悪求多求し、弟子を貪利して、詐って一切の経律を解せりと現《よそお》はば、供養の為の故に、これ自ら欺詐し、また他人を欺詐するなり。故らに人の与《ため》に戒を受けしめば、軽垢罪を犯す。

《教誡》教えいましめること。誡を異本には戒に作る。《受くることを得》異本に「与に戒を授くることを得」とある。《十戒》十重戒のこと。異本に「重」の字がある。《もし……到らば》異本に「苦到」に作る。従来、これにより「苦到《ねんごろ》に」に読んで来た。「苦」は「ねんごろ」と訓じ、「懇到」の意であるからで、これによって訂正すれば、「苦到《ねんごろ》に三世の千佛を礼して」と読まれる。《摩頂》頭をなでること。《華を見》異本に見の字がない。これによれば、「光・華・種種の異相を見ば」と読まれる。《増して》異本に「増長」とある。《対首懺》懺悔にあたって、一人の師に対して懺悔することで、対手懺ともいい、これは「手を合わせて懺謝するからだ」、と義寂は説明する。法蔵は四種の懺悔を挙げ、十重を犯す上纒のものは、十方の佛に対するから、方等懺といい、十重を犯す中・下纒のものは、対四菩薩僧懺、「十重の下の（下は中カ）、重の方便を犯す」ものは対首懺、軽の方便には責心懺があるとする。凝然はこの責心懺について、行者は道場を荘厳し、佛・菩薩の形像の前で、香華など供え、恭敬礼拝して佛を讃歎し、読経・誦呪した後、罪を発露・懺悔し、慚愧し悔い責めて、自誓発願し、永く再び犯さないことを誓うことを、その懺悔の作法として記している。《この法の中に於て……》この一文を「この法の中に於て一一に好く解すべし」と読むものと「……解せしむべし」とするものがあるが、いまは法蔵・義寂の理解に従って「せしむ」と取った。《第一義諦》世俗諦に対する勝義諦で、最勝真実の道理。《習種性……正性》異説多く、統一を見ない。いま二・三の説を挙げると、法蔵は、習種性は十住、長養性は十行、不可壊性は十廻向、道種性は十地、正性（異本には正法性）は佛位とするが、義寂はこれを前出の十発趣（六一ページ参照）に対応させている。明曠は不可壊性と道種性を十廻向とし、この位は深いので金剛と喩えるといい、正法性を十地とするところに差がある。この説は法銑・智周・勝荘とも同じであるといわれる。《その中の多少……出入》さきに説かれた習種性以下において修する所の観念や行や、あるいはそれらに共通して行なわれるものや特別のもの、および入定・出定などについて述べたもの。しかしこれらはけっして一様でなく、経論の説くところはとても一筋縄にはいかない。きわめて煩雑であって、それを説くことがどれほどの意味をもつか、疑問である。《十禅支》これについて法蔵は「初定五支、二定一支、三定四（三カ）支、四定一支」と整理しているが、四禅の内容は全部で十八支を数え、重なるものを取って、初禅に尋・伺・喜・楽・定の五、二禅に内浄の一、三禅に捨・念・恵の三、四禅に中受の一の十となることを言ったもの。明曠は最後の二を正知・捨受といっているが、考え方は同じである。

この戒は、さきの第四十軽戒の七遮を問うことの関連においては、授戒を行なうものについていましめたものと思われるが、これについてはその呼称に、智顗の「為作師戒」、法蔵の「無徳作師戒」、太賢の「悪求弟子戒」、義寂の「具徳作師戒」、法進の「自軽欺誑戒」などがあって、それぞれ焦点とする所が異なっているようである。ただしこれを第十八軽戒と対応させるとき、ここにはよく「解せずして」「師と作りて戒を授け」ることをいましめているから、その点では義寂の、他とは類を異にした呼称はかえって穏当を欠くかに見えるが、この戒の内容を積極的に「具徳作師」と捉えて、多くの人が最後の、「利養の為の故に」以下を重視し、そのために一分に留まったのとは異なる。その意味では義寂の呼称を高く評価したい。

しかしこの戒の内容は、呼称とかかわりなく、かなり多軌にわたっている。

まず第一は、教誡の師となったものが授戒にあたって行なわなければならない幾つかの事柄である。これを整理すると、二師を請わせること、請われた上で、受者に七遮を問うこと、もし受者が十重戒を犯したものであるときは、懺悔して好相を見るよう努めさせること、もし四十八軽戒を犯していた場合は対首懺を行なわせること、そしてそれらが成立したうえで始めて、授者は十重四十八軽戒を授けて、その「一一を好く解せし」めること、といった五つが授者に課せられたものと見られる。

ところで、まず始めに二師を請わせるとあるが、いまここで「教誡の法師」といわれているものは、和上・阿闍梨のうちのいずれなのか、これは明らかでない。二師を請うのが、「沙弥十戒」を受けるときの法であるとすれば、はたしてこれを用いること自体、疑問を生ずるから、これは法蔵が『善戒経』に説く「不可見」の師としての佛・菩薩と、「可見」の戒師との二師によって、和上には「本師釈迦佛等」を請い、阿闍梨には親しく現前の伝戒師を請うと解した、この理解が答えてくれるように思われる。さきに第三十七軽戒に十八種物を説いて、「佛像・菩薩の形像」を載せていたが、想えば、佛像などはこうした授戒における和上の役を担ったのではないか、と考えられる。しかしこう解した上でさらに問題なのは、この「教誡の法師」を文字どおり解して、智顗のように「三衆、及び在家、師範の義なし」として、この戒師を出家だけに限定するか、という点である。義寂は「在家もまた互に師と作ることあり」として「兼ねて在家に通ず」としている。『菩薩瓔珞本業経』巻下「大衆受学品」には「その師は、夫婦・六親、互に師となりて授くることを得」というように、戒師を法師だけに限定しないところにも、また平等の精神が生かされるとすれば、義寂の指摘には耳を藉してよいと思われる。

つぎは七遮である。ここで問題になるのは、受者が在家・出家ともに、声聞戒を受けていた場合はどうか、ということである。これについて触れたのは法蔵で、法銑もこれを踏襲し、まず七遮を問うた後、『善戒経』に説く「十事」を問い、これらが具わっていれば、戒を受けさせるとしたことが注目される。十事とは、まず五戒・十戒・具足戒の三戒を具えているかどうか(在家・出家で差がある)、といったことから始まって、菩提心を発《おこ》したか、真実の菩薩なのか、一切の内外の所有物を捨てたか、身命を惜しまないか、貪・瞋・痴の三毒を発さなかったか、一切の菩薩戒を受けたか、といった十を指す。この問題は、いわゆる三聚戒としてその中に摂律儀戒を含む菩薩戒が、別にこの摂律儀戒としての五戒・十戒・具足戒をさきに受けたその後に、これを通受するのを慣例としていた中国においては、当然起こらなければならないが、しかし日本でも奈良時代には、これを受け継いだことであろう。ただ最澄の後は、廻小向大の制はあっても、菩薩戒そのものの性格がすでに変容しているから、ここでは意味をもたない。

第三は、十重戒を犯したものの場合の懺悔法である。この場合、好相を見ることが示されているが、これはすでに自誓受においても説かれたところで、改めて留意する必要は余りない。ただ凝然が法銑の言を掲げて、これには「夢中」と「覚中」との二種があることを示し、勝れたものは現在、眼のあたり佛を見ることができるだろうが、「末世の凡夫、かくの如くなる能《あた》はず。多分、夢中、これを以て験《しるし》となす」と述べたことを記しておく。夢中にせよ、好相を得れば、戒を失わないわけである。

しかし問題は好相が得られなかった場合で、このときはかつての戒は失われるから、その場合は「増して」、つまり重ねて受戒し直すことになる。このことはこの戒の文から素直に理解されるように見えるが、義寂が伝えているところでは、この戒の「現身にまた戒を得ず」とあるところを、古くは「ただ本《もと》の戒得ざるのみにあらず。またまた更に戒を増することを得ず」と解していたことが知られる。義寂はもちろんこれに反論し、改めて受戒する増受の道を認めている。かれはまた経に「増して受戒することを得」とあるものについて古くは三説があったことを記し、一はとにかく、犯戒は教えにもとるから、強引に受戒するとする説、二は増受には功徳があるとする説、三はただただ前文の「戒を得ず」とあることから、この文の意を汲もうとしない説だといっている。義寂はここで『瓔珞経』に「十重には犯ありて悔なし。重ねて戒を受けしむることを得」とあることや、『瑜伽論』の文を引いて、「重を犯すと雖も、捨して更に受くることを得」という「重受」の線を打ち出している。いずれにせよ、義寂の説がもっとも妥当な理解といえよう。後世の説もほぼこれを追っているように見られる。

さて、教誡の師が行なう事柄としては、つぎに四十八軽戒に対する対首懺や、その後の戒法の解説などがあるが、いまはさして取りあげる必要がないから、つぎに教誡の師としての、当然知っていなければならない事柄について、経が説くところを見ると、ここでも内容はかなり複雑である。しかしいってみれば、これらは戒師の資格であって、その知識・理解を要求したものであるから、これらを十分、意に得ていれば、問題はない。ただこれらについて理解していないものは戒師となれないとしたら、この戒の重みは大きい。さきに第十八軽戒も同様の内容について触れていたが、ここで注意されるのは、「この法の中の意を得ざるに」得たかの如くいつわって授戒した場合、軽垢罪だといっているだけで、受者においてその受戒が不成立だといっていないことである。また授者も罪を犯したことになるが、その罪は軽垢罪だから、法蔵の言でいえば、対首懺か責心懺に相当するものだし、さらに「利養の為」や「名聞の為」などでなく、利他的な心から授戒を行なうのであれば、あえて罪を恐れることもない、といえる。戒が破られることによって、人を救えるなら、破ることを辞しないものこそ、菩薩の精神を得たものだと言ってよいからである。ましてこの戒は菩薩戒であるから、問題は「利養の為」などといった条件に制限されることになろう。この意味では義寂以外の諸師が「利養」などに着目して、この戒の呼称を立てたこともあながち軽視することはできない。

第四十二軽戒

若佛子。不レ得丙爲二利養一故。於下未レ受二菩薩戒一者前。若外道惡人前上。説乙此千佛大戒甲。邪見人前亦不レ得レ説。除二國王一餘一切不レ得レ説。是惡人輩不レ受二佛戒一。名爲二畜生一。生生不レ見二三寶一。如二木石一無レ心。名爲二外道邪見人輩一。木頭無レ異。而菩薩於二是惡人前一説二七佛教戒一者。犯二輕垢罪一。

若佛子、利養の為の故に、いまだ菩薩戒を受けざる者の前、もしは外道・悪人の前に於て、この千佛の大戒を説くことを得ざれ。邪見の人の前にても、また説くことを得ざれ。国王を除く、余の一切に説くことを得ざれ。この悪人の輩は、佛戒を受けざれば、名けて畜生となす。生生《しょうじょう》に三宝を見ず。木石《もくしゃく》の、心なきが如し。名けて外道・邪見人の輩となす。木頭《もくず》に異ることなし。しかるに菩薩、この悪人の前に於て、七佛の教戒を説かば、軽垢罪を犯す。

《千佛の大戒》千佛はいわゆる現在賢劫《けんごう》の千佛を指すと見られるが、過去荘厳劫・未来星宿劫にもそれぞれ千佛が出現するから、それらを含めていったと見てよい。従ってここに「大戒」というのも、一切諸佛に等しく共通した戒の意で、いまはこの梵網菩薩戒の形容である。《国王を除く》義寂は、王は一切の支配権を自由に行使できるし、法を知らしめて、その心を清浄するから、といい、太賢は、佛法を護持するもの二つあって、一は佛弟子で、これを内護、二は国王で、これを外護という、と説明している。法進は以上の二説をともに取っているように見えるが、明曠はいささか趣を異にし、「王もし邪見なるも、乃ちこれを開す。恐らくは誣説して法に於て損害することを疑へばなり」とする。《畜生》この文と似たものが『菩薩瓔珞本業経』巻下に見える。「佛子、もし過去・未来・現在の一切衆生、この菩薩戒を受けざる者は、情識ある者と名けず。畜生と異ることなし。名けて人となさず。常に三宝の海を離る。菩薩にあらず、男にあらず、女にあらず、鬼にあらず。人にあらず。名けて畜生となし、名けて邪見となし、名けて外道となし、人情に近からず」という。《七佛》前出。（第二十八軽戒、参照）。ここでは七佛の戒も千佛の戒も結局は同じものを指す。ただし一般には「七佛通誡」として「諸悪莫作　衆善奉行　自浄其意　是諸佛教」の偈を説く。

第四十一軽戒を「利養」など、戒師が自己の利のために授戒を行なうことを制したものとすれば、これは明瞭にその受者の選択を行なうよう制したものである。ここには外道・悪人といった菩薩戒を拒否する人を見抜くことが要請される。

ただここで「いまだ菩薩戒を受けざる者」という最初の表現は説明を要する。受けていないから受けさせることも成立するのだからである。法蔵はこれに三種を挙げ、「一は純《もっぱ》ら菩薩道を信ぜざるが故に受けず。二は謗《そし》らずと雖もまた受くる能はず。三は信じて受くるに擬するも、いまだ受けず。前の二は犯を結ぶ」と述べているから、いまは前二者と見られる。これは太賢の「発心せざる」ものに整理できるようであるが、義寂では「声聞具戒は既にいまだ大を受けず。理としてまた輙く彼の為に説くことを得ず」としているから、この「発心」を大乗の発心と限定することが必要かも知れない。また、ここでは法蔵のいう第三のものに対する授戒は除かれるが、義寂のいうように「利養の為」でない授戒も、たとい説いても戒に触れないことになる。

しかし他は議論の余地がない。ただ「国王」をあえて除いたところに問題がある。なぜなら、第十七軽戒に「国王・王子・大臣・百官に親近」することを戒めているからである。しかしこの国王の問題を積極的に論じたものはほとんどなく、明曠のように、国王に説くことによって、国王の迫害を回避しようとする議論さえでるくらいである。しかしこれなどは取るにたらないものであって、実導が批判しているように、迫害を恐れるなら、なにも国王に限らないし、外護という点でも国王だけのものではないということは妥当な言である。かれはもし国王を「開縁」とするなら、「開制は余人に於て用意あるべき事か」と疑問を呈している。

第四十三軽戒

若佛子。信心出家受二佛正戒一。故起レ心毀二犯聖戒一者。不レ得レ受二一切檀越供養一。亦不レ得二國王地上行一。不レ得レ飲二國王水一。五千大鬼常遮二其前一。鬼言二大賊一。若入二房舍城邑宅中一。鬼復常掃二其脚跡一。一切世人罵言二佛法中賊一。一切衆生眼不レ欲レ見。犯戒之人畜生無レ異木頭無レ異。若毀二正戒一者。犯二輕垢罪一。

若佛子、信心をもて出家して佛の正戒を受け、故らに心を起して聖戒を毀犯せば、一切の檀越の供養を受くることを得ざれ。また国王の地の上を行くことを得ざれ、国王の水を飲むことを得ざれ。五千の大鬼、常にその前を遮り、鬼、大賊なりと言はん。もし房舎・城邑の宅中に入らば、鬼また常にその脚の迹《あと》を掃はん。一切の世人《せにん》、罵りて佛法中の賊なりと言はん。一切衆生、眼に見ることを欲せざらん。犯戒の人は畜生と異ることなく、木頭と異ることなし。もし正戒を毀《やぶ》らば、軽垢罪を犯す。

《佛の正戒》つぎに聖戒ともいう。さきに金剛宝戒といい、佛戒といい、一切衆生の戒といい、また千佛の大戒という。みな同じものを指す。《もし正戒を毀らば》異本に「もし故らに……」とある。

ここでは、佛戒を受けたものは、故《ことさ》らにこれを犯してはならない、と戒めたことがきわめて明白である。その言葉は苛酷といってよく、犯したときは、死を覚悟しなければならないほどである。檀越の信施を受けてならないとすれば、出家の生きる道はない。一切の土地が国王に属し、その水が国王の水であるかぎりでは、足を踏み入れるところとてなく、渇きをいやすことも不可能である。それは正しく死を意味する。

ここにこの戒は、改めて出家の、「不惜身命」の心をもって佛戒をこそ護持しなければならない、その使命を、胆《きも》に銘じて教えようとしたものであることがわかる。従ってこの意味では、「五千の大鬼」以下は付けたりである。法蔵がこの戒を「故毀禁戒」と呼び、義寂が「不故毀犯戒」と名づけたことは、智顗の「無慚受施戒」よりもよく意を汲んだものといえよう。そしてまたこの戒を機械的に「六失」に分けた法銑の理解も、そのかぎりでは焦点を失っている。分けるなら「五千の大鬼」以下の、毀犯を謗る幾つかの言葉を、それ以前と分ける智顗の分け方が正しい。

ところで、国王の土と水に関してつぎのように説いた法蔵の解釈をここで紹介しておく。かれはこれに問答を設けてこう言っている。「問ふ。供・施、破戒に分なきはしかるべし。王の水・土は衆生同じく感ず。何が故にまた分なきや。答ふ。白衣は無戒にして王の水・土を食するは、皆輸税あり。出家は税せずして、良《まこと》に戒行をなす。今既に二種倶になし。あにその分あらんや。分なくして用ふる、あにこれ賊にあらずや。四鬼遮して賊と罵《ののし》る、これこの義なり」というのがそれである。かれの考えでは、一切が平等に享受する国土の水・土も、在家は国に税を払っているから、それを得る権利があるが、税を払わない僧にはその権利はない、というのである。破戒の僧はいって見れば、税金泥坊というわけである。

この解釈は面白いものではあるが、いささか実利的である。菩薩戒の本質に触れるところがない。これはむしろさきに、客菩薩比丘に対しては、物のないときは、自らの身を売り、肉をさいて売って、供養するといった極端な表現に対して、智顗が「挙況の辞」といったように、その厳しさを自戒するよう求めたものと取れないか、と思う。この戒が、国王の権力の絶対性を暗々裡に認めたかのように理解することを求めるとすれば、それはこの戒の自殺行為であろう。総じて国王のことはかなり語られている。しかしどこまでも平等の位置に置いてこれを見るのが、菩薩戒の本旨でなければなるまい。その意味では、前戒の「国王を除いて」という表現も、実は場違いであって、抵抗を感じさせる。

重ねて言えば、この戒は犯戒を厳しく戒めたものと取るのが妥当である。辞句の解釈は末の末のことであって、それに執われてはならない。従って、この戒がこう語る言葉の底にも、『菩薩瓔珞本業経』巻下が語っている、「ありて犯すは、なくして犯さざるに勝れたり。犯すことあるも菩薩と名け、犯なきも外道と名く」といった思想は流れていると思う。少しく飛躍はあるが、阿弥陀佛の第十八願に「ただ五逆と正法を誹謗するものとを除く」とある言葉を、「抑止《おくし》」と解した善導の解釈をここで想起するのも、無駄ではあるまい。

戒相は『比丘応供法行経』に負うている。

第四十四軽戒

若佛子。常應㆘一心受㆓持讀㆔誦大乘經律㆒。剝㆑皮爲㆑紙刺㆑血爲㆑墨。以㆑髓爲㆑水析㆑骨爲㆑筆書㆗寫佛戒㆖。木皮穀紙絹素竹帛亦應㆓悉書持㆒。常以㆓七寶無價香花一切雜寶㆒。爲㆓箱囊㆒盛㆓經律卷㆒。若不㆓如法供養㆒者。犯㆓輕垢罪㆒。

若佛子、常に応に一心に大乗の経律を受持し読誦し、皮を剝《は》いで紙となし、血を刺して墨となし、髄を以て水となし、骨を析《さ》いて筆となして、佛戒を書写すべし。木皮・穀紙・絹素・竹帛にも、また応に悉く書きて持すべし。常に七宝の無価《むげ》の香花《こうげ》、一切の雑宝《ざっぽう》を以て箱嚢となし、経律の巻を盛《も》るべし。もし如法《にょほう》に供養せずんば、軽垢罪を犯す。

《大乗の経律》凝然はこれを「梵網大乗菩薩戒経」だとし、いまここでこれがはっきりしたという。《受持し読誦し》受は受けた教えの義理を理解すること、持は記憶すること、読とは経文などを目で見て読む、つまり諷唱すること、誦とは文を憶持して闇誦すること。これらを四と数え、これにつぎの書写を加えて五種とし、法進はこれを五種法師とするが、『法華経』「法師品」には受持・読経・誦経《ずぎょう》・解説・書写の法師を五種法師とする。《皮を剝いで……》大乗経典にはこの種の表現が少なくない。『涅槃経』（南本）巻一三、『華厳経』（四〇巻本）巻四〇などはその典型的な例である。『智度論』巻二八にも見える。いま『涅槃経』の例を挙げると、「世尊、我《われ》今は実に、皮を剝いで紙となし、血を刺して墨となし、髄を以て水となし、骨を折りて筆となし、かくの如き大涅槃経を書写し、書き已りて読誦して、それをして利に通ぜしめ、しかる後、人の為に広くその義を説くに堪忍せり」とある。《木皮……竹帛》木皮とは木の皮。また法蔵は「貝多葉」を挙げ、慧因は桑の皮などで作った紙という。穀紙とは法進によると、「穀とは謂く、楮《こうぞ》の皮、また角猪皮と曰ふ。体一にして名別なり。また藤の皮を用《もっ》て紙を作ることあり。また大鹿の皮を用て紙を作る処あり。また麻鞋《あさぐつ》の底、水の浸れるを洗ひ、熟《よ》く擣きて紙となす処あり。紙の名はこれ一なるも、用ふる所の物は各各別なるが故に」とある。ここでは紙といっても種々のものがあることを示している。絹素とは、絹は黄色に染めた絹のこと、素は白い絹のこと。竹帛とは、竹は竹を削って作った簡のこと、帛は白絹を灰汁で煮たもののこと。以上は法進の説明による。

この戒は冒頭より極端に走った表現によって、読むものをして驚愕《きょうがく》させる内容をうたいあげているが、従来この戒を「不供養経典戒」（智顗）とか、「不敬経律戒」（法蔵）、「供養経典戒」（義寂）、「不重経律戒」（太賢）などと呼んだ例が見られるように、戒の焦点を最後の「如法の供養」にしぼって、他は「大乗の経律」の重要性を強調したものとするのが一般である。たとえば法蔵がこの戒の制意を説いて、「戒はこれ成佛の勝因なるを以て、かの教の理、宜《よろし》く尊重すべし。況んやこれ諸佛の母、如来の師とする所、崇重の極、あにこれに先んぜんや。故に須らく制すべし」と言っているものも、これを示したと見られる。

おのずから「皮を剝」ぐ以下は、凝然が指摘した義寂の言に見えるように、「もし堅心無動を得たる者は、則ち応にこれを行ずべし。しからざれば、いまだ必ずしも行ずるを須《もち》ひず。ただ心願を作すべし」というのが、妥当な理解である。これは強制される性質のものではけっしてなく、心の戒めとして堅く憶持しておくことを願う、その発露でなくてはならない。いってみれば、これは経典編集者の経典護持を願う願いなのである。

さて、そうとすれば、この戒の焦点は供養にあるが、経には「常に七宝の無価の香花、一切の雑宝を以て箱嚢と」して、それに経典を収めるとある。これは言葉どおり受け取る必要があるものなのだろうか。多くの注釈はこれについて何一つ触れようとしない。ただ慧因の注に「佛戒を厳持す」とあるだけである。はたしてこれが「如法」といえるものか、いささか疑問である。してみると、この言葉もこの大乗菩薩戒経の重要性を強調した、それ以外の何ものでもないようである。法進が「これは用心を明かす」といっているのが、当を得たものと思われる。

ここにいたると、この戒の焦点は「如法に供養」するという、わずか数語につきると言わなくてはならない。

供養といわれる行為には種々のものがある。しかしことは経典の供養であるから、この経がどのようなことを「如法」と呼んだか、その意のあるところは必ずしも明白ではない。すでに説いている、受・持・読・誦・書写を指すのかどうか。凝然は法銑の整理を掲げて、「一に書写、二に供養、三に他に施す、四に聴聞、五に披読、六に受持、七に開演、八に諷誦、九に思量、十に修習」と記しているが、これは法蔵の言う「十種法行」を他の論釈を参考にして整理しただけで、その中にすでに「供養」の二字があるのをみても、余り高く評価することはできない。

第四十五軽戒

若佛子。常起二大悲心一。若入二一切城邑舍宅一。見二一切衆生一。應二當唱言一。汝等衆生盡應レ受二三歸十戒一。若見二牛馬猪羊一切畜生一。應二心念口言一。汝是畜生發二菩提心一。而菩薩入二一切處山林川野一。皆使二一切衆生發二菩提心一。是菩薩若不レ敎二化衆生一者。犯二輕垢罪一。

若佛子、常に大悲心を起し、もし一切の城邑・舍宅に入りて、一切の衆生を見ては、応当《まさ》に唱へて言ふべし。「汝等衆生、尽く応に三帰・十戒を受くべし」と。もし牛馬猪羊《ごめちょよう》、一切の畜生を見ては、応に心に念じ、口に言ふべし。「汝はこれ畜生、菩提心を発《おこ》せ」と。しかも菩薩、一切の処、山林川野《せんりんせんや》に入りても、皆、一切の衆生をして菩提心を発さしむべし。これ菩薩にして、もし衆生を教化せずんば、軽垢罪を犯す。

《三帰・十戒》三帰とは三帰戒ともいう。佛・法・僧の三宝に帰依することで、佛教徒になったことを表明する儀式でもある。十戒は一般には十善戒を指し、殺生・偸盗・邪婬・妄語・両舌・悪口《あっく》・綺語《きご》・貪欲・瞋恚《しんに》・邪見の十悪を離れることであるが、ここでは十重戒を指すとも考えられる。また法銑によれば、この「三帰・十戒を受」けるという表現には二つの意味が考えられるとされ、一は、三帰戒を受けさせたり、十戒を受けさせたりすることで「三帰・十戒」に相互関係を見ないもの、二は、十戒を受けるために三帰を受けるといった、前後関係を認めるもので、法銑は後者の意味を「正」しいとしている。《汝はこれ畜生……》法蔵の釈には「昔、牛あり、塔前に草を食《は》み、頭を挙げて塔を見て、後便《のちすなわ》ち得度《とくど》せし等の如し」といい、義寂は畜生の中に、或は黠慧にして領解《りょうげ》を得たる者あり、或は時に当りて能く領解することなしと雖も、法声・光明、毛孔の中に入りて、遠く菩提の因縁を作す」といい、頂山はしばらくこうしたことを認めつつも、一応、佛世において可能なこととし、「且《しばら》く人界に就くのみ」と付記している。

この戒は一切衆生の教化を積極的に推し進めるよう説いたもので、この点に関して諸師の呼称はほとんど一致している。

ただここで注目されるのは、菩提心を起こさせる対象を「一切の衆生」としたことによって、おのずから牛や馬などの畜生もはいってくるが、ただ口に「三帰・十戒を受くべし」とか「菩提心を発せ」などと言っても、それによって菩提心を発させることができるか、ということである。「一切衆生悉有佛性」は大乗の基本的な立場であり、この梵網戒もまさに佛性戒であることはすでにこの経が始めに説くところであるから、畜生も「情《こころ》」あるものとして成佛の可能性をもっているが、「法師の語《ことば》を解」するものということを、受戒の条件としてこの経が説くこともまた忘れられない。してみると、「法師の語を」理解しない畜生の受戒や教化は、悲しいかな、まったくの一方交通であって、独白に終るものでしかない。従って「菩提心を発さしむべし」といっても、はじめからできない要請である。義寂は、その言葉が毛孔から入って菩提心の遠因になることを期待しているが、この戒はそうした点で、かなりむずかしい問題を含んでいる。そこに頂山のように、しばらく人間にかぎって考えようとする姿勢も現われてくるわけである。

ところで、この戒を受戒と発菩提心の二つに分け、さらに後者を対象の上から畜生と山林川野の衆生とに分けて考える解釈がある。文の当相では確かにそうなっているが、その場合、問題なのは、発心に関して説く後段の部分で、初めに畜生、つぎに一切衆生となっている、ちぐはぐな表現上の錯雑である。明曠は、最後の山林川野の一切衆生とは、「総じて、凡そこれ有情をして咸《みな》、道意を発こすとを勧めしむることを示す」部分であると解しているが、こう解せないことはないが、実はいささか安易な解釈である。とすれば、これはどう理解したらよいか。

これについてちょっと変わった解釈をしたのは、実導である。かれは「今の「入一切処山川林野」とは、山とは樵夫等、川とは漁人等、野とは鳥鹿を狩る猟師等の類か。これは人身を得と雖も、悪として造らざるなく、愚痴無智の類にて、なほ三帰・十戒の勧化に及び難き故に、ただ随宜の教導を致す計《ばか》りなるべければ、偏に禽獣に同じて、発心せよと告ぐるなりと云ふか」と記している。こう見ることが正しければ、まず始めの城邑・舎宅の一切の衆生も、人であって、畜生の類を指さないと見られるから、最初の一段は人に対する受戒、つぎは畜生に対する発心、そして最後は愚痴無智の殺生を業とするものに対する発心、といった三つの勧化が説かれたものと見ることになる。

第四十六軽戒

若佛子。常行二教化一起二大悲心一。入二檀越貴人家一切衆中一不レ得下立爲二白衣一說法上。應二白衣衆前高座上坐一。法師比丘不レ得下地立爲二四衆一說法上。若說法時。法師高座。香花供養。四衆聽者下坐。如レ孝二順父母一。敬二順師敎一。如二事火婆羅門一。其說法者若不二如法一犯二輕垢罪一。

若佛子、常に教化を行じて大悲心を起し、檀越・貴人の家・一切の衆生の中に入りては、立ちて白衣《びゃくえ》の為に説法することを得ざれ。応に白衣の衆の前にては、高座の上に坐すべし。法師の比丘は、地に立ちて四衆の為に説法することを得ざれ。もし説法の時は、法師は高座にして、香花もて供養せしめ、四衆の聴者は下坐して、父母に孝順するが如くし、師教に敬順すること、事火《じか》婆羅門の如くせよ。その説法者、もし如法ならずんば、転垢罪を犯す。

《四衆》異本には「四衆白衣」とある。四衆は一般には在家・出家を含む比丘・比丘尼・優婆塞・優婆夷か、出家だけの比丘・比丘尼・沙弥・沙弥尼を言うが、あるいは佛の説法の席にある発起衆・当機衆・影響衆・結縁衆の四を指すか。おそらくは最初の在家・出家の四衆で、「白衣」は誤りだろう。《事火波羅門》火天を祭って、天に生まれることを願いとした外道で、事火外道ともいう。釈迦の弟子三迦葉ははじめ事火外道の徒であったという。犠牲を棒げ、種々の香木・香油をたいて、火天に仕えるのを事としたらしい。《如法ならずんば》異本に「如法に説かずんば」とする。

この戒は、説法者の如法の威儀について明らかにしたものである。このことに関しては諸師の呼称がほぼ一致しているから、まず異論はないと考えられる。その意味では後段において、もし法師が高座に坐した場合、四衆の聴者について記した部分も、あえて意を強めて読むならば、「四衆の聴者をして下坐して、父母に孝順なるが如くせしめ、師教に敬順すること、事火婆羅門の如くせしめよ」と読みたいところである。説法者の威儀が法にかなうことによって、聴者をして襟を正して聞く姿勢を生じさせるはずだから、説法者の挙措はそのかぎりにおいて能動的でなければならない理である。

ところで、そのような説法者について、当然、経にすでに語られるように、これを「法師」とする見方が一般的である。智顗の言をもってすれば「出家五衆」であり、「在家は全く法主となさず」とするからである。しかしこれに対して義寂は、「七衆同学」と見、「比丘」の言が文中にあるのは、在家には師範としての義が少ないためで、それ以上の理由はないという解釈を下している。この戒の書き出しや結びを見ても、法師や比丘の言はないし、在家の説法者がないわけではないから、これは義寂の説に分があるようである。

さて、この戒の中心をなす説法者の威儀について触れると、まず経は、立って白衣の前で説法してはならないとする。そこから当然、高座に坐して説法することが示されることになる。従ってこの原則が示された以上、法師の説法はいってみれば、蛇足である。ただ「香花もて供養せしめ」以下は、いささか趣きを異にする。法蔵がこの一文をこの戒の「正則を教ふる」ものとしたのも、その辺に事情があるらしいが、しかしこの部分は聴者の立場を示すものであるから、やはり原則はさきに述べられたことですんでしまったと見ることはできる。

ただこの高座に坐して説法するという原則だけでは、聴者が立っていようが、臥ていようが、そうしたことが許されるのかどうか、明瞭にはならないから、説法者と聴者の関係において説法が成立するかぎり、後に加えられた一文が重要な意味を持つことは確かである。聴者が、「香花もて供養」し、

「父母に孝順する」ように説法者に対すると示すことによって、起こり得る可能な事態を包括したのである。このことは、小乗の律文に対比すれば、よくわかる。律ではそれがきわめて煩雑で、一々数えたてられているからである。たとえば『四分律』によると、その「衆学法」のなかに、第五十二「反抄衣説戒」以下、第五十九「騎乗説法戒」まで八戒、第八十六「人坐己立説戒」以下、第九十二「人在道説法戒」まで七戒、第九十六「持杖人説戒」以下、第百「持蓋人説法戒」まで五戒、これらすべてが説法に関するもので、立って説法することを制したものに相当する第八十六戒以外はまったく、さまざまな諸条件を数えたてたものに過ぎない。

要は聴者の聴聞する姿勢に係わることである。菩薩戒では聴者をして聴聞したいという敬順の心を生じさせることが求められているようであり、律では、相手の態度によって説法をするか、しないかがきまる。

してみると、立って説法してはならないとか、高座に坐すといったことは、ただ形の問題ではなく、説法者の心構え、佛の教えが説かれるのだという「法宝」に対する帰依信順が、まず最初に示されていることを知らねばならない。当然、説法者自身のおのれを慎しむ姿勢が、こうした威儀において語られているのである。

戒相は『仁王般若経』や『涅槃経』「高貴徳王品」に負うとされる。

第四十七軽戒

若佛子。皆以(二)信心(一)受(二)佛戒(一)者。若國王太子百官四部弟子。自恃(二)高貴(一)破(二)滅佛法戒律(一)。明作(二)

制法ニ制ニ我四部弟子一。不レ聽ニ出家行道一。亦復不レ聽レ造ニ立形像佛塔經律一。破ニ三寶一之罪。而故作ニ破法一者。犯ニ輕垢罪一。

若佛子、皆、信心を以て佛戒を受くる者、もし国王・太子・百官、四部の弟子なりとも、自ら高貴を恃《たの》んで、佛法の戒律を破滅し、明かに制法を作りて、わが四部の弟子を制し、出家・行道《ぎょうどう》することを聴さず、またまた形像・佛塔・経律を造立《ぞうりゅう》することを聴さずんば、三宝を破するの罪なり。しかるに故らに破法を作《な》さば、軽垢罪を犯す。

《四部の弟子》この戒には「四部の弟子」という表現が二ヵ所使われているが、諸師の釈によって、これが二つに分かれる。この戒全文の解釈と係わってそうなったものであるが、始めの四部について、明曠は「比丘等の四」と解し、伝奥は「僧尼士女」と釈し、法進は「出家僧尼、居士男女」とする。ここでは明曠は比丘・比丘尼・沙弥・沙弥尼と見、伝奥・法進は出家・在家の男女と見たことがわかる。ところが、後の四部は、智顗が「居士・居士婦・童男・童女」と見たように、これは妥当な解釈であるから、これからすれば始めの四部も在家ととらなくてはならない。法進は後の四部を智顗と同じように見るから、そのかぎりでは、前後を別々に理解したことになる。《経律》「経律」の後、「三宝を破する」までの間、異本には六十一字、または六十三字、六十四字を加えているものがある。いま与咸の注釈した経によると、「立統官制衆、使安籍（籍カ）記僧、菩薩比丘地立、白衣高座、広行非法、如兵奴事主、而菩薩正応受一切人供養、而反為官走使、非法非律、若国王百官好心受佛戒者、莫作是」の六十四字がある。法銑が依用したものは六十三字を加えているというが、このうちどの文字を欠くのか、いま明らかでない。六十一字のものは圏点の三字を欠く。また「菩薩比丘」を「比丘菩薩」とする。いまこの六十四字を加えて、読み下すと、「（経律を造立することを聴さず）、統官を立て衆を制し、籍を安んじて僧を記せしめ、菩薩の比丘は地に立ち、白衣は高座にして、広く非法を行ずること、兵奴の、主に事《つか》ふるが如くせんか。しかも菩薩は正に一切の人の供養を受くべきなるに、反りて官の為に走使して、非法・非律ならんや。もし国王・百官、好心をもて佛戒を受くる者は、この（三宝を破するの罪を）作すことなかれ」ということになろう。《三宝》佛・法・僧の三宝を説明して、別相三宝・一体三宝・住持三宝を立て、別相は三宝が個々別々のものと見るもの、一体は三宝を本来一つと見るもの、住持は佛教が後に伝えられるために取るすがたで、佛は佛像など、法は経巻など、僧は持戒修行の僧尼である。いまは住持三宝の意とする。

この戒は世俗の立法によって三宝を規制することを制したものと解せられる。この種のものでは『仁王経』「嘱累品」があるが、これと軌を一にしたものと言ってよい。

ところで、この戒の理解には幾つかの面倒な問題がある。まずその一つは、この文の始めに言う受戒者と立法者とがどんな関係にあるか、ということである。これについて智顗の解釈を見ると、二つあって、一は受戒者を「被制の人」とするもの、二は「能制の人」とする、という。その意はつまりこういうことである。初めの釈は、経が「もし国王・太子」などという、これらの人たちが能制者として、佛戒を受けようとする人を規制し、受戒させないようにする、ということで、ここでは受戒者と立法者とはまったく別箇の存在を意味することになる。しかし第二の釈では、受戒者がそのまま立法者である。従って「信心を以て佛戒を受け」たものであるにも係わらず、その当人たちが法律を作って三宝を制限し規制するものに変貌するわけである。

この二つのうち、諸師はほとんど第二の釈を取るが、もし初めの釈を取るとすれば、読み方もおのずから「信心を以て佛戒を受けんとする者あるに」といったものになるだろう。いまは第二の釈を取って読んでおいた。

ところで、佛戒を受けたものは出家になるとはかぎらないから、国王・太子・百官はそのまま在家に留まったことを意味するが、それでは「四部の弟子」とは在家・出家のいずれに属するのか、これが問題になる。ところが、これについては、すでに注記したように諸師の釈は三つに分かれる。出家だけの四衆とするもの、出家・在家の四衆とするもの、そして在家だけの四衆とするものである。しかしこれは後に記されている「わが四部の弟子」と同じものであるかぎりにおいて、当然第三の釈が妥当である。その意味でこの戒は「在家二衆」に対して立てられた制戒だということになる。ただし義寂は「七衆同防」とするから、この「四部」を出家または出家・在家と見たものである。

　さて、この戒が指摘する制法による三宝破滅の相は、まず在家信者をして出家し修行することを許可しないことを始めとする。僧尼は佛法を伝持するその担い手であり、僧宝であるから、これを禁ずる立法は重大である。以下、佛・菩薩の形像や佛塔などは佛宝であり、経律は法宝であって、これらの「造立」が許可されなければ、三宝は早晩破滅するほかはない。しかもこれが佛教を信じ、佛戒を受けたものによってなされるとなれば、これこそ佛教にとっては師子身中の虫である。この一条の意味は大きいと言わなくてはならない。

　しかしひるがえって考えて見ると、この戒は国家立法のうえでは、やっかいな存在である。これが無視されるにいたったのもまた自然の勢いであろう。中国では道僧格が作られ、日本では僧尼令が作られて、出家受戒は官の許可を得る制度が設けられ、許可なくして出家するものは自度《じど》と称して禁止された。また出家してもその行動は制限され、道場を設けて、一般庶民を集めて教化すれば、還俗させられ、静かに禅行修道しようとして山居を望むときは、手続きを経て許可を得、その後も居処を変えることは許されなかった。

　国家の制法とはこうしたものである。従ってこの戒が在家だけに向けられたかぎりにおいて、その存在はいささかみじめである。これを義寂のように「七衆同防」とすれば、まだ戒としての規制の意味があろう。ただその場合は、「出家・行道することを聴さず」とある一文を、在家に対しては「出家」、出家に対しては「行道」を許さない意に解する必要がある。

第四十八軽戒

若佛子。以二好心一出家。而爲二名聞利養一。於二國王百官前一説二七佛戒一。横與二比丘比丘尼菩薩弟子一作二繫縛事一。如三師子身中蟲自食二師子肉一。非二外道天魔能破一。若受二佛戒一者。應下護二佛戒一如レ念二一子一。如中事二父母一。而菩薩聞下外道惡人以二惡言一謗中佛戒上時。如三三百鉾刺レ心。千刀萬杖打二拍其身一等無レ有レ異。寧自入二地獄一經二百劫一。而不レ用下一聞中惡言破二佛戒一之聲上。而況自破二佛戒一。教二人破法因縁一。亦無二孝順之心一。若故作者。犯二輕垢罪一。如レ是九戒應二當學敬心奉持一。

若佛子、好心を以て出家せるに、名聞利養の為に、国王・百官の前に於て、七佛戒を説くは、横《よこざま》に比丘・比丘尼の菩薩弟子の与《ため》に、繫縛の事を作すこと、師子身中の虫の、師子の肉を食《くら》ふが如し。外道・天魔の能く破するにあらず。もし佛戒を受くれば、応に佛戒を護ること一子を念《おも》ふが如く、父母に事《つか》ふるが如くすべし。しかうして菩薩、外道・悪人の、悪言を以て佛戒を謗《そし》るを聞く時は、三百の鉾《ほこ》、心《むね》を刺し、千刀《せんとう》・万《まん》杖《じょう》、その身を打拍《だはく》するが如く、等しくして異なることあることなし。むしろ自ら地獄に入りて百劫を経《ふ》とも、一たびも悪言《あくごん》もて佛戒を破する声を聞くことを用《もち》ひざれ、しかも況んや自ら佛戒を破せんをや。人に破法の因縁を教へ、また孝順の心なし。もし故らに作さば、軽垢罪を犯す。

かくの如き九戒、応当に学し、敬心に奉持すべし。

〈七佛戒〉前出(第四十二軽戒、参照)。〈繫縛の事を作すこと〉異本にはこの後に「獄囚の法、兵奴の法の如くならば」とある。〈師子身中の虫〉『蓮華面経』巻下にもほぼ同文のものが見えるが、巻上にはこの趣意をやや詳しく説いている。広く人口に膾炙《かいしゃ》した言葉で、たとえば親鸞が子の慈信に与えた手紙に、「佛法者のやぶるにたとへたるには、師子の身中の虫の、師子をくらふがごとしとさふらへば、念佛者をば佛法者のやぶりさまたげさふらふなり」とある。また異本には「師子の肉」の後に、「非余外虫、如是佛子自破佛法」の文字があり、「(師子の肉を食うて) 余外《よげ》の虫にあらざる (が如し)。かくの如きは佛子自ら佛法を破す」と読まれる。〈如くすべし〉この後、異本に「毀破すべからず」とある。〈一たびも……用ひざれ〉異本には「用」の字がなく、「聞かされ」と読まれる。

第四十七軽戒が在家に対する制戒とすれば、この戒は正しく出家に対するもののごとくである。智顗はこれを「出家五衆同犯」とする。ただここでも義寂は「七衆同学」の線をくずさない。始めの、「出家」に対して「名聞利養の為に」法を説くことが制止されている部分は、明らかにそれと指摘できるが、「もし佛戒を受くれば」以下は、僧俗共通の事項であって、僧だけを対象にするとしなければならない理由はない。在家もまた「佛戒を護ること」は子を思い、親につかえるようでなければならない、とすることができるからである。

ところで、解釈の差はここに止まらない。この戒を呼んで、智顗は「破法戒」とし、法蔵は「自壊内法戒」というが、義寂は「愛護正法戒」という。その差異はどこにあるのか。

智顗の理解では、「内衆に過あれば、内法に依りて治問す。乃ち白衣・外人に向いて罪を説き、かれをして王法もて治罰せしめ、清化を鄙辱するが故に、破法と名く。護法の心に乖くが故に制す」という。つまりかれの考えでは、「国王・百官の前に於て、七佛戒を説く」という言葉が、僧たち仲間のあやまちを在家や佛教を信じない人たちの前で発《あば》きたてて、国法によって処罰することを意味するというのである。法蔵ではこれほど明瞭ではないが、「利の為に内衆を毀り、己《おの》が正法を損りて失を為すこと、既に大なるが故に、須く制すべきなり」と、その制意を述べ、前戒と対比して「今は他の勢を恃む」とも言っているから、ほぼ同工異曲である。

しかし義寂ではまったく趣きが違う。かれは、「戒法の秘密は、俗の聞くべきものにあらず。……しかるに未信の俗の前に於て、妄《みだ》りに佛戒の秘要を説くは、反りて行人の繋縛となり、更に正法に蘇刺を起し、法衰へ、人堕つること、これに由らざるなし。故に制して敬護せしむ」と言い、「七佛戒を説く」という意をかなり素直に受け取ろうとしていることがわかる。その意味では、義寂の理解に対して、前二師にはかなり無理があるのではないかと思われるが、ただ二師があえてこのように解した理由としては、つぎに「横に比丘・比丘尼の菩薩弟子の与に、繋縛の事を作すこと」とあること、さきにとくに「国王・百官の前に於て」とあったことが係わっているようである。しかし「七佛戒を説く」ことが、どうして「内衆の過」を発くなどといった一連の事柄と直線的に繋がるのか、疑問が残るし、それならそれと、なぜ明示しないで、「横に……」と、こんなもってまわったことを言うのか。その必要はまったくないとすれば、「横に」以下には、別の理解が求められてよい。義寂の解釈はその意味でも穏当のようである。

さて以上はこの戒では、その一部である。智顗が行なった「三階」の分類では、その第一、法蔵では五つを分けて、やはり第一とする。いま智顗によると、「もし佛戒を受くれば」以下、「自ら佛戒を破せんをや」までは、「護法を明」し、「人に破法の因縁」以下は、この文の結びとする。

しかしいまここでは、とくに問題になるものはない。佛戒を護っては、一人子を思う慈母のごとく、父母に仕える孝子のごとくでなければならないという説明も、この経としては常套的なものであるし、外道・悪人の、佛戒を謗る声を聞くときは、「三百の鉾」で心臓を刺されるような心痛む思いを抱くという表現も、すでに第十波羅夷罪の条に見えたところだからである。とにかくここでは佛戒を護持し、佛戒を誹謗する言葉に対しては、耳を閉じてこれを聴かないことを強調した趣意は、きわめて明白である。

そしてその意味において、佛戒の護持を強調したこの一条は、四十八軽戒の最後を結ぶにふさわしい、重要な意義を担っているといえる。

戒相はこれも『仁王経』「嘱累品」と関係が深い。

結　語

諸佛子。是四十八輕戒。汝等受持。過去諸菩薩已誦。未來諸菩薩當誦。現在諸菩薩今誦。

もろもろの佛子、この四十八軽戒をば汝等、受持すべし。過去のもろもろの菩薩の已《すで》に誦し、未来のもろもろの菩薩の当《まさ》に誦すべく、現在のもろもろの菩薩のいま誦せよ。

《已に誦し……いま誦せよ》「誦」字、三ヵ所とも異本に「学」に作る。

さて、以上で四十八軽戒が終った。同時に梵網戒の全貌がここに明らかにされたのである。後はこれらを受けて、世に広く伝え、佛の恩に報ずるだけである。

いまはもう何も触れることがないが、ただ一つだけ付記しておきたいのは、多くの注釈がこの文をもって梵網戒の「総括」としているのに対して、太賢だけは、これをつぎの文と一緒にして「結勧奉行門」と捉えていることである。善珠でさえ、これを取っていない。注目される一事である。

第三章　結　文

教えの勧め

諸佛子諦聽。此十重四十八輕戒。三世諸佛已誦當誦今誦。我今亦如レ是誦。汝等一切大衆。若國王王子百官。比丘比丘尼信男信女。受二持菩薩戒一者。應下受二持讀三誦解四說書五寫佛性常住戒卷一。流二通三世一切衆生一化化不レ絶。得レ見二千佛一。佛佛授レ手。世世不レ墮二惡道八難一。常生二人道天中一。我今在二此樹下一。略開二七佛法戒一。汝等當下一心學二波羅提木叉一。歡喜奉行上。如二無相天王品勸學中一。一一廣明一。三千學士時坐聽者。聞二佛自誦一。心心頂戴喜躍受持。

もろもろの佛子、諦《あきら》かに聴け。

この十重四十八軽戒は、三世諸佛の、已に誦し、当に誦すべく、今誦せり。我もいままたかくの如く誦せり。

汝等一切の大衆、もしは国王・王子・百官、比丘・比丘尼・信男・信女にして、菩薩戒を受持する者は、応に佛性常住の戒巻を受持し読誦し解説し書写して、三世一切の衆生に流《る》通《ずう》し、化《け》化《け》絶えざらしむべし。千佛に見《まみ》ゆることを得《え》、佛佛、手を授け、世世、悪道・八難に堕せず、常に人道・天中に生ぜん。

我いま、この樹下《じゅげ》にありて、略して七佛の法戒を開く。汝等、当に一心に波羅提木叉を学して、歓喜・奉《ぶ》行《ぎょう》すべし。無相天王品の勧学の中に一一に広く明すが如し」と。三千の学士、時に坐して聴きし者、佛の自ら誦するを聞き、心心に頂戴し、喜躍・受持せり。

《佛性常住》前出（一二三ページ、参照）。《化化》相継いで教え導くこと。《佛佛、手を授け》智顗は「秉戒《ひょうかい》（戒を守ること）法の如く佛と相鄰《とな》り、鄰次《りんじ》して遠からざるが故に、手を授くと言ふ」という。慧因の注に「佛、慈悲を以て、教手を垂れ、衆生の発心は信を以て手となす。二手（佛の手と衆生の手）相契《あいちぎ》りて、衆生を引き出し、衆生、成佛すれば、また衆生を化して、衆生また〔佛と〕成り、また〔衆〕生を化するが故に。故に佛佛、手を授く、と云ふなり」とある。《八難》前出（一四四ページ、参照）。《七佛》前出（二〇〇ページ、参照）。《三千の学士》法銑の注に「三千界の所学の者」といい、明曠は「三千世界の学戒の士」という。また智顗は「三千」を「三千威儀」とする。異本に「学者」に作る。凝然はこの方が正しいという。

以上で梵網戒がすべて説かれた。以下はいわゆる「流通分」といわれる部分である。従ってここでは梵網戒の勝れたはたらきが説かれ、これを広く世に伝えるよう勧められる。いわば、経としては最後の結びの部分である。

ところで、これについて細説する前に触れて置かなければならないのは、諸師によってこの経の最後の部分に対する扱いが違っていることである。たとえば、法蔵はここに掲げた一文で一切を終ったものとしているが、智顗や義寂では最後の詩（偈文）の部分も取り上げている。このことは、「流通分」の理解がかわってくる可能性を持ってくることと繋がっている。いま詳説の必要はないから、参考までに、智顗と法蔵を挙げて、両者の違いを記しておこう。

法蔵はこの文で終りとしているから、この方からさきにいうと、かれはこの文を「我いま、この樹下にありて」の所で二分し、「天中に生ぜん」までを「正宗」分とし、これで正宗分全体が終り、「我いま」以下を「結勧流通分」とする。しかし智顗では最後まで扱う関係からか、「流通」分を大きく二つに分け「一はこの戒の軽重を流通し、二はこの一品を流通す」とし、いまこの一文はこの戒の軽重の流通を説くものとしている。ちなみに太賢はこれまでを軽戒の「結勧」とし、智顗の流通の第二を「流通分」とする。

これらの理解の是非についていま深く立ち入る必要はない。ここでは最後まで扱う関係上、智顗の理解に従って、この一文以下を「流通分」として扱うことにしたい。

さて、経は改めて、佛が三世諸佛の十重四十八軽戒をいま説き終ったことを宣言し、この菩薩戒を受持しようとする一切のものに対して、この経を受持し読誦し解説し書写して、相継いで教え導き、この戒が断絶することのないよう、流通することを勧める。そしてそのように流通するときは、つねに千佛の世に生まれて佛にまみえ、佛にも等しい持戒堅固の人となり、いつの世にも悪道に堕ちることも、八難に遇うこともなく、つねに人や天の世界に生まれる喜びに浴することができると、この菩薩戒流通の利益の大きいことを讃える。そしてこれまでが、前述のように法蔵では「正宗分」で、つぎが「流通分」になる。

そこでは、佛は改めてまたこの樹下において「七佛の法戒」を説こうと宣言する。そして佛は説かれた。経にはそのことを明示しないが、そこに参集していた「三千の学士」がそれを聞き、心に頂戴して、喜びにつつまれて受持したと説くから、すでに説かれたはずである。またつぎの文でも「十無尽戒法品」を説き終ったといっていることも、それを語るだろう。ただここに「七佛の法戒」というものが、いままで説いてきた「十重四十八軽戒」とは別のものだとすると、また事情はかわってくるが、おそらくそうではあるまい。

最後にここで経が「無相天王品の勧学の中」に細説すると予告している一事はいささか文の体裁を乱している。明曠はこれを四十八軽戒の最後の九戒について、経が他品で説くことを何一つ明らかにしていないことに着目して、「これ等の諸文、前の九戒に連《つらな》る。この故にここに至りて広を指すのみ」といっていることは、注目されてよい。しかしいずれにしても、それが場違いなものであることに変わりはない。

教えの終結

爾時釋迦牟尼佛。説二上蓮花臺藏世界盧舍那心地法門品中十無盡戒法品一竟。千百億釋迦亦如レ是説。從二摩醯首羅天王宮一至二此道樹一。十住處説二法品一。爲二一切菩薩不可説大衆一受持讀誦解二説其義一亦如レ是。千百億世界。蓮花藏世界。微塵世界。一切佛心藏地藏戒藏無量行願藏因果佛性常住藏。如如一切佛説無量一切法藏竟。千百億世界中。一切衆生受持歡喜奉行。若廣開二心地相相一。如二佛花光王品中説一。

その時、釈迦牟尼佛、上の蓮花台蔵世界の盧舎那佛心地法門品の中の十無尽戒法品を説きたまひ竟《おわ》んぬ。千百億の釈迦もまたかくの如き説きたまふ。摩《ま》醯首羅《けいしゅら》天王宮よりこの道樹に至るまで、十の住処にして法品を説き、一切の菩薩・不可説の大衆の為に受持し読誦し、その義を解説したまふもまたかくの如し。千百億の世界にて、蓮花蔵世界と微塵世界の、一切の佛の心蔵・地蔵・戒蔵・無量行願蔵・因果佛性常住蔵と、如如の一切の佛の、説きたまふ無量の一切の法蔵とを竟んぬ。千百億の世界の中の、一切の衆生、受持し歓喜・

奉行せり。もし広く心地の相相を開くことは、佛花光王品の中に説くが如し。

《十の住処》前出。金剛座・帝釈宮、以下、四禅の摩醯首羅天王宮にいたる十（四五ページ、参照）。異本に「十」を「下」に作る。《千百億……微塵世界》この読み方に「千百億の世界、蓮花蔵世界、微塵世界と」とするものや、「千百億の世界、蓮花蔵世界の微塵世界と」とする二つがあるが、これでは意味が明らかでないから、いまは取らない。智顗の解釈に「第三階に、所説の法を挙ぐ、凡そ七句。また両《ふたつ》あり。前の六はこれ別、後の一はこれ総」とあり、実導の注釈には『道煕鈔』が「蓮花蔵世界微塵世界」を「前の六」の一と解釈したことを記しているから、いまこれによった。従ってこれは、千百億の釈迦が千百億の世界で、蓮花蔵世界の微塵世界と、以下の五蔵を説き、最後にこれらを総括した、と解したことになる。実導は『頂山記』の異説も載せているが、また明曠は「微塵世界」をつぎの五蔵と切り離し「一切の下、第三に所説の法を明す」とする。ただしこの場合、「千百億」以下「微塵世界」がどう読まれたか、不明であるが、いまは明曠の意のあるところをも汲んで、「微塵世界」を「一切の佛」の説明とって、読んでおいた。「微塵世界」を五蔵などと同じように解する智顗の説には無理があるように思われる。《心蔵……因果佛性常住蔵》勝荘の注によれば、「心蔵とは十世界海、名けて心蔵となす。地蔵とは謂く、四十心。戒蔵とは無尽戒なることを結ぶ。無量行願とは謂く、十忍等を無量行と名け、十大願等を無量願と名く。因果とは、上の所説の戒はこれ一切諸佛の本源、佛性の種子なることを結ぶ。また当当に因あるが故に当当常住の法身あることを結ぶ。佛性常住とは、上の所説の一切衆生、みな佛性あることを結ぶなり」とある。明曠では天台宗の立場からこれを細説している。たとえば、「佛の心蔵」について、「戒法は、即ち心・〔佛〕・衆生の三、無差別なるを、名けて佛心となす。佛心は遍摂して具すること、法華実相の心、百界千如を具するが如し。故に心蔵と名く。心は喩ふるに、地の能く万物を持つが如し。故に地蔵と云ふ。この心、即ち戒、戒は定慧を具し、三徳を含蔵す。名けて戒蔵となす。円の菩提・四弘・十願に依り、軽重の戒に於て、一一の修行、願願互融し、戒戒相摂し、一切の行願、これに帰せざるなし」などと述べている。明曠の考え方を窺うには注目されるものであるが、詳細にわたった説明の細説は避けたい。また太賢は心蔵・地蔵を三賢・十聖にあて、戒蔵は十重四十八軽戒、無量行願蔵を三賢・十聖の行願、因は三劫、果は四智、佛性常住は清浄法界と説明している。《如如》明曠によれば、「上文を総結して、みな一理に帰し、理に差異なきが故に如如と曰《い》ふ」と説明し、いまはない道璿の注には「先に一切衆生みな佛性あるを戒の本源となすと明す。その体、不易なるを名けて常住となす。その理、差なきが故に如如と曰ふ」とあったと伝える。異本には「如是」に作る。

さきに説いたように、この文は智顗が「この一品を流通す」るといった部分で、この理解は勝荘によって、前文を流通の「正釈」、この文を上文の「総結」と見る形で受け継がれているようである。ただし義寂や太賢ではこれをもって流通分とする。

しかしこうした理解はともかく、ここに説かれている文の前半は、ほぼこの経の初めに説かれたことを想起させるものである。「十の住処」はそれを明らかに語っている。いわば「十の住処」は「心地法門品」が説かれる手続きのようなものである。

従って、経の初めに「心地法門品」の中で「十無尽蔵戒品」を説こうと宣言されたことが、いまここで終ったことを、この文は語っているわけである。いささか煩わしい繰り返しはそのためである。しかし後半の「心蔵・地蔵」といった五蔵や、「一切の法蔵」は、少しくいままでの叙述と趣きを異にする。智顗や明曠によれば、これらは十か処で説かれた「法」であるとする。これに従えば「十無尽蔵戒品」をこのような表現を借りて説明、ないしは形容したものと理解される。いささか唐突であるから、前後の脈絡からして、おそらく正しいだろう。いって見れば、経はこれまで説いて来た「十重四十八軽戒」を、このような言葉を借りて、またはこのように名づけて、それが一切の佛の、もっとも根源的中心的な、そして普遍的な教えであり、心であることを讃えようとしたものである。

浄戒護持の讃歌

明人忍慧强　能持二如レ是法一　未レ成二佛道一間　安護二五種利一
一者十方佛　愍念常守護　二者命終時　正見心歡喜

三者生生處　爲二諸菩薩友一　四者功徳聚　戒度悉成就
五者今後世　性戒福慧滿　此是佛行處　智者善思量
計我著相者　不レ能レ信二是法一　滅盡取證者　亦非二下種處一
欲下長二菩提苗一　光明照中世間上　應三當靜觀二察　諸法眞實相一
不生亦不滅　不常復不斷　不一亦不異　不來亦不去
如レ是一心中　方便勤莊嚴　菩薩所レ應レ作　應二當次第學一
於レ學於二無學一　勿レ生二分別想一　是名二第一道一　亦名二摩訶衍一
一切戲論處　悉由二是處一滅　諸佛薩婆若　悉由二是處一出
是故諸佛子　宜下發二大勇猛一　於二諸佛淨戒一　護持加中明珠上
過去諸菩薩　已於二是中一學　未來者當レ學　現在者今學
此是佛行處　聖主所二稱歎一　我已隨順說　福德無量聚
迴以施二衆生一　共向二一切智一　願聞二是法一者　疾得レ成二佛道一

梵網經盧舍那佛說菩薩心地戒品第十之下

明人は忍慧《にんえ》強くして　能くかくの如き法を持つ　いまだ佛道を成せざる間に　安かに五種の利を獲たり　一には十方の佛　愍念《みんねん》して常に守護したまふ　二には命終《みょうじゅ》の時　正見《しょうけん》にして心に歓喜す　三には生生《しょうじょう》の処にもろもろの菩薩の友となる　四には功徳聚《あつま》りて　戒度《かいど》悉く成就す　五には今・後世に　性戒・福慧満つ　これはこれ佛の行処　智者善《よ》く思量せよ　計我《けが》・著相《じゃくそう》の者　この法を信ずること能《あた》はず　滅尽取証《めつじんしゅしょう》の者も　また下種《げしゅ》の処にあらず　菩提の苗を長じて　光明もて世間を照さんと欲せば　応当《まさ》に静かに　諸法真実の相を観察すべし　不生にしてまた不滅　不常にしてまた不断　不一にしてまた不異　不来にしてまた不去《ふこ》な

り、と　かくの如く一心の中に　方便して勤めて荘厳せよ　菩薩の作すべき所は　応当に次第に学すべし
学に於ても無学に於ても　分別《ふんべつ》の想を生ずることなかれ　これを第一の道と名け　また摩訶衍《まかえん》と名く　一切
の戯論《けろん》の処　悉くこの処に由りて滅す　諸佛の薩婆若《さばにゃ》　悉くこの処に由りて出づ　この故にもろもろの佛子
宜《よろ》しく大勇猛《ゆうみょう》を発し　諸佛の浄戒に於て　護持すること明珠《みょうじゅ》の如くなるべし　過去のもろもろの菩薩は
已にこの中に於て学し　未来の者も当に学すべく　現在の者もいま学せり　これはこれ佛の行処にして
聖主の称歎したまふ所なり　我已に随順して説く　福徳無量の聚《じゅ》あり、と　廻《え》して以て衆生に施し　共に一
切智に向はん　願はくはこの法を聞かん者　疾《すみや》かに佛道を成ずるを得んことを

梵網経盧舎那佛説菩薩心地戒品、第十の下。

《明人》智慧の明らかな人。《忍慧》六波羅蜜（波羅蜜は pāramitā の音写。迷いのこの世からさとりの彼岸に到る意で、度・到彼岸などと訳する。菩薩の修行を指す）の忍辱と智慧。真実をさとった心の安らぎとその智慧。《かくの如き法》十重四十八軽戒のこと。《五種の利》ここに説かれる五種は『菩薩地持経』巻五の「戒品」の終りに説く「五種の福利」と合致する。おそらくこれを参照したものであろう。《戒度》持戒波羅蜜のこと。《佛の行処》この梵網菩薩戒を指す。これによって佛となることができるところから、こう言ったもの。《計我・著相の者》我《が》に執着する外道《げどう》や外見のすがたにとらわれる凡夫《ぼんぶ》。《滅尽取証の者》滅尽は滅尽定で、心やそのはたらきが滅し尽くした、無心寂静の境界《きょうがい》。声聞・縁覚の二乗はこの境にはいって、そのさとりの境界にとらわれるから、二乗を指す。《下種》種を植えること。種は佛となる種で、素質のこと。《諸法真実の相》一切の存在するもの（諸法）の真実のありのままのすがた。《不生にしてまた不滅……不去なり》これを「八不《はっぷ》」という。生滅など相対的邪執を否定し去ったところに真実のすがたが開顕することを示そうとするもの。竜樹の『中論』に見える思想。《一心》不生・不滅を観ずる、その心をいう。またその観じて乱れない心。《学に於ても無学に於ても》学は戒定慧の三学を学ぶもの。無学は学んでいないもの。《摩訶衍》梵語 mahāyāna の音写。大乗と訳する。《戯論の処》戯論は不正にして無益な言論のこと。正しい道理に反し、真実を求めようとしない無意味で無益な言論をいう。異本に「処」を「悪」に作る。《薩婆若》梵語 sarvajñātā の音写。一切智と訳する。一切の存在のすがたを知る智慧。三智の一。《明

珠》明月珠。濁った水を澄ます力があるという。これを「浄戒」に喩えることは『法華経』「序品」にも「浄戒を持すること、なほ明珠を護るがごとし」という。《聖主》佛の尊称。一切の聖者の上首の意。《我已に》「我」はこの経の訳者、羅什を指す。「已に」はさきの五種の利を説いたことをいう。《廻して……》以下、いわゆる「廻向文《えこうもん》」。《梵網経……下》異本に「梵網経巻下」、「佛説梵網経巻下」とある。

この詩は、注釈家の多くが、最後に挙げるだけで触れようとしないものである。わずかに慧因などに見えるにすぎない。それというのも、これは経の文ではなく、経典編集者が別に作ったもので、それがここに混入した、と考えられるからである。

従ってこれは本来、初めから削っておいた方がよかったものである。いまは『梵網経』巻下をいちおう全部扱うという立て前からこれを掲げておいた。内容は注記と照らして理解していただくことにして、説明は控えたい。

参考文献

一　注釈書

代表的な注釈書とその主な末疏

智顗・『菩薩戒経義疏』二巻。
明曠・『天台菩薩戒疏』三巻。
与咸・『菩薩戒経疏註』八巻。
円琳・『菩薩戒義疏鈔』六巻。
実導・『菩薩戒義記聞書』(永徳記)十三巻。
光謙・『梵網経菩薩戒義疏集註』八巻。

法蔵・『梵網経菩薩戒本疏』六巻。
法銑・『梵網経菩薩戒疏』四巻または二巻(欠下巻)。
伝奥・『梵網経記』二巻。
凝然・『梵網経日珠抄』五十巻。

鳳潭・『梵網経菩薩戒本疏紀要』三巻。
太賢・『梵網経古迹記』二巻。
善珠・『梵網経略疏』四巻。
叡尊・『梵網経古迹記下巻科文輔行文集』十巻。
定泉・『梵網経古迹記下巻補忘抄』十巻。
照遠・『梵網経下巻古迹記述迹鈔』十巻。

その他

元暁・『梵網経菩薩戒本私記』一巻（上巻のみ）。
義寂・『梵網経菩薩戒本疏』三巻。
智周・『梵網経菩薩戒本疏』五巻（一・三・五欠）。
勝荘・『梵網経菩薩戒本述記』四巻。

このほかにも注釈書はきわめて多く枚挙にいとまがないほどである。それらについては、徳田明本氏「律宗文献目録」（『佛教教団の研究』所収。昭和四十三年）を参照されたい。

二　和訳

境野黄洋・『国訳梵網経』（『国訳大蔵経』第三巻所収。大正七年）。
加藤観澄・『梵網経』（『国訳一切経』「律部十二」所収。昭和五年）。

三　研究文献

望月信亨・『浄土教の起源及発達』（昭和五年）。
望月信亨・『佛教経典成立史論』（昭和二十一年）。
大野法道・『大乗戒経の研究』（昭和二十九年）。
石田瑞麿・『日本佛教における戒律の研究』（昭和三十八年）。

十重四十八軽戒名目一覧表

十重戒

	智顗	法蔵	義寂	太賢	勝荘	明曠	智周	法銑
1	殺戒	同上	同上	快意殺生戒	不殺戒	殺人戒	不殺戒	殺戒
2	盗戒	同上	同上	劫盗人物戒	偸盗戒	不与取戒	不偸盗戒	盗戒
3	婬戒	同上	同上	無慈行欲戒	不婬戒	行非梵行戒	不故婬戒	婬戒
4	妄語戒	同上	同上	故心妄語戒	不妄語戒	大妄語戒		故妄語戒
5	酤酒戒	同上	同上	酤酒生罪戒	不沽酒戒	酤酒戒		
6	説四衆過戒	説過戒	説他過戒	談他過失戒	説四衆過〔戒〕	説四衆名徳犯過戒	〔不説菩薩過戒〕	〔説過戒〕
7	自讃毀他戒	同上	同上	同上	同上	同上		
8	慳惜加毀戒	故慳戒	慳惜加毀戒	慳生毀辱戒	慳戒	故慳加毀戒	〔不故慳戒〕	〔故慳戒〕
9	瞋心不受悔戒	故瞋戒	瞋不受悔戒	瞋不受謝戒	瞋太受悔戒	瞋心不受懺謝戒	〔不故瞋戒〕	〔故瞋戒〕
10	謗三宝戒	同上	毀謗三宝戒	同上	誹謗戒	助謗三宝戒		

四十八軽戒

	1	2	3	4	5	6	7	8	9	10	11	12
智顗	不敬師友戒	飲酒戒	食肉戒	食五辛戒	不教悔罪戒	不供給請法戒	解怠不聴法戒	背大向小戒	不看病戒	畜殺衆生具戒	国使戒	販売戒
法蔵	軽慢師長戒	同上	同上	同上	不挙教懺戒	不敬請法戒	不聴経律戒	背正向邪戒	不瞻病苦戒	畜諸殺具戒	通国入軍戒	傷慈販売戒
義寂	敬事尊長戒	不飲酒戒	不食肉戒	不食辛戒	挙罪教懺戒	供師請法戒	聴法諮受戒	不背大乗戒	瞻給病人戒	不畜殺具戒	不通国使戒	不悪販売戒
太賢	不敬師長戒	飲酒戒	食肉戒	食五辛戒	不挙教懺戒	住不正法戒	不能遊学戒	背正向邪戒	不瞻病苦戒	畜殺生具戒	通国使命戒	悩他販売戒
勝荘	不如法供養戒	不飲酒〔戒〕	不食肉戒	五辛戒	不教悔戒	不供給及不請法戒	不聴法戒	背大向小戒	不看病戒	同上	国使戒	販売戒
明曠	不敬師長戒	不飲酒戒	食肉戒	食五辛戒	不教懺悔戒	不供給請法戒	解怠不肯聴法戒	背正向邪戒	不瞻病苦戒	畜諸殺具戒	通国使命戒	傷慈販売戒
智周	不得軽慢師長戒	不得飲酒戒	不得食肉戒	不得食五辛戒	不得不教悔罪戒	不得不供給請法戒	不得解怠不聴法戒	不得背大向小戒	不得不看病戒	不得畜諸殺具戒	不得故作国賊戒	不得作販売戒
法銑							〔有講不聴戒〕	〔背正向邪戒〕				

13	謗毀戒	無根謗人戒	不毀良善戒	無根謗毀戒	毀謗戒	無根重罪謗他戒	不得無根謗毀戒	
14	放火焼戒	放火損焼戒	不輒放火戒	放火損生戒	放火戒	放火焼戒	不放火損焼戒	
15	僻教戒	法化違宗戒	不僻教授戒	法化違宗戒	僻教戒	化法違宗戒	不得邪僻教他戒	
16	為利倒説戒	惜法規利戒	無倒説法戒	貪財惜法戒	倒説法戒	規利倒説戒	不得惜法規利戒	
17	恃勢乞求戒	依官強乞戒	不横乞求戒	依勢悪求戒	悪求戒	恃勢求財戒	不得依勢乞求戒	
18	無解作師戒	無知為師戒	不詐作師戒	虚偽作師戒	無所知為他師戒	無知為師戒	不得無知解作師授戒	
19	両舌戒	闘謗欺賢戒	不闘両頭戒	闘諍両頭戒	離間語戒	離間賢善戒	不得闘遘両頭謗欺賢人戒	
20	不行放求戒	不能救生戒	放救報恩戒	不救存亡戒	放生戒	不行救生戒	不得不求衆生苦戒	〔不救存亡戒〕
21	瞋打報仇戒	無慈酬怨戒	忍受違犯戒	不忍違犯戒	以瞋報戒	無慈報酬戒		
22	憍慢不請戒	慢人軽法戒	下心受法戒	慢人軽法戒	憍不受法戒	軽慢法師戒		
23	憍慢僻説戒	軽新求学戒	好心教授戒	軽蔑新学戒	慢心倒説戒	軽人僻説戒		
24	不習学佛戒	背大向小戒	不専異学戒	怖勝順劣戒	習学異道戒	捨真集偽戒	〔不得背正向邪戒〕	〔捨真習偽戒〕
25	不善和衆戒	為主失儀戒	善御衆物戒	為主失儀戒	不善摂衆戒	不善和衆戒		
26	独受利養戒	待賓乖式戒	主客同利戒	領賓違式戒	独受利養戒	待賓乖式戒		
27	受別請戒	同上	不受別請戒	受他別請戒	受別請戒	別受他請戒		

	智顗	法蔵	義寂	太賢	勝荘	明曠	智周	法銑
28	別請僧戒	故別請僧戒	不別請僧戒	自別請僧戒	別請戒	別請僧戒		
29	邪命自活戒	悪伎損生戒	不作邪命戒	邪命養身戒	邪命自活戒	同上	〔不得邪命自活戒〕	
30	不敬好時戒	違禁行非戒	不作邪業戒	詐親害生戒	不敬好時戒	時月媒嫁戒		〔時月行非戒〕
31	不行救贖戒	見厄不救戒	救贖危苦戒	不救尊厄戒	不行救贖戒	同上		〔見厄不救戒〕
32	損害衆生戒	畜作非法戒	不畜損害戒	横取他財戒	畜非法器〔戒〕	畜造非滅戒		
33	邪業覚観戒	観聴作悪戒	不行邪逸戒	虚作無義戒	闘戦嬉遊戒	観聴悪作戒		
34	暫念小乗戒	賢持守心戒	不念余乗戒	退菩提心戒	退心戒	繋念小乗戒		
35	不発願戒	不発大願戒	発願希求戒	不発願戒	不発大願戒	不発十願戒		
36	不発誓戒	不起十願戒	作誓自要戒	不生自要戒	不誓堅固心〔戒〕	対境無誓戒		
37	冒難遊行戒	故入難処戒	随時頭陀戒	故入難処戒	入難処戒	故入難処戒		
38	乖尊卑次序戒	衆坐乖儀戒	尊卑次第戒	坐無次第戒	次第戒	衆坐乖法戒		
39	不修福慧戒	応講不講戒	福慧摂人戒	不行利楽戒	布施度〔戒〕	不勧修福講解利生戒		〔不講救難戒〕
40	揀択受戒戒	受戒非儀戒	不択堪受戒	摂化漏失戒	簡授戒	為師簡択戒		
41	為利作師戒	無徳詐師戒	具徳作師戒	悪求弟子戒	為他授戒	為利作師戒		〔為利而授戒〕

42	為悪人説戒	非処説戒戒	説戒簡人戒	非処説戒	言人説戒	為悪人説菩薩律儀戒		
43	無慚受施戒	故毀禁戒戒	不故毀犯戒	故違聖禁戒	破戒受施戒	故毀禁法戒		
44	不供養経典戒	不敬経律戒	供養経典戒	不重経律戒	不供養戒	不敬経律戒		
45	不化衆生戒	同上	悲心唱導戒	不化有情戒	不教化衆生戒	不化衆生戒		
46	説法不如法戒	説法乖儀戒	敬心説法戒	説法乖儀戒	説法不如法戒	説法乖式戒		
47	非法制限戒	非法立制戒	不立悪制戒	非法立制戒	憍慢破法戒	立制滅法戒		
48	破法戒	自壊内法戒	愛護正法戒	自破内法戒	破法自縁(因カ)戒	自破内法戒		

〔 〕は凝然の『日珠鈔』によって補ったもの。

ワ　行

ヤ 行

ラ 行

マ　行

ナ 行

ハ 行

タ 行

サ　行

カ 行

索　　引

ア　行

著者略歴

石田瑞麿　いしだ　みずまろ

大正6年6月25日　北海道旭川市に生まれる。

昭和16年3月　東京大学文学部印度哲学科卒業。

元東海大学教授。文学博士。平成11年没。

〔著　書〕『日本仏教における戒律の研究』（在家仏教協会），『浄土教の展開』（春秋社），『往生の思想』（平楽寺書店），『実践への道（現代人の仏教）』（筑摩書房），『親鸞（日本の名著）』（中央公論社），『往生要集（東洋文庫）』（平凡社），『歎異抄・執持鈔（東洋文庫）』（平凡社）『親鸞とその妻の手紙』（春秋社），『源信（日本思想大系）』（岩波書店），『例文仏教語大辞典』（小学館），『親鸞思想と七高僧』（大蔵出版）

一九七一年一二月五日　初版発行
二〇〇二年六月二〇日　新装初版

《仏典講座14》
梵網経

検印廃止

著者　石田瑞麿
発行者　石原大道
印刷所　富士リプロ株式会社
〒150-0022　東京都渋谷区恵比寿南二-十六-六　サンレミナス二〇二
発行所　大蔵出版株式会社
TEL〇三(六四一九)七〇七三
FAX〇三(五七二四)三五〇三
http://www.daizoshuppan.jp/

ISBN 978-4-8043-5440-8 C3315

仏典講座